福沢諭吉の戦争論と天皇制論

新たな福沢美化論を批判する

著者
名古屋大学名誉教授
安川寿之輔

高文研

❖——まえがき

本書は、語彙や文体から起草者を推定する「井田メソッド」による『福沢諭吉全集』無署名論説の筆者の再認定作業を行い、アジアへの侵略・蔑視や天皇尊厳を説く社説は「民族差別主義者・天皇賛美者」の石河幹明らが起草した論説であるという誤った認定にもとづいて、新たな福沢諭吉の美化・偶像化をはかった平山洋『福沢諭吉の真実』、井田進也『歴史とテクスト』の二著を、全面的な誤謬の書として批判したものである。

例えば、「天賦人権論者」の福沢が「臣民」という用語を使うはずがないという勝手な思い込みで、「臣民」は石河幹明、「人民、国民」は福沢諭吉という語彙判別基準によって、平山洋と井田進也は『尊王論』（平山のみ）と「日本臣民の覚悟」の筆者を石河幹明である、と誤認定した。二人に共通する決定的な問題点は、「時事新報」の無署名論説の福沢筆か否かの筆者認定にあたって、論説主幹・福沢の同時期の「真筆」の「語彙や文体」と対比・照合しないだけでなく、福沢自身の思想が初期啓蒙期から大きく変化しているのに、その変質の過程とも対比・照合しないまま、たんに特定の語彙が使われているか否かという単純な基準によって、福沢の文章か否かを区別・認定できると思い込んでいることである。

右記の場合では、「愚民を籠絡《ろうらく》する…欺術《ぎじゅつ》」としての天皇制を選択することによって、福沢が

『尊王論』や「日本臣民の覚悟」の何年も前から、時代に先駆けて新たな語彙「臣民」の使用と「臣民」意識形成の啓蒙を始めている事実をまったく知らないまま、また、中期保守化以降、「内に如何《いか》なる不平不条理あるも之《これ》を論ずるに遑《いとま》あらず」という国権皇張《こうちょう》至上主義が福沢の政治的な持論になっていることを知らずに、二人は、「臣民」表記や「内に如何なる不平不条理…」という国権皇張至上の文章から、「日本臣民の覚悟」が「福沢文とは月とスッポン」「昭和十年代を先取りした滅私奉公論」の石河論説であると決めつける粗雑な認定作業を行っているのである。

井田と平山は、丸山眞男以上に、福沢諭吉が初期・後期一貫して「典型的市民的自由主義者」であり「国家平等」論者であると主張することで、懸命に福沢の名誉回復と美化をはかっている。この二人の認定作業の誤りを具体的に論証するために、以上のような事情から、本書はあらためて、天皇の神聖尊厳論にいたる福沢の天皇制論（その裏返しとしての愚民観）と、アジア侵略・蔑視に向かう武力至上を基軸とする「強兵富国」の福沢の戦争論の推移の解明にウエイトをおくことを余儀なくされた。

したがって、『福沢諭吉のアジア認識』『福沢諭吉と丸山眞男』（高文研）に続く本書は、かたちは平山洋・井田進也にたいする批判・論争のスタイルをとっているが、主に論じている具体的な内容そのものは、福沢の戦争論と天皇制論である。

以上により、本書の書名を『福沢諭吉の戦争論と天皇制論』とした。

なお、前二著と同様に、あきらかな差別語をふくめて、福沢の不適切な語句や表現は歴史用語としてそのままとした。

◎目次

装丁＝商業デザインセンター・松田　礼一

序章

なぜ本書を書かねばならないか

——杜撰な認定研究を持ち上げるマスコミへの批判

はじめに——二度目のまわり道

またもや、まわり道をすることになった。本書は、近年の私の福沢諭吉研究としては、『福沢諭吉のアジア認識——日本近代史像をとらえ返す』（二〇〇〇年一二月、高文研）と『福沢諭吉と丸山眞男——「丸山諭吉」神話を解体する』（二〇〇三年七月、高文研）に次ぐ三冊目の著書となる。

当初、出版社から依頼されていた二冊目の著書は、『福沢諭吉の女性論と教育論』であった。ところが、福沢の女性論や教育論についての先行研究が丸山眞男の福沢諭吉論（＝「丸山諭吉」神話）の圧倒的な影響下にあるため、まずその「丸山諭吉」神話を批判・解体しないことには議論を展開できないという事情があった。そのため、二冊目は福沢諭吉を「典型的な市民的自由主義」者と把握する「丸山諭吉」神話の批判と解体のための著作となった。つまり、前著『福沢諭吉と丸山眞男』（以下、『福沢と丸山』と略称）自体が、まわり道であった。

福沢を「典型的な市民的自由主義」者と把握することの無理と誤りは、同書『福沢と丸山』を未読の読者でも、とりあえず本書の第Ⅲ章7「福沢は「典型的な市民的自由主義」者ではない」だけをご覧いただければ、理解・了解がいただけよう。

一冊目の『福沢のアジア認識』は、梅原猛、斉藤貴男、石堂清倫《きよとも》、高橋哲哉、岩崎允胤《ちかつぐ》、星野芳郎など多様な思想的立場の人から好意的に評価・紹介され、初版三千五百部の学術書が三ヶ月で二刷になり、筆者自身がほかならぬ慶應義塾大学からも講師として招かれ、講義を行なった。また、二〇〇三年の南開大学を皮切りに、毎年中国の大学からも福沢諭吉の集中講義に呼ばれ、〇四年八月には、中国語訳『福沢諭吉的亜州観』が刊行されるなど、同書の刊行を契機に、私は次々と「異変」に遭遇することになった。

それに比べると、巻末の「補論」に見るとおり、〈『福沢と丸山』をめぐる反応・反響〉は、はるかに地味でわずかである。ただ、共通した「疑問」として、「丸山眞男の福沢研究がどうしてこのようになったのかをたちどまって考えざるをえません」、「丸山いかにありしかの次は、なぜかくありしかが問われましょう」、「丸山眞男がなぜこのような恣意的な解釈をしたのか」という問いがだされた。しかし、前提としての、丸山眞男の福沢研究に無理や恣意があるという同書の結論自体については、おおむね理解・了解するというのが、おおかたの反応であった。

そうしたなかでも私が一番注目したのは、『丸山眞男手帖』（季刊誌）の反応であった。なぜなら、たとえば、中野敏男が『大塚久雄と丸山眞男――動員、主体、戦争責任』（青土社、〇一年一二月）において、「戦時総動員」期の丸山眞男のあり方や『「文明論之概略」を読む』（岩波新書）の内容へのきびしい評価を提示したとき、半年余後の『丸山眞男手帖』22号（〇二年七月）には、「会員からの声」欄に、まず鈴木正が同書を「自信に充ちてはいるが、見当はずれの本」「歴史的想像力を欠く

「正義顔《づら》」でしかない。」と論難する投書を寄せ、その次の23号には、「丸山眞男は国民主義者か」という「丸山眞男を恩師と仰ぐ」高田勇夫の反論の書評が掲載された。

私の『福沢と丸山』では、中野敏男の同書を九ページにわたって共感的に引用していることもあり、丸山眞男の福沢諭吉論を壮大な虚構として、ほぼ全面的に批判している『福沢と丸山』への同様のきびしい反発・批判・論難を、正直、まじめにおそれ、懸念していた。同書刊行三ヶ月後の『丸山眞男手帖』27号（二〇〇三年一〇月）に、予想よりも早く、最初の反応がでた。『手帖』27号は、毎年、八月一五日に開催される恒例の丸山眞男を偲ぶ第四回〈「復初」の集い〉の報告号である。第二部のパネル・ディスカッション「丸山眞男を読む」（パネリスト—小尾俊人、飯田泰三、間宮陽介）の［質疑応答］の記録に、『福沢と丸山』のことが登場した。

「安川寿之輔氏の丸山・福沢論の批判について、コメントをお願いします」という聴衆からの、飯田泰三への名指しの質問への回答としてである。飯田は、安川から同書を贈呈された旨を伝え、「最近多忙を極めている状態で、まだ読んでおりません。」と答えながら、前著・安川『福沢のアジア認識』の印象として、「いわば結論を最初に作っておく。そして、それに都合のいいような語句、言葉を引っ張ってくる。その書かれた文脈を切り離して、恣意的に引っ張り出してくるという性格が強いように思われます。」などと語った後、「いずれきちんと読んで、批判的なコメントを発表したいと考えております」と答えていた。

『福沢のアジア認識』についての飯田の「書かれた文脈を切り離して、恣意的に引っ張り出してくる」云々という「印象」は、福沢の論説「安寧策」の恣意的な引用により福沢を「典型的な市民的自由主義」者と読み込んだ例に見られるように、丸山眞男の福沢諭吉研究がその典型であると、三六年前の旧著『日本近代教育の思想構造――福沢諭吉の教育思想研究』（新評論）以来、批判している私にとっては、とても納得できない失礼な印象批評であるが、飯田泰三の「批判的なコメント」の予告自体については、素直に喜んだ。

なぜか。第一に、安川『福沢と丸山』の副題〈「丸山諭吉」神話を解体する〉の「丸山諭吉」は、断わってその飯田泰三から借りた、お気に入りのネーミングであった。この機会に飯田の原文を紹介しておこう。《「福沢惚《ぼ》れ」によっては福沢は見えない、と喝破《かっぱ》した服部之総にたいして、「あばたもえくぼ」と思い込むほどに惚《ほ》れこんでこそ、初めて見えてくる（恋人の）真実というものがある、と丸山眞男は切り返した。それだけに丸山の福沢論は、どこまでが諭吉の客観的な像で、どこからが丸山のいわば「読み込みすぎ」の像なのか、という疑念にたえずさらされてきた。彼の福沢論が「丸山諭吉」だといわれるゆえんである。》（『福沢手帖』91号）。

つまり、丸山眞男の福沢研究が解明したのは「福沢諭吉」像ではなく、「丸山諭吉」像であり、とうぜんその福沢論が「諭吉の客観的な像」であるはずはなく、丸山の「読み込みすぎ」の像である可能性を、飯田は示唆していたのである。

第二に、具体的には、〈『文明論之概略』＝福沢の原理論〉という丸山眞男の福沢把握を問題にして、丸山門下生の飯田泰三は、「丸山眞男先生の岩波新書『「文明論之概略」を読む』の説得的な説明を読んだあとも、なお釈然としない」と書いて、痛恨の思いをこめて「丸山先生」の『文明論之概略』終章への誤読を、次のように批判していた。

『概略』第十章は、「元来、福沢にとって、まさに否定すべき「権力偏重」の社会において培われた「惑溺《わくでき》」の心情に他ならないものを動員拡大する」道ではないのかとして、第十章は、丸山のいう「意気軒高《ママ》たる「明治の健康なナショナリズム」」とは明確に「異なるナショナリズム」を、「ドギツく―打ち出した」ものであり、それはアジアへの「〝抑圧と侵略〟に結びつく」排外主義的ナショナリズム（そのもの）であり、それ「なしには、アジアの一国としての日本の「独立」は達成されないことを、あまりにもリアリスティックに」主張したものではないのか、と飯田は解釈したのである（飯田『批判精神の航跡』筑摩書房）。これは『福沢と丸山』Ⅱ2C〈『文明論之概略』第十章問題〉において、丸山の第十章理解を致命的な誤読として批判した私の解釈に一番近く、その限りで納得できる内容であった。

以上の判断から、丸山の福沢研究を基本的に支持する側の研究者の中でも、飯田泰三の「批判的なコメント」ならば、（会場での『福沢のアジア認識』コメントは許容できないが）素直に受け止められそうであり、むしろ飯田の批判をぜひ知りたいと待望するようになった。公的な場において、「批判的なコメントを発表したい」と予告されていることでもあり、以来、『丸山手帖』第28、29、30号とあらたな『手帖』が届くたびに今度の号にこそは（『丸山手帖』の編集委員でもある）飯田の書評が掲載されているものと首を長くして待ってきた。

一年後の〇四年一〇月、痺《しび》れを切らした私は、飯田宛に丁重な手紙を書き、①予告の「批判的なコメント」の『丸山手帖』掲載の予定は？　掲載の場合は何号頃になりそうか、②『手帖』以外の紀要、雑誌の類にすでに発表されている場合は、コピーを…、③「批判的なコメント」を公表しない可能性は？…と尋ねたが、残念ながら同封の返信ハガキは発信されなかった。結局、待つこと二年半。今年（二〇〇六年）の賀状に、一行「御期待に添えなくて済みません。」と添え書きがあり、三月に贈呈された飯田の近著『戦後精神の光芒』（みすず書房、〇六年）にも、「批判的なコメント」は書かれないままであることを確認した。「丸山手帖の会」会員からの安川『福沢と丸山』への批判・論難の投書も、結局、現われなかった。

以上の経過を私の立場にひきつけて解釈するなら、福沢諭吉を「典型的な市民的自由主義」者と主張する丸山眞男の福沢論は誤りである、あるいは最低限、その把握に無理があるという安川『福沢と丸山』の主張は、基本的に了解された、あるいは正面から反論する研究者は現れなかった、と判断することが許されよう。だから、今度は安心して『福沢諭吉の女性論と教育論』の執筆に着手を、と考えはじめていた。

ところが、安川『福沢と丸山』よりも一年半ほど前に、福沢諭吉は丸山眞男の「丸山諭吉」像以上に初期・後期を通じて一貫して「典型的な市民的自由主義」者であったと主張する井田進也『歴史とテクスト』（光芒社、二〇〇一年一二月）が、現れていた。

井田進也は、『福沢諭吉全集』⑧〜⑯巻の「時事新報」社説、とりわけ「日本臣民の覚悟」に代表される日清戦争中と戦後の無署名論説の筆者認定を（次の1で紹介する「井田メソッド」によって）試み、『福沢全集』に掲載されているから、これまで（他記者起草の断りのないものは）当然福沢諭吉の執筆と考えられてきた論説の多くが、じつは石河幹明ほかの記者が起草したものであると認定した。その上で井田は、丸山眞男も他記者起草の無署名論説を福沢自身が起草したものと誤解したために、その立論を誤ることになった、と主張しているのである。

具体的には、例えば「我輩の目的は唯《ただ》戦勝に在《あ》るのみ。…内に如何《いか》なる不平不条理あるも之《これ》を論ずるに遑《いとま》あらず。」と言い切った論説「日本臣民の覚悟」は、井田の認定では石河幹明の執筆であるのに、丸山は福沢諭吉のそれと誤解したために（安川は同論説が福沢その人の執筆であることを本書第Ⅱ章で論証）、福沢の「日清戦争勃発の際の言論に現われたような官に対する民の実質的な無条件降伏の勧め」を、「自然法から国家理由への急激な旋回」ととらえ、「福沢が後期において初期の立場から転向して反動化した」という定説的な見解に反対できなかったのであると理解して、井田は、それを残念がっているのである。つまり、福沢は生涯「典型的な市民的自由主義」者であったという折角の正しい把握・主張を、丸山が、一連の無署名論説の筆者を福沢と誤解したために、結局、「丸山論文自体を空洞化」させ、「駿馬《しゅんめ》の雄姿」の福沢諭吉を「漠たる幻影」にとどめてしまったことを、井田進也は返すがえすも残念がっているのである。

この井田に続いて、論説の「語彙や表現、さらに文体の特徴」や「筆癖」から起草者を推定する「井田メソッド」を全面的以上に踏襲して、その誤りを拡大再生産したのが、平山洋である。平山はその著書『福沢諭吉の真実』（文春新書、〇四年八月）において、これまで福沢筆の社説と考えられてきた無署名論説の大半は（『尊王論』のような福沢の署名著作まで含めて）、「民族差別主義者・領土拡張論者」「天皇賛美者」の石河幹明が執筆したものであると誤認定して、福沢のアジア侵略論や天皇制論を批判的に評価してきた過去の服部之総、遠山茂樹、安川寿之輔らの研究は誤りである、と主張する。

つまり平山洋は、石河幹明ら他記者筆の論説を除外して、「福沢の真筆だけを注意深くより分けて読んでみると、そこからわき上がるイメージは、市民的自由主義者、としか言いようのない福沢像」だというのである。この文章が示唆するように、平山・井田の両人は、福沢がなぜ「典型的市民的自由主義」者といえるのか、自分なりの分析・考察はなんら行なわないまま、丸山福沢論＝「丸山諭吉」像にひたすら追従《ついじゅう》・依存して、「遠山（茂樹）・服部（之総）連合」陣営の立論は、他記者起草のアジア蔑視・侵略志向の無署名論説を論拠としていたと誤「認定」することによって、福沢は自動的に「(典型的)市民的自由主義」者であると結論づけているのである。

その結論自体が誤りであることを、『福沢と丸山』においてすでに論証している安川の立場からすれば、「井田メソッド」自体とその運用の仕方に無理があるため、二人は当然誤った結論に行きついたという判断になる。平山の側からすれば、現行版『福沢全集』は福沢諭吉の『全集』たりえていないのだから、それを対象に「福沢の思想」を分析したものを相手にするいわれはない、ということになろう。つまり、井田・平山両人と安川の研究は、噛《か》み合いようのない存在であった。

じじつ、井田『歴史とテクスト』の大半の原稿は二〇〇〇年までに書かれたものであるため(主論文は岩波書店発行の学術雑誌『思想』に発表)、安川『福沢のアジア認識』に対しても、当然、なんの論及もない。平山洋『福沢の真実』の場合は、同書刊行の一年前にすでに結論が逆の安川『福沢と丸山』(〇三年七月)を平山に贈呈しているが、同書の原稿は〇三年四月に完成したとのことで、福沢が「典型的市民的自由主義」者ではないという安川『福沢と丸山』の論証・結論とはなんの関係もなく、上記の結論をだしたものである。したがって、安川の福沢論を主要な批判対象のひとつとした同書巻末の「主要参考文献一覧」には、『福沢のアジア認識』のみが掲載され、受納した安川『福沢と丸山』は紹介されていない(ただし平山は、福沢＝「典型的な市民的自由主義」者という丸山眞男と井田進也の把握に積極的に同調しながら、断りなく「典型的な」という重要な修飾語を外《はず》して、福沢

＝「市民的自由主義者」としているが、それは『福沢と丸山』の結論を意識したものではないのか、と私は推測している）。

このように福沢が「（典型的な）市民的自由主義」者か否かという結論において井田・平山と安川は真っ向から対立しながら、両者は同じ土俵で組み合わないまま、互いに勝手な結論を出し合っている形なのである。だから、安川の側では、当初、福沢を「丸山諭吉」以上の一貫した「典型的な市民的自由主義」者と把握する誤った井田進也を相手にする意志はほとんど持ち合わせていなかった。そのため、安川『福沢と丸山』でも、「…から見て、「時事新報」の社説は、福沢本人の執筆でない場合も、（近年、井田進也『歴史とテクスト』光芒社が考察しているように）加筆・修正の度合いに当然バラつきはあっても、まったくのノータッチや掲載の判断に論吉がまったく関与しないということは、原則的にありえないことと推定できよう」と、井田の研究には一度だけ軽く言及しただけである。

ところが、序章2で見るように、福沢諭吉神話を代表する「丸山諭吉」像の圧倒的な影響下にある日本のマスコミと一部の研究者が、（福沢の否定的イメージと結びついている）「脱亜論」、「日本臣民の覚悟」や帝室尊崇は「日本人固有の性」と主張する「臣民」意識まるだしの『尊王論』の筆者が、じつは福沢諭吉ではなく石河幹明であるという井田・平山両人の無署名論説筆者認定による、あらたな福沢美化論・偶像化論の成果に、わっと飛びつく社会事象が続くことになったのである。

井田・平山両人の新たな福沢美化論がマスコミや一部の研究者にひろく肯定的に評価されるという事象は、二人が安川『福沢と丸山』になんら論及していなくても、福沢が「(典型的な)市民的自由主義」者ではないという同書の私の主張・論証に、無理や誤謬があるのではないかという評価に通じることになる。くわえて、平山『福沢の真実』は、(このあとに見るとおりの杜撰な)その筆者認定によって、直接名指しで『福沢のアジア認識』を批判・非難しているのである。『福沢諭吉の女性論と教育論』執筆のまえに、またまた二度目のまわり道を余儀なくされるに至った事情は、以上のとおりである。

1 井田進也・平山洋による『福沢諭吉全集』無署名論説の杜撰な筆者認定作業

(1)「井田メソッド」とは

平山洋が「井田メソッド」と呼ぶ井田進也の無署名論説認定の研究（作業）は、「語彙や表現、さらに文体の特徴」「筆癖」から論説への「（論説主幹）福沢の関与の度合いに応じてAからEまでの五段階評価」を行なうことで、起草者を推定する手法である。その認定によるA、B級論説は「福沢思想の骨格」（引用の出典・ページ数は、すべて第Ⅰ章以下で明記。序章では省略）を反映したものと見なせるが、C、D、E級論説はそうではないとして、井田が要求していることは、「福沢の思想」を考察・研究するには、『福沢諭吉全集』⑧〜⑯巻収載の「時事新報」社説を中心とした無署名論説から、（福沢の執筆でない）CDE級論説を除外した新しい『福沢全集』を対象にしなければならないという、ある意味で単純明快な主張である。

これに対して平山洋は、「たとえD判定でも、福沢によるそもそもの立案に近いからこそ加筆が少ないのかもしれない」「E判定は福沢ではないと断言」できない（じじつ、福沢が「行文平易にして意を達す。」と評した「百点満点」の北川礼弼《れいすけ》記者の社説を、井田はE評価）という重要なことには気付きながら、他記者起草の論説が「福沢の思想を代弁していると見なせるかどうかはさて、お、い、て」しまって、井田同様に、C、D、E級の論説は「福沢の思想」ではないと勝手に認定してしまっている点では、井田とまったく同一である（第Ⅰ章「はじめに」）。

(2) 「脱亜論」起草者の粗雑な誤認定

井田は、最初に、福沢の無署名論説のなかでは、アジア侵略の志向を表明した論説の一つとしてもっとも有名な論説となっている一八八五年三月「脱亜論」の認定にとり組み、使われている語彙や表現が「明らかに石河の痕跡」を示していると認定すると同時に、福沢が「完膚《かんぷ》なきまで…朱《しゅ》を入れた結果」も窺えるとして、結局、「脱亜論」は、石河幹明が起草して、福沢が大幅に加筆・修正したA級論説と判定した。ところが、同論説掲載の八五年三月には、石河幹明記者は時事新報社に未だ入社さえしておらず、同年四月に入社後も、社説の起草を許されたのは八七年八月以降のことであると指摘されて、三年後の別の論稿において、井田はその粗雑な誤認定の「お詫び」を書いている。同様に、八四年一〇月に二日つづけて掲載の「東洋の波蘭《ポーランド》」を、高橋義雄起草で初日はE、二日目はC級論説であると認定した井田は、同論説が中上川《なかみがわ》彦次郎起草と教示されて、また訂正を余儀なくされている（第Ⅱ章「はじめに」）。

(3) 「日本臣民の覚悟」認定の致命的誤り

✣「世界に冠たる…画期的な方法」による「月とスッポン」のミス判定

ところが、自からの認定法を「世界に冠たる」「日本文学・思想研究史上画期的な方法と自負」している井田進也は、この程度のことでめげる様子もなく、同じ論文「福沢諭吉『時事新報』論説の再認定」（『思想』九八年九月号）の中で、「日清戦争への挙国一致を呼びかけたとされる重要論説「日本臣民の覚悟」」の認定に取り組み、「石河に特徴的な表記が顕著」であると判断して、自信たっぷりに「これはもう石河がサインしているようなもの」で、「達意を旨とする本来の福沢文とは月とスッポン、似ても似つかぬ冗長《じょうちょう》な悪文と断ぜざるをえない」と認定した。さらに悪乗りした井田は、「日本臣民の覚悟」の「我輩の目的は唯《ただ》戦勝に在《あ》るのみ。…内に如何なる不平不条理あるも之を論ずるに遑《いとま》あらず。」という（福沢の）国権拡張至上主義を、「「如何なる不平不条理」をも堪え忍べと説く、昭和十年代を先取りした滅私奉公論」と決めつけ非難して、結論として一八九四年八月「日本臣民の覚悟」は、「ほとんど石河の文」のD級論説と認定した。

なお平山洋も、井田が石河幹明の執筆と判定しているからという理由だけで、この場合は自からはなんら判定をしないまま、（それでいて、井田以上に逸脱して）「戦意高揚」「戦争煽動論説」の「日本臣民の覚悟」は、「純粋に石河の執筆」、つまり「D」ではなく、福沢のチェックが一切ない「E」評価の論説と認定している（なぜDがEになるのか、説明なし）。

ところが、石河幹明『福沢諭吉伝』③には、福沢諭吉がこの論説を書いた動機、熱意、執筆前後の経緯、懸念、主題と強調点などが約四千字にわたって詳細に記録されている。それなのに井田は、石河が自分の文章を割愛するのに「不向きな人物だったのでは」なかろうかという人物評価にかかわる勝手な推定以外の論拠は一切示さず、結果的に『伝』の四千字に及ぶ詳細な記述を虚偽として、上記の結論を出しているのである（第Ⅱ章1）。

✣福沢思想の変化と無関係な語彙判別

もちろんこの場合、井田が「語彙」による判定を試みていることは当然である。その代表格が、福沢は日本人を「国民」「人民」と表記するが、「石河の常套語」は「臣民」である（その「臣民」が論説の題名にまで使われている！）という単純明快ではあるが、お粗末きわまりない語彙による判別を行なっているのである。

なぜお粗末なのか。「日本臣民の覚悟」より一二年も前の八二年『帝室論』の刊行によって、「愚民を籠絡《ろうらく》する…欺術《ぎじゅつ》」としての天皇制を、日本の近代化に必要不可欠のものとした福沢は、その選択に見事に対応して、翌八三年の「徳教之《の》説」（いちいち断らないが、本書の論証に使う福沢の論説は、井田・平山も「福沢真筆」と認定しているもの）以来十年余にわたり、さすが近代日本の啓蒙家に相応《ふさわ》しく、時代に先駆けて「臣民」「日本臣民」の語彙を使い始めているのである（これ以前の福沢が、他の知識人同様に日本人を「国民」「人民」と呼称・表記していたのは当然）。

本書のコラム［福沢の天皇制思想の歩み］（第Ⅰ章3）［福沢は変説・融通無碍《むげ》の「思想家」］（1、2）（第Ⅲ章2、7）で紹介したように、福沢の天皇制思想は初期啓蒙期から大きく変化しているのに、井田・平山両人の理解している「福沢の思想」はというと、『学問のすすめ』『文明論之概略（の厳密には第九章まで）』時代の思想で思考停止状態にあって、「天は人の上に人を造らず…」の福沢が、「人の下」の「臣民」などというお粗末な語彙を使うはずがない、と勝手に思いこんでいるのである（第Ⅱ章1）。

✣平山洋の「贔屓《ひいき》の引き倒し」『尊王論』認定——同一の誤り

その点では、平山洋も井田進也と一心同体である。『福沢全集』⑧〜⑯の無署名論説の筆者再認定を主張していたはずの平山が、「井田メソッド」を全面的以上に踏襲するために、みずから逸脱して『福沢全集』⑥の『尊王論』の筆者認定を行ない、福沢研究史上初めて、同書の「真の起草者は石河幹明」であると認定した。なぜか。「それ以前の文章では使用が確認できない「臣民」が、本文第一行目で躊躇なく使われているからである。福沢はこうした場合「国民」か「国人」、又は「人民」を用いる。さらに…」というのがその根拠である。つまり、「国民」か「臣民」かの語彙の違いで、「天は人の上に…」の福沢か「水戸学の本家本元」「天皇賛美者」の石河かが区別できるという、単純そのものの「語彙」判別法を井田に学んだ平山洋は、『尊王論』の一行目の（福沢は五年も前から

「臣民」使用を始めているのに、その重要な事実を知らず）「我大日本国の帝室は尊厳神聖なり。吾々臣民の分として之《これ》を仰ぎ之を尊まざる可《べか》らずとは、…」という文章を見て驚愕・興奮して、予定外の署名著作認定の「わき道にそれる」ことになったのである。

井田・平山両人は、（前掲コラムの内容で簡単に確認できるように）初期啓蒙期から福沢の思想は大きく変化しているのに、「福沢は晩年に至るまで、…『学問のすすめ』と見解を異にする著作を発表してはいない」という平山のお粗末な認識のように、その重大な変貌を知らず、固定的な同一の語彙が使われているか否かという単純な判別基準によって、福沢の文章か否かを区別・認定できると思いこんでいるのである。「人民」か「臣民」かの使用で判別できるというなら、「素人」でも出来そうな作業である。そんな単純な判別法が「世界に冠たる」「画期的な方法」であるはずがない。

『尊王論』の筆者が石河幹明であるはずのない第二の理由としては、同書の社説連載一月前と『尊王論』出版前日の二度、福沢は前社長の中上川彦次郎宛に、石河は「文章の拙《せつ》なる」「角力《すもう》に力のなきが如《ごと》し」と書き送っており、第三に、『尊王論』には献上用の「類例を見ない豪華上製本」が作られ、さらに『帝室論』と合本の福沢諭吉『日本皇室論』も刊行されている。このように自分の天皇制論を代表する豪華上製本の著書を「文章が下手《へた》ニ而《て》、過半《おおかた》ハ手入れを要す」未熟な石河に起草させることは、断じてありえないことである。

井田・平山両人は、福沢が「全アジア的に少なからぬ悪評・悪名を蒙《こうむ》ってきた」「半世紀以上ものあいだ内外の批判に曝《さら》されてきた」のは、「日本臣民の覚悟」や（井田のみ誤認定の）「脱亜論」や（平山のみ誤認定の）『尊王論』などの論著が福沢筆と誤解されてきたためであるとして、そのことをくりかえし残念がっているのである。そこで、二人はそのお粗末な認定作業によって、福沢が「従来いわれてきたよりもいっそう骨太《ほねぶと》の思想家」であるという「駿馬《しゅんめ》の雄姿」「本来の福沢像」をなんとか「回復」しようと懸命に努力しているのである。ところが面白いことに、平山・井田両人の福沢の名誉回復のための懸命の努力が、逆に福沢の名誉をいたく貶《おとし》める罪作りな作業になっている事実を、本書の読者は、これからくり返し知らされることになるのである。

とりあえず、平山の『尊王論』認定の場合に即して説明しよう。平山は『尊王論』の「真の起草者」が石河幹明であると認定することによって、「文章の拙《せつ》な」弟子、石河の書いた「臣民」意識まるだしのお粗末な代作《い》『尊王論』を、福沢先生は、あろうことか自分の名前で出版し、それを豪華上製本にまで仕立てて「人の上の人」に献上したり、さらには生前にその弟子の著作を、明治版『福沢全集』に自から収載した（現代なら、それだけで職や地位を失墜する）破廉恥漢《はれんちかん》そのものであると、認定・主張していることになるのである。こういう行為を、日本では典型的な「贔屓《ひいき》の引き倒し」という（第Ⅰ章3）。

✣福沢真筆の思想の流れと対比・照合しない認定法

井田進也の「日本臣民の覚悟」認定に戻ろう。「井田メソッド」の致命的な欠陥は、他記者筆と推定しようとしている論説と、真筆の福沢の思想の流れとを対比・照合して、その差異あるいは逆の一心同体ぶりを考察・確認するという、必要な基本的作業に一貫してとり組まないことである。たとえば、井田が悪乗りして「昭和十年代を先取りした滅私奉公論」と紹介した「日本臣民の覚悟」の「我輩の目的は唯《ただ》戦勝に在《あ》るのみ。…内に如何なる不平不条理あるも之《これ》を論ずるに遑《いとま》あらず。」という福沢の国権拡張至上主義は、中期保守思想を確立して以降の福沢にとっては、とっくに不動の政治的持論そのものになっていたものなのである。

七九年八月の『民情一新』により、モデルの欧米「先進諸国」が労働運動・社会主義運動の発展で「今日の西洋諸国は正《まさ》に狼狽《ろうばい》して方向に迷ふ者なり」という新しい認識を獲得した福沢は、八一年一〇月『時事小言』の「強兵富国」のアジア侵略路線と、八二年四月『帝室論』による「愚民を籠絡《ろうらく》する…欺術《ぎじゅつ》」としての天皇制の選択によって、その不動の保守思想を確立した。前者は、「専《もっぱ》ら武備を盛《さかん》にして国権を皇張《こうちょう》」し、「事情切迫に及ぶときは、無遠慮に其地面《そのじめん》（アジア諸国）を押領《おうりょう》して、我手を以て新築する」というアジア侵略の強兵富国路線であった。

つまり、『概略』第十章で「第二歩に遺《のこ》して、他日為《な》す所あらん」と公約していた「一身独立」の課題を、この時点で明確に凍結した福沢は、生涯その課題追求の方向へと進み出なかったのである

（一九〇〇年の「修身要領」における「独立自尊」は、福沢が指示したように、「凡《およ》そ日本国に生々する臣民は男女を問はず、万世一系の帝室を奉戴《ほうたい》して其《その》恩徳を仰がざるものある可《べか》らず。」という「臣民」の「独立の忠」や「独立の孝」のことである）。

もともと、（国家平等論を「国力平均の陳腐説」と貶《けな》し）「一国独立」＝「自国の独立」確保を至上の最優先課題としていた初期啓蒙期の福沢の思想を代表する『学問のすすめ』第３編の定式「一身独立して一国独立する」自体が、「国のためには財を失ふのみならず、一命《いちめい》をも抛《なげうち》て惜むに足ら」ない一方的な「報国の大義」のことであった（福沢研究史上最大の誤読箇所）。

中期保守思想を確立した福沢は、ためらうことなく、七八年『通俗国権論』で「政府の専制は…恐るるに足らず、…区々《まちまち》たる内国政府の処置の如きは唯《ただ》是れ社会中の一局事」、八一年『時事小言』では「国権を振起《しんき》する…我輩畢生《ひっせい》の目的は唯《ただ》この一点に在《あ》るのみ。」、八二年五月「藩閥寡人《かじん》政府論」では「内の政権…専制に似たるも、…国権を皇張するの力を得れば、以て之に満足す可し」などと、「内に如何なる不平不条理あるも之を論ずるに遑あらず。」という国権拡張至上の思想を、「内国の不和を医するの方便として故《こと》さらに外戦を企て、以て一時の人心を瞞着《まんちゃく》する」「外に対して事端《じたん》を開く」権謀術数とともに（第Ⅱ章１のコラム「福沢の権謀術数的発言」参照）、自からの政治的持論として確立していったのである。

したがって、日清戦争を迎えて「日本臣民の覚悟」を呼びかける福沢が、慶応義塾出身の両院議員を相手に「国辱かしめらるれば身死するのみとは、国中の貴賤貧富、男女老幼、その地位に拘《かか》はらず…平等一様の決心」という激烈な「忠勇義烈の精神」を演説（九五年一月）したことは当然のことであった。つまり、国権拡張至上の「滅私奉公論」は、中期以降の福沢の政治的持論となっているのに、井田進也が、それを四十年も後の「昭和十年代を先取りした滅私奉公論」であると誤読したのは、福沢「先生」に失礼であるだけでなく、福沢思想の流れと無関係な、およそ見当違いの評価である（第Ⅱ章1）。

✣同時期の真筆の論説や発言とさえ対比・照合しない認定法

井田・平山の両人は、「日本臣民の覚悟」の「人の種の尽きるまでも戦ふの覚悟」「眼中物なし、唯《ただ》日本国あるのみ」「財産を挙《あ》げて之《これ》を擲《なげう》つ」「私情を脱して国に報ずる」「忠勇義烈の要」などという激烈な表現の連続に驚愕して、（ふたりが勝手にそう評価している）「戦時下にあってもつとめて平静」で「国民に自重を求め」た、逸脱を知らぬ「骨太の思想家」の福沢が、コンナ表現や文章を書くはずがないという思いこみで、石河幹明筆に責任転嫁を試みた様子である。「井田メソッド」が本当に「語彙や表現、さらに文体」から筆者認定を行なう方法ならば、二人はこれらの激烈な語彙、表現、文章とまったく同様の語彙、表現、文章が、同時期の福沢真筆にあふれるように見られることを、なぜ見ようとしないのか。

もともと「日本臣民の覚悟」が福沢諭吉自身の文章であるから、同様の文章や表現が同時期の福沢の真筆に沢山あるのは当然予測できることである。それなのに、そういう対比・照合をしないまま、軽々しく「福沢文とは月とスッポン、似ても似つかぬ冗長な悪文」と断定していることは、たんなる錯覚の域をとびこえたお粗末のきわみである。

「井田メソッド」のいい加減さを確認するために、「日本臣民の覚悟」にある表現が、同時期の他の福沢真筆でも用いられている例のいくつかを列挙しておこう。〈上〉が「日本臣民の覚悟」で、〈下〉が他の福沢真筆、それもすべて一八九四、五年の演説・論説・書簡である（一七点の引用資料中、三点の筆者認定は両人のそれと分かれているが、安川の認定ではA、B級論説）。

「眼中物なし、唯《ただ》日本国あるのみ」→「眼中物なし、唯日本国あるのみ」（九四年八月演説）

「目的は唯戦勝に在《あ》るのみ」→「目的は唯戦勝に在《あ》るのみ」（九四年八月演説）

「東洋文明の先導者」→「東洋文明の先導者」（九四年八月「私金義捐《ぎえん》に就て」）

「世界に対して肩身《かたみ》を広くするの愉快」→「外に対して肩身を広くするの愉快」（九四年八月「私金義捐《ぎえん》に就て」）

「私情を脱して国に報ずる」→「都《すべ》て私を忘れて国に報ずる」（九四年八月書簡）

「老少の別なく切死《きりじに》して人の種の尽きるまでも戦ふの覚悟」→「全国四千万人の人種《ひとだね》の尽きるまでは一歩も退かずして、是非《ぜひ》とも勝たねばならぬ…大戦争」（九四年八月「私金義捐に就て」）

「忠勇義烈…宝刀利なりと雖《いえど》も深く鞘《さや》に納めて抜かざるは治世の武士の嗜《たしな》みなり」→「古学流儀の忠勇義烈…之《これ》を喩《たと》へば正宗の宝刀の如し。…宝刀は鞘に納め、唯武士の嗜《たしな》み…」（九四年三月「維新以来政界の大勢」）

「財産を挙《あ》げて之《これ》を擲《なげう》つは勿論」→「家計の許す限りを揮《ふる》ふて戦資に供し」（九四年八月演説）、「身代《しんだい》を分ち棄《すつ》るハ当然之《の》事」（九四年一二月姉宛書簡）、「軍費之如きハ、国民が真実赤裸《まるはだか》ニなるまで厭《いと》ひ不申《もうさず》」（九五年一月書簡）、「家も蔵も衣服諸道具も挙げて国用に供して、身は赤裸《まるはだか》になるも」（九五年二月「外戦始末論」）

「同心協力してあらん限りの忠義を尽し」→「一命《いちめい》をさへ棄《すつ》る忠臣多き」（九四年一二月書簡）、「一致協同、四千万之人民ハ四千万之《の》骨肉ニ異《こと》ならず」（九四年一〇月書簡）、「三軍の将士は皆御馬前に討死の覚悟を以て」（九四年一一月「大本営と行在所《あんざいしょ》」）

「頑陋《がんろう》不明なる支那人」→「支那流の頑陋」（九四年八月「私金義捐に就て」）

「勝利を得て我国権を伸ばし」→「唯一心に国権の皇張《こうちょう》を祈《いのり》て他念なき」（九四年八月演説）

「喩《たと》へば父母の大病中に兄弟喧嘩一切無用なるが如く」→「所謂兄弟牆《いわゆるけいていかき》に鬩《せめ》ぐも外その侮《あなどり》を防ぐ」（九四年八月「国民一致の実を表す可し」）

以上をみれば、表現に若干の差異があっても、その表現を支えている「思想」が基本的にまったく同一であることは明らかである。第Ⅱ章1ではさらに八点にわたる考察を続けているが、「日本臣民の覚悟」の筆者が福沢諭吉その人であることは、もはや十分明らかであろう。「福沢の思想」を考察・研究するためには『福沢全集』からD、E評価の「日本臣民の覚悟」を除外しなければならないという井田・平山両人の主張の不当は歴然である。なお、「日本臣民の覚悟」の「財産を挙《あ》げて之を擲《なげう》つは勿論」と「同心協力してあらん限りの忠義を尽し」という表現・主張の場合には、同様の表現の資料がそれぞれ三、四点あることは、福沢の「日本臣民」の挙国一致の戦争協力を求める熱意が、いかに強力なものであったかを示していよう（第Ⅱ章1）。

(4)「脱亜論」を「対中国不干渉論」とする曲芸的解釈

✣福沢諭吉の「名誉回復」のためという作為的な研究

井田進也は、一部既述したように、自からの筆者認定によるC、D、E級の無署名論説を『福沢全集』から除外すれば、「豁然《かつぜん》と霧が晴れる日」が訪れ、「従来いわれてきたよりもいっそう骨太の思想家」、「日清戦争期をも通じて、…比較的逸脱を免れた数少ない思想家」という「駿馬《しゅんめ》の雄姿」の「本来の福沢諭吉像」がたち現われるはず、という自分の「期待」「祈念」をくり返し書いている。福沢諭吉顕彰会の会員ならいざ知らず、研究者が自分の研究が為《ため》にする作為的な研究であることを表明し、その主観的な意図をこれほどあっけらかんと書く事例は珍しい。

彼が福沢研究上の師と仰いでいるようにみえる丸山眞男は、「学者…を内面的に導くものはつねに真理価値でなければならぬ。」「われわれはどこまでも客観性をめざして…希望や意欲による認識のくもりを不断に警戒」しなければならない、「思想史はやはり史料的考証によって厳密に裏づけされなければなりません」、思想史家は「歴史離れをするにはあまりに謙虚なものであります。」などと、研究者の心構え、研究の戒《いまし》めを説いている。丸山眞男自身が、じつはその自からの言葉で試される存在であることは、安川『福沢と丸山』でしばしば論及した問題である。以下、井田・平山両人の研究が、いかに「希望や意欲による認識のくもりを不断」に重ねた研究であるかの論証を、さらに続けよう（第Ⅱ章2）。

✣「脱亜論」への道のり

日本が「西洋の文明国と進退を共にし、其《その》支那朝鮮に接するの法も隣国なるが故にとて特別の会《え》釈《しゃく》に及ばず、正《まさ》に西洋人が之《これ》に接するの風に従《したがっ》て処分す可《べ》きのみ。」という「脱亜論」の有名な結論は、『時事小言』にはじまる福沢のアジアへの侵略の意向を表明したものと定説的に理解されている。

ところが、井田進也『歴史とテクスト』は、その第四論文では、「脱亜論」の半年前の一八八四

（明治十七）年九月一六日から一ヶ月間の「時事新報」の清仏戦争報道を対象にし、第五論文の場合は、八三年九月「外交論」から八五年三月「脱亜論」までの一五論説中の八論説を対象にして、それぞれ無署名論説認定を行なうことによって、遠山茂樹『福沢諭吉』（東京大学出版会）の「（明治）十六年から十七年にかけて、福沢のアジア侵略への衝動は加速度的に強まった。」という見解の批判を意図した論稿である。井田は、その間の福沢の思想の流れを一貫して「慎重論」「対中国消極論」「対中国不干渉論」であったと主張しているのである。

しかしながら、井田の論証過程は、無理に無理を重ねた、およそ説得力をもたない作業となっている。たとえば、八四年九月「支那を滅ぼして欧州平《たいらか》なり」の分析では、「欧州文明の惨状は今正《いままさ》に其《その》惨を増加し、…其《そ》の気焔の熱を緩和するがため、外に劣者の所在を求めて内の優者の餌食《えじき》に供するは、実に今日の必至必要とも云ふ可《べ》きもの（なれば、斯《かか》る必至の場合に臨《のぞみ》て何事を顧慮《こりょ》するの遑《いとま》あらんや。）」という福沢の論説の引用に際して、井田は、括弧内の「なれば、斯《かか》る必至の場合に臨《のぞみ》て何事を顧慮《こりょ》するの遑《いとま》あらんや。」と、清国へのフランスの帝国主義的侵略に共感して後押《あとおし》している福沢「脱亜論」につながる文章は、無視・削除して引用しないのである。この作為的な作業によって、井田はこれを「「外に劣者の所在を求めて内の優者の餌食《えじき》に供するは、実に今日の必至必要とも云ふ可《べ》きもの」という文明国の否定的側面に対する福沢の現実認識が示されている」だけの論説であると、強引かつ勝手に解釈するのである。

また、同じ八四年九月の「支那風擯斥《ひんせき》す可し」の場合は、「以上…、到底《とうてい》今の支那人に向ては其《その》開化を望む可《べか》らず。…之《これ》を友とするも精神上に利する所なし。」という結論部分は、半年後の「脱亜論」の「今の支那朝鮮は我日本国のために一毫《いちごう》の援助と為《な》らざるのみならず、…西洋の人は日本も亦《また》無法の国かと疑ひ、…」という同じ結論部分の判断に明らかにつながっている。そのため、井田も「事実上半年後の「脱亜論」を先取りしており、とかく大陸進出論、侵略主義の脈絡で語られることの多い「脱亜論」の真意は、ことによるとこの辺《あたり》に述べられているのではあるまいか。」と、ひとまず素直に書いている。

ところが井田は、突然、六年も前の七八年『通俗国権論』第七章の「余輩の主義とする所は、戦《いくさ》を主張して戦を好まず、戦を好まずして戦を忘れざるのみ」という同書の主題にとっては傍流的な文章を、曲芸師のように引用してきて、それを根拠に「支那風擯斥《ひんせき》す可《べ》し」について、この論説に「現実的、積極的な進出・侵略の意図を読みとるのは少しく早計かと思われる。」という評価・結論をくだすのである。なぜ、井田が曲芸師なのか。

『通俗国権論』は、「日本臣民の覚悟」と同様の「内国政府の処置の如きは唯是《ただこ》れ社会中の一局事にして」という国権拡張至上主義と、「我人民の報国心を振起《しんき》せんとするの術《てだて》は、之《これ》と兵を交《まじう》るに若《し》くはなし。」という権謀術数までを展開して、「百巻の万国公法は数門の大砲に若《し》かず…大砲弾薬は…無き道理を造るの器械なり。…各国交際の道二つ、滅ぼすと滅ぼさるるのみ」という国際関係のきびしい現実を指摘して、終章の「第七章　外戦止《や》むを得ざる事」を主張したものとして、ひろく知られている論説である。

したがって、井田が引用した「戦《いくさ》を主張して戦を好まず、…」云々という第七章中の文章は、『通俗国権論』の主題からだけでなく、「外戦止《や》むを得ざる事」という章の表題をも代表できない、つまり、同書の論旨の文脈からは二重に外れた傍流の外交辞令的な文章にすぎない。それなのに、この傍流の文章の紹介をもって、六年後に書かれた「支那風擯斥《ひんせき》す可《べ》し」が対中国「慎重論」であるとする井田の曲芸的な論証過程の無理はあまりにも明らかである。

福沢の以上の二論説の場合と異なり、八四年一二月「戦争となれば必勝の算あり」については、井田はまず、「筆癖」から筆者を高橋義雄・渡辺治両記者の合作と認定する。その上で、同論説末尾の「我輩の一身最早《もはや》愛《お》しむに足らず、…。我輩の財産最早愛むに足らず、挙《あ》げてこれを軍費に供すべし。」という文章を、「高橋の揚言」と非難がましく認定して、この論説は「滅私奉公型思考の原型として、日清戦争期の石河幹明起稿「日本臣民の覚悟」（D評価）を先取りしたものといえよう。こういう安直な思考法こそ、福沢の現実感覚からもっとも隔《へだ》たったものなのではあるまいか。評点はE。」と断定している。

つまり井田は、「戦争となれば必勝の算あり」を他記者筆の（福沢がノーチェックの）E評価と評価することによって、かれが「対中国消極論」「対中国不干渉論」と把握する「脱亜論」への福沢の道のりとは無縁の論説に位置づけるとともに、現実感覚の持ち主である福沢は、こんな安直な滅私奉公の「揚言」などはしない人物であるという勝手な評価も忍びこませようとしているのである。

しかし、「日本臣民の覚悟」の筆者が福沢その人であることをすでに知っている読者にとって、この場合の井田の無理も明らかである。つまり、同論説の「我輩の一身…財産最早《もはや》愛《おし》むに足らず、挙《あ》げてこれを軍費に…」という「揚言《ようげん》」は、まず福沢諭吉「日本臣民の覚悟」そのものを「先取りしたもの」と訂正されなければならない。つぎに、読者は、既述した日清戦争期の福沢真筆の「軍費之如きハ、国民が真実赤裸《まるはだか》ニなるまで厭《いと》ひ不申《もうさず》」「一命さへ棄《すつ》る忠臣…身代《しんだい》を分ち棄るハ当然」「軍資…家も蔵も衣服諸道具も挙《あ》げて国用に供して、身は赤裸《まるはだか》になるも」という先に紹介した福沢の発言を思いだすことができる。そして井田の認定・主張とは逆に、八〇年代半ばから一貫する福沢諭吉の思想は、およそ「現実感覚」など持ち合わせておらず、いかに「安直」な「滅私奉公」の「揚言」をする人物であったかを、認識させられるのである。

つまり、井田進也の認定研究は、福沢の「脱亜論」への道のりを、「慎重論」「対中国消極論」「対中国不干渉論」であるという自分の主張の論証に成功していないだけでなく、福沢の名誉回復を直接意図しながら、逆に、このように思想家福沢を非難・論難・裁断する研究になっているのである（第Ⅱ章3、4）。なお、平山が以上の井田の認定結果の影響もうけて、「脱亜論」を「むしろ西洋諸国からの侵略の脅威におびえる」福沢の姿を示す論説であるという、およそ信じ難い解釈をすることについては後述する（第Ⅱ章3、4）。

(5) 平山洋『福沢諭吉の真実』の〝壮大な虚構〟の13仮説

平山洋『福沢諭吉の真実』の中心的な主張は、〈(石河幹明)『福沢諭吉伝』と昭和版『続福沢全集』は一九三二、三三年の読者に向けて編纂されている〉という小見出しに見られるように、石河幹明によって、アジア太平洋戦争の時代の日本の「大陸への拡大政策に迎合するように編まれ」た二重に作意的・作為的な著作であり、「侵略的思想家というレッテルは、本《もと》を糺《ただ》せば石河幹明ただ一人によって貼られ、大々的に宣伝された福沢像に過ぎなかった」というものである。

具体的には、日清戦争中の福沢が「国民に自重を求め」「つとめて平静に振る舞うよう」求めていたのに対して、「時事新報」紙が、その福沢の意向に反して、戦争「煽動論説」「戦意高揚論説」や戦後の「民族偏見論説」を「乱造」したのは、そのほとんどが「領土拡張主義者」「民族差別主義者」「天皇賛美者」としての石河幹明記者の執筆によるものである、というのがその中身である。その主張を論証・補強するために、平山は大変多くの仮説的な主張を設定しているので、最初にそれを列挙しておこう（その際、平山が小見出しにしている記述は〈……〉と表記する。またそれぞれの文末の章・節は、そのすべての仮説をくつがえした本書の各々の該当箇所を示す）。

❶「侵略的思想家としての福沢諭吉像を描き出」すために、石河は大正版『福沢全集』の「時事論集」の中に、「立論《りつろん》に都合のよい」一四篇の「自分の書いた無署名論説を（意図的に）混入」させた（第Ⅱ章1）。

❷上記の一四篇は「福沢の意」を受けた石河筆論説と『福沢全集』において断わっているが、同じ侵略的な福沢像を創造するために、そう断わらずに石河は自筆の「日本臣民の覚悟」「台湾の騒動」「一大英断を要す」「日清の戦争は文野の戦争なり」「外戦始末論」『尊王論』などの論著を、勝手に『福沢全集』に混入させている（第Ⅱ章1、第Ⅲ章1、2の⑴、⑵、⑶、ほか）。

❸消極的な仮説として、初期啓蒙期や入社した石河幹明が社説起草にかかわる一八八七年八月以前の福沢と「時事新報」論説には、民族差別主義や領土拡張論的傾向は見られない（第Ⅰ章2）。

❹〈九二年春ごろから福沢真筆の論説が稀《まれ》にな〉り、「九二年秋以降の（福沢の）書簡を虚心坦懐《きょしんたんかい》に読み返しても、福沢が毎日の社説に細かく差配していた気配を感じ取ることはできない」（第Ⅰ章1）。

❺日清戦争時には石河が「大ベテラン」記者であるのに対し、福沢はすでに「還暦過ぎの正真正銘の老人」であり、石河は、自筆の論説を無断や「独断で掲載した可能性」が高く、晩年（九八年頃）には「福沢の言うことに石河は聞く耳をもたなかった」（第Ⅰ章1、第Ⅲ章5、6、7）。

❻日清戦争開戦時に福沢が一時期「日々出社し非常の意気込を以《もっ》て自ら社説の筆を執られ…」という石河幹明『福沢諭吉伝』③の記述は、「明白な虚偽」である。したがって富田正文の『福沢全集』⑭「後記」の記述、「日清両兵の衝突となり、…福沢は多年、人の顧《かえり》みるところとならなかつた東洋政略の論旨が遂に実現の機会に立至つたかの感を覚えたのであらう、勇躍活躍、連日紙上に筆を揮ひ、国民の士気を鼓舞してやまなかつた。」も、誤りである。つまり、〈日清戦争中の論説のほとんどは石河の執筆〉である（第Ⅲ章1、2の(1)(2)(4)、3）。

❼九八年九月の脳溢血《のういっけつ》発症の「その瞬間に、福沢は思想家としての生命を失った」「発作後の福沢が確実に記したといいうる文章は、…一八〇字に満たない（姉宛の）短い書簡文だけ」であるのに対して、石河にとって「この福沢の発作から死去までの期間はますます重要であった。福沢の全集の中に自《みずか》らの論説をより多く入れる絶好の機会とな」ったとして、平山は、〈脳卒中の発作以後に発表された論説の執筆者は全て石河〉という小見出しを立てている（第Ⅲ章5、6）。

　以上七点の仮説的主張中の「…ために、…混入」、「独断で掲載…」、「聞く耳をもたなかった」、「明白な虚偽」、「発作以後…自《みずか》らの論説をより多く入れる絶好の機会」などという平山の記述は、石河幹明の人物・人格・人間性に問題があるかのような印象・疑惑を感じさせる文章になっている。繰り返してのその点の強調・告発は、むしろ平山『福沢の真実』の異常なまでの特徴となっているので、石河の人間性のマイナスイメージにつながる、眉をひそめたくなるような平山の同書の多数の表現を、ランダムに列挙しておこう。

「暗い情念」「思想犯罪の犯人」「巧妙なトリック」「巧妙なアリバイ工作」「計略」「策略（三回）」「福沢像のねじ曲げ」「偽りの福沢諭吉像」「作り挙げた虚像」「創造したこの福沢像」「明白な虚偽（三回）」「伝記の虚偽」「虚構」「石河の歪曲」「資料改竄《かいざん》」「真実の隠蔽《いんぺい》」「ある意図をもって…滑り込ませた」「論説選択は出鱈目《でたらめ》としか言いようのないもの」「戦意高揚説を乱造」「独断で掲載」「聞く耳をもたなかった」「全くの嘘」「ライバル…の文章を意図的に落とし」「迎合」「身びいき」「懐柔するため」「…への嫉妬心」などなど。

常識的には、平山がこれだけ石河幹明の人物・人間性を非難・攻撃しているのは、自分の筆者認定作業の説得力や論証力の欠如や希薄さをカバーするための、それこそ作意的で無意識的な行為と考えられよう。平山との論争の過程において、「なぜ、安川寿之輔はかくも石河幹明を愛するのか?」と、問われたことがある。おそらく日本ではもっともきびしい福沢諭吉評価をしている一人の安川に、その福沢と一心同体ともいえる「忠実そのものの弟子」であった「石河への盲目的愛」などあろうはずはない。

当然ながら、安川以上にきびしい福沢研究の著作も現われている。その存在があまり知られていないことと（私自身が前著以来の貴重なパートナーである川村利秋から教示された）、その見解が日本では未だにマイナーなので、丸谷嘉徳『福沢諭吉研究』（創栄出版、〇二年三月）の表紙（表、裏）の紹介文を引用しておこう。「福沢諭吉を徹底分析。本当の福沢イズムが見えてくる本。」「狂気の戦争主義、軍備拡張主義、長時間労働と低賃金制による巨大独占資本の形成確立、農業農民の蔑視と収奪、優勝劣敗主義による清国・朝鮮の蔑視と侵略支配」。

ただ、平山洋の著書においては、石河幹明が浮かぶ瀬もないほどの（遺族なら名誉毀損の訴えを思いつくほどの）気の毒な酷評に曝《さら》されているので、バランス上、平山洋も、彼がいうところの石河幹明に負けない程の、露骨な作意・作為をくり返していることを、列挙しておこう。

(イ)「九二年秋以降…福沢が…細かく差配していた気配」なしの仮説❹に反して、『福沢全集』⑮には、九七年三月の石河筆論説「クリート事件の成行如何《なりゆきいかん》」について、起草を依頼した福沢の七百字の詳細な指示の書簡が添付されている。くわえて、「これによって見ると（石河が）殆《ほとん》ど逐語的に福沢の意に忠実ならんことを努めた跡《あと》がよくわかる。本全集に収録した石河代筆の社説は殆どすべて此の例に倣《なら》ふものと見てよい」という、注記がなされている。平山は、平気でこういう重要な『全集』の注記を無視・隠蔽して、読者の目を欺いているのである（第Ⅰ章1）。

(ロ)「井田メソッド」を全面的以上に踏襲しながら、仮説❹「差配の気配なし」と❺「独断掲載」という自分の記述・主張に不都合な井田の筆者認定結果の場合は、これも平山は平気で無視・隠蔽する。日清戦争中の旅順虐殺事件について、それを「跡形《あとかた》もなき誤報・虚言」と否定・隠蔽する石河筆の九四年一二月の「時事新報」社説について、平山は「石河が独断で掲載した可能性が高い」と断定することによって、福沢諭吉が虐殺事件を隠蔽するような報道人ではないことを、読者に示唆しようとしている。この場合は、福沢「先生はこれを容易ならざる問題なりとし、著者（石河）をして」社説の起草・掲載を指示したという石河『福沢諭吉伝』③の記述を、井田進也は引用した上で、具体的に「前半をE、後半をAとする」という論説認定を行なっている。これの完全無視である（第Ⅲ章4）。

本書でそのつど具体的に指摘するように、平山洋は、自分の認定・記述・主張と明らかに矛盾・対立する井田『歴史とテクスト』の認定・記述・主張を、このように無視・隠蔽するという作為を一〇回近く行なっている。また平山は、石河『諭吉伝』には「明白な虚偽」があると何回も主張している（どの場合も誤判定）。それはこういう場合に備えて、石河『伝』の信憑性《しんぴょうせい》をあらかじめ否定しておくことで、読者に、井田と「井田メソッド」の認定を無視してよいと示唆するための伏線を敷いているのではないのかと懸念する。

もちろん逆に、仮説❷「自筆論説の無断混入」を補強する自分の記述・主張に都合のいい井田の認定の場合は、自分自身の認定は放棄して、自説の補強のために最大限にそれを利用するのである。既述したように、「日本臣民の覚悟」の場合は、自分の認定も論拠もなしに、井田のD判定をE判定に勝手に変更して、福沢の執筆・関与の可能性をゼロと判定したものである（第Ⅱ章1）。

(ハ)　平山は、石河『諭吉伝』③において「…触れられている漫言はこの一編だけである」という「明白な虚偽」を記述することによって、中国人・中国兵を「チャンチャン」「豚」「乞食の行列」呼ばわりした有名な福沢筆の九四年の漫言二篇の存在を無視・隠蔽している。この場合は、この後に紹介する仮説❽「福沢と石河のアジア認識は全く異なる」、❾「福沢には蔑視表現はほとんどない」、⓭「戦争を煽動せず、国民に平静・自重を求めた福沢像」という三つもの仮説を維持・補強するための見事な作為となっている（第Ⅲ章6）。

(ニ)　「脱亜論」の場合のように、論説内容の解釈を自説に都合よく「ねじ曲げ」る行為は珍しくない。しかし、九五年三月「私の小義侠に酔ふて公《おおやけ》の大事を誤る勿《なか》れ」の解釈の場合には、『福沢全集』⑭「後記」も、「和平説」に対する政府の「強硬一偏」の「儼然《げんぜん》たる」態度を要求する（蔑視表現も含む）福沢筆論説との当然の解説・解釈をしているのに、それを無視して、平山は、これを「国民に自重を求めた…戦争を煽った福沢像など少しも浮かんでこない」論説であると記述しているのである。もちろんその「ねじ曲げ」によって、平山が、❻「日清戦中の論説の殆どは石河筆」、❿「蔑視表現殆どなし」、⓭「戦争煽動せず、平静・自重を求めた」という三仮説の維持・補強を謀っていることはあきらかである（第Ⅲ章2の⑷）。

次の第2節で紹介するように、この平山洋の著書を現代日本のマスコミや一部の研究者が積極的かつ前向きに評価しているために、「もっと自国の近代史を直視せよ！」という思いで、私は、本書執筆にとり組もうとしている。しかし、正直なところ、これほど欺瞞《ぎまん》、ご都合主義、作意・作為、「ねじ曲げ」の充満した二人の著書の批判的点検をすることによって、結局は、福沢が「典型的市民的自由主義」者でなかった事実の再確認をするだけの精神労働であることに、私は時間の無駄と徒労を感じている。この作業を余儀なくさせた平山洋賞賛大合唱の人々を恨み、私は怒っているのである。

話をもとにもどして、平山洋は前掲の七点の仮説的な主張が示唆する石河幹明の数々の「策略」「明白な虚偽」「資料改竄《かいざん》」「出鱈目《でたらめ》な論説選択」による「福沢像のねじ曲げ」を振りはらい、福沢の真筆のみに即した再考察を行なうならば、次のような真実の福沢像の内容が明らかになると、主張している。平山が結論として提示している六点の仮説的主張を並べてみよう。

❽〈石河執筆の社説には民族蔑視が溢《あふ》れている〉のに対して〈福沢と石河のアジア認識は全く異なっている〉(第Ⅲ章1、2の⑵)。

❾「脱亜論」は「論理的には侵略肯定に帰結するとしても」、その中身には「日本によるアジア侵略を後押しする意図など少しもうかがうことができ」ず、「むしろ西洋諸国からの侵略におびえる」福沢の「姿が浮かび上がってくる」(第Ⅰ章2)。

❿〈福沢の署名論説に蔑視表現はほとんどない〉(第Ⅲ章6)。

⓫「福沢自身は忠義の説明に「帝室の地位」など全く用いようとしなかった」「福沢が脱亜の主義として終生儒教を排したということについての研究者の理解には大きな隔《へだ》たりはない」（第Ⅲ章1、5、7）。

⓬福沢は「誠実に朝鮮の独立を支援していた」（第Ⅲ章3）。

⓭日清戦争中の福沢論説を見ると、「戦争を煽った福沢像など少しも浮かんでこ」ず、福沢は「国民に自重を求め」「つとめて平静に振る舞うよう国民に求め」た人物である（第Ⅲ章2の(3)、3）。

戦後日本の福沢諭吉研究を、丸山眞男対遠山茂樹・服部之総連合の論争史と整理する平山は、「結局のところ福沢は市民的自由主義者とみなされるべきなのか、それとも侵略的絶対主義者だったのか。」と問いかけて、結論として、「この勝負は丸山に分がある。」「おおよそ千五百編もある『時事新報』論説の中から福沢の真筆だけを注意深くより分けて読んでみると、そこからわき上がるイメージは、市民的自由主義者、としか言いようのない福沢像なのであった。」と結んでいる（第Ⅲ章7）。

「福沢諭吉の真実」が、丸山眞男によって把握された「(典型的）市民的自由主義者」である、という平山洋『福沢諭吉の真実』の中心的な主張は、以上のような一三もの仮説的な主張によって、綿密に構成・構築されているかのように見える。

しかしながら、本書は次の第Ⅰ章以下において、以上の一三ものすべての仮説が成り立っていないことを、事実にもとづいて論証する。せめて半分あるいは三分の一くらいの仮説が成立しているなら、平山・井田両人の主張に少しは耳を傾ける必要もあるが、すべての仮説的主張が誤りである。その論証によって、私は、安川『福沢諭吉と丸山眞男』につづいて、福沢を「(典型的)市民的自由主義者」と把握することの誤りを重ねて確認・論証する。

2 井田・平山の著作を評価・賞賛するマスコミ

(1) 井田・平山の著作はどう迎えられたか

他の記者が起草して福沢の関与の少ない論説を『福沢諭吉全集』に収載していいのかという疑問自体は、意表を衝く問題提起であり、井田進也の場合は、その論文が『思想』という日本の代表的な学術雑誌に掲載されたという事情もあり、多くの波紋と肯定的な評価をもたらした。岩波書店と慶応義塾の関係者は、「果たしてどこまで正しいのでしょうか」(小泉仰、白井堯子、松崎欣一ら)という半信半疑的な受けとめはありながら(九九年六月『福沢手帖』101号)、おおむねは「刺激的な問題提起」(竹田行之)、「福沢研究の一つの期を画する可能性」(山田博雄)をもつという受けとめ方のようである。

しかし、その『思想』論文における井田の認定作業は、旅順虐殺事件論説への福沢の関与の解明を除く、「日本臣民の覚悟」を中心とする「脱亜論」、「日清の戦争は文野の戦争」まで井田のすべての認定が誤りであることを論証した私は、上記の評価に反対であるだけでなく、杜撰な論文を掲載した雑誌『思想』の編集責任を問いたいとさえ思っている。

「日本臣民の覚悟」と「脱亜論」が石河幹明起草であるという誤った認定についてはすでに十分述べた。九四年七月二九日「日清の戦争は文野の戦争なり」の石河筆E認定の場合は、①石河幹明『諭吉伝』③に福沢が起草と明記してあり、②「豊島《ブンド》沖海戦」戦捷《せんしょう》記念のこの日は、「大《おおい》に軍費を醵出《きょしゅつ》せん」と異例の二社説同時掲載の日であり、福沢が夜の戦捷祝宴会にも参加して異例の意気軒昂《けんこう》の姿を見せた日である。つまり、「大に軍費…」を石河が起草(平山認定)し、「日清の戦争…」は、開戦後一時期、毎日出社し「連日紙上に筆を揮《ふる》」うようになっていた福沢が『伝』に明記されているとおり執筆したものである。③『伝』の記述が万々一誤りとしても、異例の二社説掲載の日に異例の高揚ぶりを示していた福沢が、持論通りの内容の「日清の戦争…」に目を通していない、という井田の「E」判定は、およそありえないことである。

平山洋『福沢諭吉の真実』（文春新書）の場合は、日付け上は出版の〇四年八月二〇日よりも前からマスコミがその「成果」に飛びついた。平山洋本人の資料提供の協力も得られたので、期日順に、▨同書の内容を伝えた記事（結果としての杜撰な報道への自らの加担の責任を自覚してもらうために、記者名も記載）、▨平山が求められて寄稿したもの、▨平山へのインタビュー記事、▨同書に言及した論評などを、通し番号つきで列挙しておこう。

▨平山『福沢諭吉の真実』紹介・書評記事

1 〇四年八月一七日「毎日」「岩波の福沢諭吉全集／無関与の論説収録か／「大陸の王者」目指さず？」（栗原俊雄）

2 〃 八月二四日「朝日」「「福沢全集」に弟子の文も／日本思想史研究者が出版」（石田祐樹）

3 〃 八月二九日「毎日」「『福沢諭吉全集』の問題／期待持てる研究の深化」（栗原俊雄）

4 〃 九月一一日「産経」「福沢諭吉像の訂正迫る／全集に他人の文章—平山洋氏に聞く」（稲垣真澄）

5 〃 『文芸春秋』九月号「本の話」欄「『福沢諭吉の真実』の迫力」（伊藤之雄・京大教授）

6 〃 一〇月三日「朝日」書評欄「福沢諭吉の真実」（小高賢）

7 〃 一〇月九日『週刊東洋経済』ブックレビュー欄「注目の1冊」（塩田潮）

8 〃 一〇月二八日「日経」「エンジョイ読書」欄「目利きが選ぶ今週の3冊」（井上章一）

9　〃『諸君！』一一月号「今月のベター・新書」六冊（宮崎哲弥）
10　〃『Ｖｏｉｃｅ』一一月号「偽装」（矢沢永一・関西大名誉教授）
11　○五年二月七日『ＡＥＲＡ』「偽札だけでない福沢諭吉の受難――思想も「偽造」されていた（長谷川熙）
12　○六年一月二三日「北日本新聞」「時代に翻弄される／福沢諭吉「脱亜論」」
13　〃　一月二四日「沖縄タイムス」「時代がゆがめた脱亜論／弟子編集で侵略主義者に」
※12 13は共同通信社配信で、内容はまったくの同文。他の「地方紙」にも掲載されたものと推定する。

▨平山による寄稿

14　平山洋「「朝鮮よ、滅亡せよ」と福沢諭吉は言ったのか？」（○五年五月号『諸君！』）
15　平山洋「福沢諭吉は「アジア侵略論」者だと言われたら」（○六年二月号『諸君！』）

▨平山へのインタビュー

16　○五年六月一○日号「慶応キャンパス新聞」特集インタビュー「『福沢諭吉の真実』の著者平山洋氏に聞く」
17　○五年一一月号『表現者』③インタビュー「アジアにこそ「脱亜論」を」（東谷暁）

▨『福沢の真実』に対する論評

18　○四年一○月七日、安川寿之輔「アジア蔑視観形成と侵略の先導者・福沢諭吉」（『教科書から

消される「戦争」』――『週刊金曜日』別冊ブックレット⑦）

19 ○四年一二月号『月刊マスコミ市民』安川寿之輔「一万円札の肖像だけが、なぜ変わらなかったのか」

20 ○五年三月二〇日、竹田行之（元・岩波書店編集部長）「ジャーナリスト福沢諭吉」（『交詢雑誌』第四八二号）

21 ○五年六月号『歴史地理教育』安川寿之輔「福沢諭吉のアジア認識再論――『福沢諭吉の真実』批判」

(2) ワナにはまった「毎日」「朝日」の紹介記事

本書が〃壮大な虚構〃の書としてきびしく批判する『福沢の真実』にマスコミが出版の日付け前から飛びつくという事象は、なぜ起こったのか。発端に問題が凝縮されていると予想して、最初の1、2、3の「毎日」「朝日」新聞の記事の問題点を少し丁寧に考察しよう。1の最大の見出し「岩波の福沢諭吉全集」は、日本のもっとも権威ある学術書出版社と見られている岩波書店刊の『全集』に、本人起草以外の論説が収載されていてよいのか、これは事件ではないのか、という記者の思いを伝えている。やはり、その疑問自体は意表を衝く問題提起であり、この件が「事件」として登場したこと自体は、無理からぬ出来事と言えよう。

しかし、そのことと平山洋・井田進也の認定作業による問題提起が正しいか否かは別次元の問題である。あらかじめ、なにが問題なのかを端的に指摘しておくなら、後述するように、新たな福沢諭吉美化論、偶像化論にすぎない二人の研究にマスコミが飛びついたのは、日本のマスコミがいまなお「丸山諭吉」神話の支配下にあって、その福沢諭吉理解の水準が、次の(3)で後述するように、保守的な政治家の佐藤栄作元首相以下のお粗末な水準にあるからである。さらに、問題をひろげるなら、現代日本の国際問題にもなっている小泉首相の靖国神社参拝強行に象徴されるような、戦後日本の社会がアジア太平洋戦争の戦争責任を未決済のまま、いまなお直視できていないという歴史意識の問題に帰着するのである。先走りはこの程度に止めておいて、[1]、[2]、[3]の考察に戻ろう。

[1]～[3]を担当した「毎日」「朝日」の両記者が共通に（誤って）紹介しているのは、『福沢全集』掲載の福沢の脳溢血発症後の七二篇と死後の六篇、計七八篇に福沢が関与していないという平山の主張である。この（誰もがもっともと思う巧妙な問題の）指摘で、両記者は『全集』の虚構性を速断させられたのである。[1]と同じ筆者の[3]が、『全集』に福沢が「まったく関与していない論説が大量に掲載…確かに不自然な点が多い。没後の論説が載っている（の）はその筆頭だろう。」と書いているように、没後の論説を「本人が書けたはずがない」じゃないですか、と平山に言われて、『全集』を読んでいない取材記者が、平山の用意した「罠」に落ち込んだのは、当然の結果と言えよう。

しかし、『全集』の読者の場合は、『全集』⑯の富田正文の「後記」によって、以下の事実は既知のことである。つまり、発症した九八年九月から九九年二月一四日までの『全集』掲載の福沢論説は当然存在しない。しかし福沢が、二月一五日から「健康殆んど回復するに及んでは、…（ふたたび）石河幹明に意を授けて文を草せしめること」となり、したがって「明治三十二年二月以降の分（七二篇）は悉《ことごと》く石河幹明が旨を承《う》けて起草したもの」であり、死後の六篇は「生前に旨を授けて書き溜めさせておいたものである」。つまり、問題の七八篇を福沢が執筆していないことは既知・周知の事実である。しかし死後掲載の六篇を含めて、その内容に福沢が「まったく関与していない」というのは平山の勝手な主張である。

つまり、記事にある七八篇に福沢が「関与していない」「福沢のアイデアも筆も入っていない」というのは、平山の誤った勝手な判断にすぎない。しかもその判断は、「この福沢の発作から死去までの期間はますます重要であった。福沢の全集の中に自《みずか》らの論説をより多く入れる絶好の機会となるからである。」と書いて、福沢の病気を好機にして、石河が自分勝手な論説を作為的に福沢の『全集』にもぐりこませようとしていた、という平山の誤った主張をするためのあらかじめの布石であって、それ自体が検証を必要とすることなのである。

安川『福沢のアジア認識』を主要な攻撃対象にしている『福沢の真実』の読者は、平山のこういう記述によって、たとえば、安川はこの石河筆の七八篇の論説を使って「福沢像のねじ曲げ」を謀《はか》っているのではないか、と懸念するようになっている。ところが、安川本の〈資料篇〉が（もちろん、石河筆の論説と断わって）収載しているのは七二篇中の三篇、死後六篇中の一篇──①一九〇〇年六月「国の為《た》めに戦死者に謝す」、②同年一二月「我国に於《お》ける貧富の衝突は…」、③同「今の富豪家に自衛…」、④〇一年一〇月「帝室の財産」の四篇のみである。もちろん、その四篇が福沢の思想を忠実に踏襲したものと判断したからこそ収載したものである。

本書第Ⅲ章5「脳溢血発作以後……」において、私は、この①〜④の石河論説がすべて、「福沢の思想と文章」を忠実に踏襲したものであること、つまり「石河が自分勝手な論説を…『全集』にもぐりこませようとしていた」ものでないことを論証している。たとえば、福沢の死の半年以上も後に掲載された④「帝室の財産」の場合は、表題自体が五年前の福沢の天皇制論説と同一であり、文章の踏襲ぶり、思想内容も百パーセント同一であることを詳論している。また、①「国の為《た》めに戦死者に謝す」の場合は、福沢が不関与という平山の認定そのものが誤りであることを、すぐ後で詳論する。あわせて、安川が収載していない死後の他の五篇、「婦人と衣服」「殺人事件と宗教」「酒税の納期…」「医風矯正《きょうせい》」「平素の注意…」も、『福沢全集』で福沢の女性論、宗教振興論、酒税論、養生論などの主題に馴染んでいる読者にとってはなんら目新しい議論のないことも付記しておいた。

つまり問題は、平山が『福沢の真実』の冒頭で、福沢死後に収載された六篇の石河論説について、「これらを本人が書けたはずがないのは言うまでもないであろう。」と強調して、『福沢全集』の「思想犯罪」「虚構」性を読者に印象づけようと謀《はか》っていて、「毎日」「朝日」の記者がそのワナにはまっただけの話である。検証の結果は、脳溢血発症後や死後の場合を含めて、石河幹明が「殆《ほとん》ど逐語的に福沢の意に忠実ならんことを努めた跡《あと》がよくわかる。…石河代筆の社説は殆どすべて此の例に倣《なら》ふものと見てよい。」という『全集』の「解題」や、息子一太郎の証言「其《その》思想文章ともに父の衣鉢を伝ふるものは独《ひと》り石河氏あるのみにして、文に於《おい》て氏を見ること猶《な》ほ父のごとし」の正当性を再確認できるものであった。

つぎに[1]～[3]で、「毎日」と「朝日」の記事の異なる記述についても見ておこう。[1]の「毎日」の記事は「この72編の中には、清国の兵士を豚になぞらえる論説などの主張も展開されている。」と書いて、このような石河筆の蔑視的な論説が混入しているために、それが福沢のアジア蔑視観と誤解されているという平山の（以下のように五重にも誤った）主張を読者にそのまま伝える記事となっている。この論説とは、上記①一九〇〇年六月の「国の為《た》めに戦死者に謝す」を指す。

第一の誤りは、義和団鎮圧戦（北清事変）において日本軍が「先登《せんとう》第一の功名を立てた」ことを聞いて福沢が「非常に喜ばれ、著者（石河）をして左の一文を草せしめられた。」と石河『諭吉伝』③に明記されているのに、平山が福沢の不関与の証左として、「福沢のアイデアも筆も入っていない」と勝手に主張していることである。

第二の誤りは、脳溢血発症で福沢が「口も利けず字も書けなかった」から「そんな馬鹿げたことがあり得るはずがない」と平山は断定しているが、福沢が「口も利けず字も書けなかった」時期と平山が指摘しているのは「九九年二月一五日から七月二七日にかけて」である。しかし、論説掲載は一九〇〇年六月のことである。同年二月に福沢が「修身要領」に重要な関与と指示をしたことはよく知られており、「福沢年譜」掲載の六月の項には「「修身要領」の全文を自から揮毫《きごう》する」と記録されており、しかもそれは⑳の筆者の竹田行之が「あれが書字能力を喪失した人の字ですか。…研究者が藪《やぶ》医者の真似をしてはなりません。」と平山洋をたしなめている筆跡のことである。

第三の誤りは、石河筆論説の「豚狩」という表現に興奮して、平山が、福沢が中国兵を「豚呼ばわりしたことはなかった」と主張していることである。これは福沢のアジア蔑視観についての平山の無知をさらけだしている。福沢は、この論説より八年も前に中国兵を「豚尾兵《とんびへい》」「悪獣」と表記して以来、同様の表現を繰り返している。

第四は、平山の福沢の愚民観についての無知ぶりである。署名著作『時事小言』において、明治日本の「所謂《いわゆる》百姓町人」を「豚」呼ばわりし、民衆を「馬鹿と片輪」と考えた福沢は、「馬鹿と片輪に宗教、丁度よき取合せならん」という、自らは信じない宗教による百篇をこす民衆教化の宗教振興論を主張した人物である。また福沢は、『帝室論』において、天皇制の本質を「愚民を籠絡《ろうらく》する…欺術《ぎじゅつ》」であると見事に見抜いていた。つまり、日本の民衆を「豚」や「馬鹿と片輪」「愚民」呼ばわりする福沢が、「支那兵の如《ごと》き」を自から「豚」「豚尾兵」呼ばわりをし、他記者の「豚狩」表記を許容することに、なんの不思議もなかった。

第五に、平山は、石河『諭吉伝』において「触れられている漫言は…の一編だけである」と書くことによって、福沢の中国兵蔑視の有名な「漫言」二篇の存在を否定・隠蔽する役割を果たしている。その二篇で福沢は、「北京中の金銀財宝を掻《か》き浚《さら》へて、…チャンチャンの着替《きがえ》までも引っ剥《ぱい》で持帰る」という後世の「三光作戦」における私有物の強奪の勧めを書いたり、中国兵は「猫ならまだしもだ、豚の癖に…」と書き、以下、「乞食の行列」「豚屋の本店」「けし坊主の頭の尻尾」「恥知らずの人非人《にんぴにん》」「生擒《いけどり》の大将…腐つたやうな穢《きた》ねへ老爺《ぢぢい》」などと罵倒・侮蔑したのである。

つぎに、[2]の「朝日」の記事の中で、「一八九四、九五年の（日清戦争にかかわる）論説一〇編のうち、平山さんが福沢が関与していないと見ているのは七編。」と書いて、関与したのは少数（三篇）という平山の主張を誤ってそのまま紹介している。ところが、これも既述した「日本臣民の覚悟」は石河筆という誤認定による計算である。本書第Ⅲ章2の(1)において、問題の一〇篇のうち福沢真筆が四篇、AB級論説が二篇、つまり過半数の六篇が福沢の真筆および福沢が深く関与した論説であることを論証している。

以上が、『福沢の真実』についての[1]〜[3]の「毎日」「朝日」記事の内容である。記事が肯定的に紹介している平山の主張がすべて誤りであることを、とりあえず紹介した。個人的な願望としては、マスコミには、現代の日本社会にもいまだに存続しているアジア蔑視観の思想的源流として、福沢の愚民観やアジア蔑視観をこそ紹介して欲しいと願っている。ところが逆に、日本のマスコミは、福沢にはアジア蔑視はないという新たな福沢美化論の著作をそのまま持ち上げているのである。この相変わらずの日本の社会事象への私の怒りと悲しみのために、序章の域をこえて記事1～3についていささか詳しい考察を試みた。先を急ぐ思いはあるが、先走った部分で言及した日本のマスコミの福沢諭吉理解のお粗末な水準の件にだけは触れておきたい。

(3)　マスコミの福沢諭吉理解の水準

二〇〇四年一一月から日本の紙幣の肖像が変わったのに、一万円札の福沢のみは変わらなかった。福沢が登場した八四年の場合は肖像が一斉に皆変わっている点からも、続投は異例のことである。また八四年に福沢が登場した時、「朝日」に「アジア軽侮の諭吉なぜ札に」と題する、「アジアに強硬な侵略的国権論者であった」福沢を起用する関係者の「国際感覚の欠如は理解に苦しむ」という投書もあった。そのアジアでは、福沢は朝鮮人からは「わが民族の近代化の過程を踏みにじり、破綻へと追いやった、わが民族全体の敵」、台湾人からも「最も憎むべき民族の敵」「帝国主義的拡張論者」と見られている。

日本軍性奴隷制（「従軍慰安婦」）問題でマスコミでも知られている尹貞玉《ユンジョンオク》は、常々「日本の一万円札に福沢が印刷されているかぎり、日本人は信じられない。」と語っている。アジア諸国との関係ぬきに日本の進路を考えられない時代であるのに、マスコミを筆頭に日本人はまず福沢の、アジアにおける不評の事実そのものを知らない。だからマスコミも、その不評の福沢の異例の続投を問題にする気配さえなかった（韓国のマスコミは問題視）。なぜなのか。それは日本のマスコミの福沢理解の水準が、「丸山諭吉」神話の支配下にあって、政治家の佐藤栄作元首相以下だからである。

一九六八年正月年頭の記者会見で、「明治百年」の意義を訴えた佐藤首相は、『学問のすすめ』第三篇の有名な定式「一身独立して一国独立する」中の「独立の気力なき者は国を思ふこと深切《しんせつ》ならず。」を引用して（その後の街頭の選挙演説でもくり返し）、日本人の「百年前の国家意識が強かった」ことを強調した。他方、二一世紀元年の〇一年二月の「没後百年」の福沢諭吉の命日にちなんで、「朝日」の「天声人語」、「日経」の「春秋」、「赤旗」の「潮流」などの一面コラム欄は、二紙までが佐藤元首相とまったく同じ「独立の気力なき者は国を思ふこと深切ならず。」を引用して、三紙そろって福沢諭吉美化の文章を綴った。

それより少し前、同じ二〇〇一年一月一一日、「朝日新聞」の看板記者、船橋洋一が日本は「新しい世紀を福沢諭吉の思想・精神で迎えよう」という「オピニオン」欄の記事を書いた。私は、出版してまもない『福沢のアジア認識』を添えて批判の手紙を書き送った。なんの応答もない非礼に対して、私が編集局長宛に「朝日新聞の社員教育は一体どうなっているのか」と問いただしたことが機縁になって、四月二一日の同紙「私の視点」欄に、私の「福沢諭吉　アジア蔑視広めた思想家」が掲載された。その後、同じ「朝日」の看板記者、早野透が、〇三年四月五日の土曜特集「ことばの旅人」に、アメリカの現地取材もふまえて、「天は人の上に人を造らず人の下に人を造らずと言えり」について、二面にわたって書いた。それに対し私が、五点にわたる誤りと問題点を書き送ったのに対し、この場合は、「丸山先生の「読みこみすぎ」についてのご論稿、耳を傾けるべきものがある…」旨の返事があった。

以上、五人（篇）の文章に共通の（「丸山諭吉」神話に基づく）誤認を指摘すると——①「一身独立して一国独立する」の誤読、②福沢の「独立自尊」は、その中身は高橋誠一郎元文相（慶応大学教授）が「教育勅語の、皇室中心主義の道徳への接近」を嘆いたしろものであり、③『すすめ』冒頭の「天は人の上に人を造らず…」は、「天賦人権論」を主張したものではなく、初編では人民が自由と平等に生きることを否定しており、だからこそ福沢は、学者的厳密さで、アメリカ独立宣言からの借用（本書の補論において、借用が独立宣言からでないことに論及する）と、この句に自分が同意・同調していないという二重の意味において、「…と云へり。」という伝聞態で結んだのである。

佐藤元首相と「日経」「赤旗」の三者がそろって引用した「一身独立して一国独立する」中の「独

立の気力なき者は国を…」における「独立の気力」「一身独立」の福沢自身の意味は、「国のためには財を失ふのみならず、一命をも抛《なげうち》て惜むに足ら」ない「報国の大義」である（だから当然、佐藤元首相の解釈が正しい）。また、自民党の憲法改正の趣意書でも、福沢のこの「独立の気力なき者は国を思ふこと深切ならず。」を引用して憲法改正の必要性を訴えているのに、護憲政党までが同じ福沢の文章を引用して、日本のマスコミはあいかわらず福沢を美化しているのである。

国際問題化している靖国問題についても、福沢諭吉は日本の兵士に「以《もっ》て戦場に斃《たお》るるの幸福なるを感ぜしめ」るためにという、靖国神社の軍国主義的な利用を先駆的に主張した〝賢者〟である。日本のマスコミは、丸山眞男がつくりあげた虚像の「丸山諭吉」神話の支配下から抜け出し、福沢諭吉美化の大合唱をそろそろ卒業すべき時代である（くわしくは、上記文献リスト⑲の筆者論稿参照）。

(4) 平山洋『福沢諭吉の真実』賞賛の大合唱

前掲リストにもとづいて、平山『福沢の真実』への評価を列挙しておこう。①～③の記者の場合と同様に、すべての記者や評者が平山の誤った認定や主張のすべてを裏づけやチェックなしにそのまま紹介しているので（③が辛《かろ》うじて「石河の論説を掲載させた」福沢の責任に言及）、評価は賞賛の大合唱となっている。列挙しておこう。

[3]「福沢は、石河のような侵略主義者ではなかった」という「その主張には説得力がある」。

[4]「新鮮で推理小説を読むような謎解きのスリルも味わえる力作である。」

[5]福沢が「開明的啓蒙思想家」か「国権皇張《こうちょう》論者」かの疑問についての「モヤモヤにおおかたケリをつけた（と思われる）」。

[6]「論証は推理を超えて、限りなく『福沢の真実』に近いように思えた」。

[7]「説得力に富む論理構成が読者を引きつける。これが「真実」に違いないというのが読後感」。

[8]「文献学の醍醐《だいご》味《み》があじわえる本である」。

[9]「平山洋の文献批判は厳密で、仮に過失があるとしても小瑕《しょうか》に留まるだろう」。

[10]「胸に一物あって邪《よこ》しまな作為を施したのは石河幹明である」。

[11]の「AERA」記者は、ただ一人私のところに取材に来て意見を求めた事例である。しかし、はなから聞く耳をもたぬ印象であり、懸念どおりの文章である。福沢が「大日本帝国憲法」＝「教育勅語」体制に積極的にコミットするようにおおきく変化していたことを詳しく説明したのに、記事の冒頭の文章は、福沢は「社会の根底からの近代化以外に日本の選択肢はないことを看破《かんぱ》した天才だ。」で始まっている。誌面には、私が福沢筆か「特上のB」級論説と推測している「日清の戦争は文野の戦争なり」の写真が、別記者起草のものとして掲載されていた。また、日本が「諭吉の近代化路線」を進めば太平洋戦争はなかったとか、諭吉が昭和期まで生きていたら暗殺された可能

性云々と説く（どちらも誤った）論者の意見も肯定的に紹介されていた。

なお、この[11]だけでなく、タイトル「『福沢の真実』の迫力」自体が平山への強い共感を表明している[5]でも、また共同通信社配信の[12]、[13]でも、福沢が領土拡大の意向を持っていなかったという平山の主張をそのまま肯定的に紹介している。平山自身も[16]と[17]のインタビューや[14]『諸君！』の論稿において、「領土の拡大などまったく必要としない」「海外に膨張するという論説は一つもありません。」「領土がほしいと書いてある部分は一カ所もない」と軽々しく重ねて強調・断定しているので、福沢自身の結論的な発言だけを、説明は第Ⅰ章以下にまかせて、列挙しておこう。

まず、〈願望〉の段階での侵略の意向表明を並べよう。

八一年一〇月『時事小言』→「専ら武備を盛《さかん》にして国権を皇張《こうちょう》」し、「事情切迫に及ぶときは、無遠慮に其地面《そのじめん》を押領《おうりょう》して、我手を以て新築する」。

八一年初夏演説「宗教の説」→「今は競争世界で、…理非にも何にも構ふことはない、少しでも土地を奪へば、暖まりこそすれ…。遠慮に及ばぬ、「さつさ」と取りて暖まるがよい。」

八三年九月「外交論」→「食《は》むものは文明国人にして食まるるものは不文の国とあれば、我日本国は其《その》食む者の列に加はりて文明国人と共に良餌《りょうじ》を求めん。」

次に、領土拡大が〈現実化〉した段階での発言。

九五年一月「山口広江宛書簡」→「今や隣国之《の》支那朝鮮をも我《わが》文明之中ニ包羅《ほうら》せんとす、畢生《ひっせい》之愉快、実以《じつもっ》て望外之仕合《しあわせ》ニ存候《ぞんじそうろう》。」

九五年一月「容易に和す可《べか》らず」→「戦《いくさ》に勝て土地を取るは自然の結果にして…」

九五年四月「交詢《こうじゅん》社大会演説」→「隣国を取て我《わが》領地とせんなどは、青年の頃より時として口に言ふも唯《ただ》一場の書生論にして、…今や前年の書生論を実にして俄《にわか》に帝国の膨張を致したり。…前途の望、洋々として春の海の如《ごと》く、」

九六年一月「明治二十九年一月一日」→「古来国運の隆盛を祝するに金甌無欠《きんおうむけつ》の語を…今年の国運…金甌膨張もしくは増大の語を以てせざる可《べか》らざるに至りしこそ愉快極まる次第なれ。…外国の土地を併せて日本の版図を拡張する」

九六年一月「台湾の騒動」→「苟《いやしく》も我に反抗する島民等は一人も残らず殲滅《せんめつ》して…、土地の如《ごと》きも容赦なく官没して… 盡《ことごと》く之《これ》を没収して、全島挙《あげ》て官有地と為《な》すの覚悟を以《もっ》て大英断を行ふ可《べ》し」（平山は石河筆と誤認定、第Ⅲ章2の⑶参照）

以上の資料の列記で、平山の主張の明白な誤りに重ねての説明は不要である。一点だけ補足すると、九五年一月の書簡と論説「容易に和す可らず」の日付は、ともに一七日である。ということは、書簡の「支那朝鮮をも我《わが》文明之中ニ包羅《ほうら》せんとす」が、同日の論説（の筆者が誰であれ）にいう「戦に勝て土地を取る」ことも含意していると解釈できよう。なお⑤にはあと一点、「天皇が直接政治に関係することはかえってその権威をおとしめるようになるとの危惧《きぐ》」云々という「丸山諭吉」神話に追従《ついじゅう》した平山の福沢天皇制論理解がそのまま紹介されているが、これについては第Ⅰ章3のコラム〔福沢の天皇制思想の歩み〕をご覧いただければ、丸山=平山の誤りは即座に理解できよう。

残りの論評に簡単に言及しておこう。⑳は、『福沢諭吉全集』二一巻や石河『福沢諭吉伝』四巻を「出鱈目《でたらめ》」な全集や「明白な虚偽」の書と攻撃されている出版元・岩波書店の元編集部長の発言である。これまでの一方的に平山に寄りかかっての賞賛とは異なり、「テキスト偽造はゆゆしい問題です。巧妙な思想犯罪の犯人は誰かとまでいうなら根拠を明示するべきです。…根拠の怪しい推理ばかりでは読者がしらけます。明示しないかぎり、それは歴史でいう実証ではありません。」「一見福沢擁護のようで実は福沢を貶《おとし》める説」「ひいきのひき倒しは福沢諭吉に迷惑です。」などという竹田行之の指摘は、良識的な判断である。平山『福沢の真実』賞賛の大合唱に参加したメディアの関係者と本章の最後に取り上げる(6)の学者には、この程度の良識は基礎的な「教養」ではないのか、と問いかけておきたい。

しかし、本書の成果にもとづいて、岩波書店にはたくさんの注文がある。上記の元編集部長の「刺激的な問題提起」「井田さんほどの経験と真摯さがあって…」などの井田進也評価はあまりにもあまい。竹田自身が求めている良識から見て、井田の軽率な「福沢文とは月とスッポン」認定の杜撰論文を『思想』に掲載した書店の社会的責任も問われよう。1の「毎日」の記事に引かれている『全集』「編さんに従事した人たちが亡くなっており、確かめようがない」という岩波書店の弁明なるものも誤りで無責任である。安川ひとりだけでも、とりあえず本書程度の解明は出来るのである。

(5)　基本的文献を見落とした井田・平山の認定作業

平山洋『福沢の真実』刊行後に私が書いた小稿が18、19、21である。このうち、21は本書の準備にようやく着手しはじめた段階で、雑誌原稿の期限に追われてとりあえず書いたものである。そのため「日本臣民の覚悟」や「台湾の騒動」などが福沢真筆という確証をまだ得ていない段階で書いたため、平山批判が不徹底にとどまった。その点、『歴史地理教育』の読者にお詫びしておきたい。

同じ私が18を書いた事実について、平山は14において、名指しで「彼（安川）は拙著の刊行後もまだ『福沢諭吉のアジア認識』と同じことを書いている。」と非難している。論争の過程で平山は、私の『福沢諭吉のアジア認識』の書名を、『福沢諭吉・石河幹明・高橋義雄かもしれない人々のアジア認識』に改名せよという笑止なことを大真面目に要求したこともあるので、この機会にあらためて応えておこう。

本書巻末の［福沢諭吉のアジア・天皇制認識と無署名論説筆者認定の一覧表］を、あらかじめ少し覗《のぞ》かれたい。表は、「時事新報」（無）署名論説の筆者が誰であるかについて、井田進也、平山洋、安川の三人がそれぞれ認定したものである。もちろん、表にとりあげた『全集』の論稿は、福沢のアジア認識、戦争論、天皇制論の評価にかかわる重要な基本的文献である。安川の認定の信憑性は、点検過程についての本書第Ⅰ章以下の記述とつきあわせてこれから確認いただくものである。そう断わったうえで、安川の認定結果を見ていただこう。認定結果には多様なバラつきがあるので、分類してみよう。

(イ) 井田、平山の二人（またはどちらか一人）が石河筆と認定したのを、安川が福沢筆と認定したもの――『尊王論』、「一大英断…」、「日本臣民の覚悟」、「台湾の騒動」。

(ロ) 二人（または一人）が他記者筆と認定したが、同時期の福沢真筆と対比・照合して、安川が福沢自筆かB級論説と認定したもの――「維新以来…」、「日清の戦争は…」、「外戦始末論」など。

(ハ) 二人（または一人）が他記者筆と認定したが、同様の照合で、安川が「a」「aかB」（aは福沢の指示で起草してA級となった論説）と認定したもの――「東洋の波蘭《ポーランド》」以下の一三篇。

(ニ) 二人（または一人）が他記者筆と認定したが、同様の照合で、安川がB級論説に仕上がっていると認定したもの――「教育に関する勅語」以下の五篇。

(ホ)　ここで「×」としているのは、井田、平山がその論者になんら言及していないことの印である。一番多いのは『西航記』以下の「×—×—福沢」と表記されているもので、福沢のアジア認識などを知るうえで重要な基本的文献であるにもかかわらず、いかに『福沢全集』の多くの文献に井田・平山両人が関心を寄せず、読んでいないかを示す。

(ヘ)　△は、井田、平山が書名だけは触れているが、内容にはなんら論及していないことの印である。

いささか煩雑な説明となったが、気付いて欲しいのは、同時期の福沢真筆と対比・照合した結果、他記者筆の論説で「福沢の思想・文章」と矛盾・対立したり、あるいはおよそ無関係である、井田・平山両人のいう「C、D、E」級論説が、基本的に一篇もないという安川の認定結果である。つまり、井田・平山の両人は、福沢諭吉の名誉回復のために、アジア侵略や蔑視を志向・表現した論説や、天皇制論として不評でひどい内容の論著を意識的に選びだして、その筆者が福沢でないこと、または福沢の思想・文章と無関係なものであると認定・主張しようとした。

しかし本書は、「脱亜論」『尊王論』「日本臣民の覚悟」「台湾の騒動」などが福沢真筆であることを論証した。また「東洋の政略果して如何せん」「東洋の波蘭《ポーランド》」「一大英断を要す」「日清の戦争は文野の戦争」「外戦始末記」「帝室の財産」などの場合も、すべて真筆か、福沢の思想・文章を忠実に踏襲した内容であることを論証した。

換言すれば、他記者が確実に起草して福沢の真筆でない論説の場合においても、『福沢諭吉全集』は、本書の成果をふまえると、一方で、石河たち他記者が（福沢死後をふくめて）「福沢の思想・文章」に忠実な論説を書くように努力したこと、他方で「社説丈《だ》けは老生《ろうせい》の知る所」という思いで、「他の社説記者の起草に係るものでもすべて福沢の綿密な加筆刪正《さんせい》」（『全集』⑧「後記」）を加える努力が持続されたという、論説主幹福沢諭吉と記者たち双方の努力の基本的な成果の『全集』であると評価することができよう。

人間のすることであるから、とうぜん福沢の意にみたないものや没《ボツ》書になった原稿はあり、逆に福沢の差配（指図）・チェックが手薄になったり、不慮の事態でノーチェックになる場合もありえたと考えられる。しかし、全体として見ると、福沢のアジア認識、戦争論、天皇制論を考察するために不可欠な論稿として、本書の巻末「一覧表」に収載された著作、論説、書簡、演説などの内容は、基本的に「福沢の思想・文章」から大きく逸脱したものは一篇もなく、またたからこそ『全集』に収録されたものであると私は認定する。もちろん、「福沢の思想・文章」からの逸脱はなくても、他記者が実質的に発案・起草して福沢のチェックをパスした（他記者の）論説を『福沢諭吉全集』に収録することの当否の問題は残るであろう。

しかし、井田進也・平山洋の問題提起をうけて一年近い点検作業を試みた結果、二人の認定作業の杜撰さがつぎつぎと明らかになり、結論として、（安川『福沢のアジア認識』でも主要な考察対象とした）本書巻末「一覧表」に収載された論稿などは、福沢のアジア認識、戦争論、天皇制論を、分析・考察するのにじゅうぶん堪えられ、分析対象として許容できるものであることを確認することができた。したがって、安川『福沢諭吉のアジア認識』の分析・考察が基本的に有効なものであったことが再確認されたいま、同書の基本的な論旨はまったく変わらないことを表明しておきたい。もちろん、前掲⑱の論稿どおり、「アジア蔑視観形成と侵略の先導者」として福沢諭吉を把握する私の姿勢と結論は不動である。

むしろ、二人の問題提起のお蔭で、①福沢が時代に先駆けていつから「臣民」という語彙を使い始めたのか、今回はじめて確認、②巻末一覧表の「日本臣民の覚悟」を「国権拡張至上主義」や「外に対して事端を開く」権謀術数的発言の福沢の思想の流れの中で考察を深めることが出来たこと、③中国兵を「豚、乞食の行列、豚屋の本店」と侮蔑する「漫言」の存在のあらたな発見、④義捐《ぎえん》金問題や台湾問題の論説の対比によって、平山主張の「福沢と石河のアジア認識は全く異なって」いたのではなく、逆に見事なまでの一心同体ぶりであること、などなどと次々に新しい発見や知見を得ることができた。正直いって、消耗の作業であったが、これらの新たな知見を得る契機を与えられたことには、二人に素直に感謝しておきたい。

なお、⑯のインタビュー中の発言で、平山は「安川さんは過激派ですけれど、それに似たような考え方をする人たちはずいぶんいて、大阪大学の子安宣邦さん（『「アジア」はどう語られてきたか』藤原書店の著者）なんかにも流れ込んでいます。」と、公安調査庁の身元調査のようなことを語っている。つまり平山が、こういうことを発言することに意味があると考える類の「研究者」であることは、付記しておきたい。

(6) 学界での反応

井田進也『歴史とテクスト』（光芒社）については、既述したように「日本臣民の覚悟」「脱亜論」などの筆者認定を誤った中心論文が、日本の代表的な学術雑誌『思想』に掲載されたものであるという事実が、学界のひとつの有力な評価とそのお粗末なレベルを示唆しているものと言えよう。安川『福沢と丸山』への「批判的なコメント」が現れなかった経緯については、既述した。

平山洋『福沢諭吉の真実』は、新書として出版されたという事情もあって、学術書や学術雑誌での反応はあまりないものと推測している。（そういう情報に私が比較的疎いという制約もあって）私の管見の限りでは、目下のところ、私は田口富久治が同書を高く評価している事実しか知らない。田口は、雑誌『象』第五十号（〇四年冬）の今井弘道『丸山眞男研究序説』批判の論文の注記において、平山の同書を「私が読んだかぎり十分に信頼に値する実証的な労作である。」と評価しているのに驚いていたら、近著『丸山眞男とマルクスのはざまで』（日本経済評論社、〇五年八月）でも、二ページにわたり再論していた。前掲論文同様に「かなり信頼に値するもの」「画期的意義」をもつ「労作」という手放しの評価が並んでいる。

田口富久治の場合、彼が「敵の敵は味方」的な類の評価をしていることについては、「東京大学法学部助手として政治学研究」をスタートしたという彼の履歴を割り引かないと公平な評価にならないのかも知れない。しかし、本書の批判した平山の認定作業が、どうして「画期的な意義」をもつ「信頼に値する」「実証的な労作」と評価できるのか、序章で批判的に言及した方々同様に、本書を謹呈する際にぜひ教示願いたいものである。個人的な面識はないが、私のイメージでは、元同大学勤務の田口富久治は『諸君！』や『表現者』などでもてはやされている人物とは対極的な思想的立場の研究者という認識である。

私自身も創立にかかわった日本教育史研究会という小グループの通信媒体『日本教育史往来』一五三号が平山洋に「自著を語る」という表題で寄稿を求めたことも、私にとっては悲しい出来事であった。編集部は、三号前の同じ『往来』に、安川『福沢諭吉と丸山眞男』を積極的に評価する今井弘道に、その「図書紹介」を書かせたので、その安川の仕事に別の評価をもつ平山を登場させたという事情のようで、とりあえずその措置自体に不満はない。しかし私にとっては同研究会が創立にかかわった身近な存在であるだけに、その平山に安川の「石河への盲目的愛」云々と語る機会を与えた措置に、井田論文を『思想』に掲載した学問的な措置とは別の、個人的な失望と悲しみがあるということである。

Ⅰ

平山洋『福沢諭吉の真実』の作為と虚偽

はじめに――置き去りにされた「福沢の思想」の検証

平山洋『福沢諭吉の真実』（文春新書、二〇〇四年、以下『福沢の真実』と略称）は、岩波書店刊『福沢諭吉全集』（以下、原則として『全集』と略称）二一巻中の九巻（第⑧巻から第⑯巻まで）を占める無署名の「時事新報」社説の多くが、「天皇賛美者」（151ページ、以下は同書引用ページ数のみを表記）で「民族差別主義者・領土拡張論者」（172）の石河幹明《みきあき》記者が起草・執筆したものであるから、その事実を無視した従来の福沢研究は、「福沢諭吉の（思想の）真実」を伝えるものではないと主張している。

つまり、その無署名論説を福沢諭吉自身の文章として収載した『全集』（福沢の意向を受けて石河幹明らが執筆した論説の場合は、原則としてその旨を断っている）を自明の前提（研究対象）としてなされてきた日本の従来の福沢諭吉研究、とりわけ福沢のアジア蔑視・侵略論や天皇賛美論を批判的に考察・評価してきた服部之総や遠山茂樹、安川寿之輔らの研究は、石河幹明が「暗い情念」と「巧妙なトリック」（同書のオビ）によって創作したまがいものの『全集』に誑《たぶら》かされた誤りであるというのが平山洋の主張である。

同書は、いささか手のこんだ考察をしているように見えるが、安川寿之輔『福沢諭吉と丸山眞男

――「丸山諭吉」神話を解体する』（高文研、二〇〇三年、以下、安川『福沢と丸山』と略称）が明らかにした丸山眞男の「丸山諭吉」像同様に、福沢の思想への内在的考察を怠った、形をかえた新たな福沢諭吉美化論にすぎない。安川寿之輔『福沢諭吉のアジア認識』（高文研、二〇〇〇年、以下、安川『福沢のアジア認識』）も主要な批判の対象となっているので、平山の安川批判をあらかじめ見ておこう。

　福沢諭吉が近代日本社会のアジア蔑視思想の形成とアジア侵略を先導した思想家であるという安川寿之輔の主張は、福沢の「真筆」の著作にもとづく研究ではなく、その大半が「民族差別主義者・領土拡張論者」の石河幹明の起草・執筆した（『全集』の）無署名論説を、福沢の論説、「福沢の思想」を反映した著作と誤解した、つまり石河幹明の「巧妙なトリック」「計略」（125）「策略」（146）「資料改竄《かいざん》」（189）「真実の隠蔽《いんぺい》」（234）などに誑《たぶら》かされた研究の成果である、と平山洋は主張しているのである。

　平山洋は、具体的には、彼が「福沢の文体研究の第一人者」（29）と評価する井田進也の『歴史とテクスト』（光芒社、二〇〇一年、以下、『テクスト』と略称）の研究手法を踏襲して（82）、『全集』の無署名論説の起草・執筆者の検討を行い、無署名論説における「福沢真筆」以外の論稿の混在を問題にする。平山が「井田メソッド」（82）と呼ぶ筆者認定の方法は、井田進也が『中江兆民全集』の編纂《へんさん》過程で編み出した無署名論説の執筆者推定の方法をそのまま福沢研究にも適用したものであり、論説の「語彙《ごい》や表現、さらに文体の特徴」「筆癖」から、論説への「福沢の関与の度合いに応じてAからEまでの五段階評価」を行なって起筆者を推定する手法である。

他の記者が起草して福沢の関与（修正、加筆、推敲）の度合いの少ない論説を「井田メソッド」を使って考察・分析することによって平山は、他記者起草の無署名論説の混在を無視した従来どおりの福沢研究によって、「福沢の思想」の考察・分析ができるのか、と問いかけている。その際平山は、井田進也とは異なり、「たとえD判定（の論説）でも、福沢によるそもそもの立案に近いからこそ加筆が少ないのかもしれない」（84、カッコ内は安川、以下同様）、「E判定（の論説）は福沢（の思想）ではないと断言することはできない」（85）ことには、気づいている。これに対して井田は、次の第1節で言及する「行文《こうぶん》平易にして意を達す。一字も替《か》へず、其《そ》のまま御返し申候《もうしそうろう》。明日之《の》紙上に妙《みょう》なり。」と福沢が「百点満点の文章」（56）の評価をした北川礼弼《れいすけ》記者の社説に、（福沢の思想とはおよそ無縁とする）「評点Eを呈し」（40）ているのである。

つまり平山自身は、他の記者の起草した論説でも、「総裁」（6）ないし論説主幹としての福沢が、推敲の程度の違いがあってもその内容を差配、チェックして、社説としての掲載を決定した論説ならば（その論説までを『福沢諭吉全集』に収載することの妥当性を別として）、その論説を「福沢の思想」の考察・分析の対象とすることができるという重要な事実は否定していないのである。

ところが『福沢の真実』は、「いったいC、D判定のものは福沢の思想なのであろうか。」（83）と問いかけるだけで、他記者起草の論説が「福沢の思想を代弁していると見なせるかどうかはさておいて」しまって(52)、肝心の真筆の福沢の具体的な発言・思想と比較・照合して、その問題を考察・確認するという大事な作業はしないのである。この当然の作業を一貫して怠ったまま、それでいて平山は、井田同様に、C、D、E判定の論説は、もっぱら「福沢の思想」(平山、井田の二人の考えている「福沢の思想」とは、後述するように、安川『福沢と丸山』が批判的に解明した丸山眞男の創作した「丸山諭吉の思想」そのものにすぎない)ではないという誤った予断にたって、過去の福沢研究は、石河幹明が「出鱈目《でたらめ》」(239)に編集・創作した似非《えせ》『全集』の「福沢を騙《かた》った石河」(169)の「思想犯罪」(同書のオビ)に誑《たぶら》かされて、福沢を誤って侵略主義者や天皇制論者と解釈してきたと断じているのである。

これに対して、井田進也は、他記者起草の論説が「福沢の思想を代弁していると見なせるかどうか」という重要な問題については、基本的に関心がない。上記の五段階評価において、「本来の福沢論説」といえるのは、「直筆とみなしうるA級論説」と、他記者「原稿に徹底的に手を入れた」「ほとんど福沢というべき」「B級論説」(『テクスト』16、54、87)のみであるとして、井田は、平山のいうように「たとえD判定でも、福沢によるそもそもの立案に近いからこそ…」「(福沢が百点満点と評価した論説をふくめ)E判定は福沢(の思想)ではないと断言することはできない」とはまったく考えないのである。

後述するように、井田の認定には、「皇室中心主義や中国大陸進出論的な傾向の強い論説は、調べてみるとかならず高橋（義雄）や渡辺（治）」（89）や石河幹明の筆で書かれていたC、D、E級論説であるという（誤った）判断があり（論説主幹として、その論説を社説として掲載することを決定・了解した福沢の社会的責任や思想的責任には、井田はまったく関心がない）、くわえて井田には、丸山眞男の「丸山諭吉」像以上に、福沢諭吉が初期・後期を通じて一貫した「典型的市民的自由主義者」（43）であったという牢乎《ろうこ》とした思い込みがある。したがって、他記者の起草・執筆したC、D、E判定の無署名論説を『全集』から除外した新たな「福沢全集を編《あ》み直《なお》す」（48）ことができれば、「典型的市民的自由主義者」という「駿馬《しゅんめ》の雄姿」（48）の「本来の福沢像を回復」（90）することができるという確信のもとに、井田は、自分の『全集』のテクスト認定研究の意図が、まさにその「祈念」（106）・「期待」（48、90）を達成するための「研究」であることを率直に表明しているのである。

つまり、C、D、E級論説も「福沢の思想」を反映・踏襲した著作の可能性があることを認めるか否かの点では平山と井田は異なっているが、平山も、他記者起草論説が「福沢の思想を代弁していると見なせるかどうか」という折角の大事な疑問を「さておいて」しまっているから、結局二人は、どちらもC、D、E級論説と真筆の福沢の具体的な発言・思想とを比較・照合して考察・確認するという不可欠の作業はしないまま、C、D、E判定の論説はもっぱら「福沢の思想」ではないという誤った予断に立って、福沢諭吉は断じて侵略主義者や天皇制論者でないと、そろって主張しているのである。

しかしながら、序章で指摘しておいたように、二人の問題提起にもかかわらず、福沢がアジアを蔑視し、侵略を目ざした天皇制論者であったという『福沢のアジア認識』の結論は不動である。本書は、平山が懸念していた通り、「たとえD判定（の論説）でも、福沢によるそもそもの立案に近いからこそ加筆が少ない」こと、「E判定（の論説）は福沢（の思想）ではないと断言することはできない」こと、そしてなによりも二人のいう他記者起草・執筆の無署名論説という認定そのものの大半が明白な誤りであることなどを論証することによって、平山・井田の二人が丸山眞男にかわって二一世紀の今日、あらためて福沢諭吉を「典型的市民的自由主義者」（さすがに安川寿之輔の研究成果を意識している平山は、ひとまず「典型的」の修飾語を除外）と把握したり、「丸山諭吉」像の回復をはかろうとすることの誤りを、安川『福沢と丸山』の成果に続けて、重ねて解明・論証する。

1　福沢の指示と思想に忠実そのものだった石河幹明

一八八五年四月に時事新報社に入社し、八七（明治二〇）年八月から社説の起草にかかわるようになった石河幹明記者の当初の筆力について、福沢は甥の中上川彦次郎（「時事新報」初代主筆、社長）宛の書簡（八七年七月）で、「高橋（義雄）ハいよいよ社を去りて、…旁《かたがたもっ》以て石川之《ママ の》編輯を止《と》め、伊東《ママ》之《これ》ニ代り、石川ハ執筆と致候《いたしそうら》得《え》共《ども》、容易ニ間《ま》ニ合不申《あいもうさず》。」（『福沢諭吉書簡集』岩波書店⑤238、以下『書簡集』と略記）、「石川ハまだ文章が下手《へた》ニ而《て》、過半《おおかた》ハ手入《てい》れを要す。」（同年八月、同上246）、「渡辺（治）ハ先ツ《まず》執筆ニ宜《よろ》しけれども、文章ニ妙《みょう》なくせありて、正刪《せいさん》を要する事《こと》多し。石川ハあまりつまらず。先ツ《まづ》翻訳位《くらい》のものなり。…新聞社ニ居《い》て文の拙《せつ》なるハ、両国の角力《すもう》ニ力のなきが如《ごと》し。何ハ扨置《さてお》き困り申候《もうしそうろう》。」（八八年八月、同上⑥52）、「渡辺も石川も文章の拙《せつ》なる者にて、…唯《ただ》今《いま》渡辺、石川が去りたりとて、老生《ろうせい》が全力を尽せバ、社説ニ困りハ不致《いたさず》。」（同年一〇月、同上⑥61）などと酷評《こくひょう》していた。

ところが、福沢がその筆力を一番評価していたといわれる高橋義雄が八七年七月に退社し、渡辺治も八九年一月に退社するという事情もあり、その後福沢は、「（明治）二十四、五年頃から、社説は福沢が自ら執筆する重要なもの以外は主として石河に起稿を命じ、その晩年に及んでは殆《ほとん》ど石河の起稿となった」（『書簡集』⑥380）と指摘されているように、福沢諭吉の石河幹明への評価は、途中でおおきく変わった。たとえば、日清戦争開戦二年前の福沢の石河宛の書簡「新議会召集の一編甚妙《はなはだみょう》なり。直《ただち》に御掲載可被下候《くださるべくそうろう》。…明日も一編御筆労奉願候《ひつろうねがいたてまつりそうろう》。」（九二年三月、『書簡集』⑦156～157）は、それを裏付けている。くわえて、福沢の石河評価の変化の理由、根拠として、『全集』

には、石河が福沢の社説起稿の指示にいかに忠実に、つまり福沢の意見・考え・思想を文字通り忠実に反映した論説を書くようになっていたかを論証する貴重な資料も掲載されている。ところが平山や井田は、自説の展開に不都合な『全集』のその重要な資料は無視・黙殺する、という類《たぐい》の作為をくり返しているのである。

　福沢晩年の九七年三月一二日の時事新報社説「クリート事件の成行如何《なりゆきいかん》」には、「註」として前日の福沢からの起草依頼の書簡も添えられている（『全集』⑮631～632）。

　ギリシャのクレタ島における反乱再発に始まるこの国際的な事件について、関連情報を提供したうえで、「凡《およ》そ右の意味にて一社説は如何」と福沢が起草を指示・依頼した書簡は、七百字に及ぶ詳細で具体的なものである（平山は後述するように、これより五年も前の一八「九二年秋以降…福沢が毎日の社説に細かく差配していた気配を感じ取ることはできない」（177）という虚偽を主張している）。石河がその内容に忠実に千字足らずの論説に仕上げたものが翌日掲載の社説「クリート事件の成行如何《なりゆきいかん》」である。福沢の起草指示の文章と石河の成稿を併載・対比した『全集』⑮註記には、両者の関係について、「これによつて見ると殆《ほとん》ど逐語的に福沢の意に忠実ならんことを努《つと》めた跡《あと》がよくわかる。本全集に収録した石河代筆の社説は殆どすべて此の例に倣《なら》ふものと見てよい。」（『全集』⑮631）と注記している。

　平山はのちに見るように、福沢の脳溢血発症後は「福沢の全集の中に自らの論説をより多く入れる絶好の機会」(145)とか、『全集』には福沢の死後「数ヵ月してから掲載された論説が六編収められているのであるが、これらを本人が書けたはずがない」(10)などと書くことによって、読者に石河が「ねじ曲げ」(148)「改竄《かいざん》」(232)したまがいものという『福沢全集』の虚構性の印象づけをはかっている。しかし、第Ⅲ章5において、上記死後の六篇をふくむ脳溢血発症後の石河執筆の論説を対象にして、その時期においても、石河幹明が「福沢の思想・文章」をいかに忠実に踏襲しようと努力していたのか、その事実を具体的に論証する。

一例を示すと、福沢が死んだ九ヵ月も後に掲載された一九〇一年一〇月石河筆の天皇制論「帝室の財産」は、論説の題名が五年前の福沢の天皇制論と同じであるだけでなく、福沢の「吾々臣民…苟《いやしく》も帝室の為《た》めとあれば生命と雖《いえど》も惜《おし》むものはある可《べか》らず。況《いわん》や財産に於《おい》てをや。」が、石河論説では「一般臣民…苟《いやしく》も帝室の為《た》めとあれば生命尚《な》ほ且《か》つ惜《おし》むものなし。況《いわ》んや財産に於《おい》てをや。」となっており、部分的な語句の違いがあっても、日本の臣民が帝室のためには生命・財産を惜しまないという、その思想内容は基本的に百パーセント同一である。このように、平山の主張とは逆に、『全集』⑮の石河が「殆《ほとん》ど逐語的に福沢の意に忠実ならんことを努めた」という註記がおおむね妥当なものであることは、以下の本書の全体が裏付けるところである。

つまり、日清戦争後の文字通り最晩年で、脳溢血を発症する前年においても、福沢はこれだけ詳細な社説立案の指示を出していたのであり、一方の石河らの記者は「殆ど逐語的に」忠実に福沢の指示に応《こた》えていたのである。しかも、福沢は指示の出しっぱなしではなく、先に見たように「〇〇の一編 甚《はなはだ》 妙なり。直《ただち》に御掲載 可被下候《くださるべくそうろう》。…明日も一編…」と、成稿への評価や次の指示を伝えている。「行文《こうぶん》平易にして意を達す。一字も替《か》へず、其《そ》のまま御返し申 候《もうしそうろう》。明日之《の》紙上に妙《みょう》なり。」という北川礼弼《れいすけ》記者への評価・指示を出したのも、同じ九七年一一月と推定されている（『書簡集』⑧343）。とりわけ石河幹明については、後年、諭吉の長男福沢一太郎が「其《その》思想文章ともに父の衣鉢《いはつ》を伝ふるものは独《ひと》り石河氏あるのみにして、文に於て氏を見ること猶《な》ほ父のごとし」（富田正文『書簡集』⑥380）と語っていることが誇張でないことは、多くの事例に即して、この後さらにくり返し確認する事実である。

ところが、平山は、一八「九二年春ごろから福沢真筆の論説が稀《まれ》」になり（98）、「九二年秋以降…福沢が毎日の社説に細かく差配していた気配を感じ取ることはできない」（177）、「石河は…日清戦争時には30代半ば…大ベテラン…一方…福沢は、…還暦過ぎの正真正銘の老人である。」（84）と書いて、福沢翁の紙面への影響力は低下していたと主張する。くわえて「もうこの時期には、福沢の言うことに石河は聞く耳をもたなかった」（178）とか「石河が独断で掲載した可能性の高い社説」（151）などという論拠（資料的裏づけ）のない想像（以下の論証をふまえると、むしろ「妄想」）までめぐらして、平山は、同書の中心的な主張として、「日清戦争中の論説のほとんどは石河の執筆」（100、小見出し）であり、とりわけ日清戦争時の「時事新報」の民族偏見と戦意高揚論説の「乱造」（101）は、石河幹明の筆によるものと断定しているのである。

「差配していた気配」はないとか、「聞く耳をもたなかった」という平山の主張の誤りは、既述した九七年の社説「クリート事件の成行如何《なりゆきいかん》」の福沢の指示による石河の起草、成稿の事例や、「新聞社ニ社説を視る者無之《これなく》…矢張《やはり》老生一人之《の》負担する所ニ相成《あいなり》候」（『書簡集』⑦263）という九二年秋から一年後の福沢の書簡によっても、簡単に確認できる。さらに、次のコラムがすべて九二年秋以降の書簡による差配であることによって、読者は平山の無理を容易に確認できよう。それにもかかわらず、差配の気配がないという平山の主張は、日清戦争時の民族偏見と戦意高揚論説の「乱造」が石河の筆によるものという平山『福沢の真実』の重要な主張のための論拠・伏線でもあるので、あらかじめ当時の石河幹明宛の福沢の差配（指図）にかかわる書簡に即して、少し詳しく事実関係を確かめておこう。

コラム　書簡による石河宛の指図（一八九二年三月以降）

一八九六年二月一八日は、竹越与三郎執筆の社説原稿の掲載を見合わせるという石河幹明の判断に同意して、あわせて自分（福沢）の滞在先（国府津）への来遊を誘う書簡（『書簡集』⑧157）である。二月二二日は、朝鮮問題に関する社説原稿について「其《その》文意を曖昧《あいまい》にして、別に…」と指示（158）。三月六日は、社説原稿「五片」を送り、宮本芳之助記者執筆分について、「事を簡にし文を短くして手取《てっと》り早く分るは何寄《なにより》の事…」と褒《ほ》めている（164）。三月二五日は、「昨日は朝鮮公使との分《わか》らぬ話に殆《ほとん》ど終日を費し」社説原稿の校正が遅れた事情を伝えている（170）。四月一四日は、「此《この》原稿、論旨は宜《よろ》しけれども…少々立言《りつげん》を変じたし。」と、社説原稿の論旨に少し変更を求めたものとなっている（178）。

九七年四月二五日は「…文部の一説、校正差上《さしあげ》候《そうろう》。此類《このたぐい》のものは御示《おしめ》しに不及《およばず》、直《ただち》に御掲載可被下《くださるべく》候《そうろう》。」と指示して、滞在先の箱根湯本温泉への来訪を誘ったもの（294）。六月二四日は、福沢の口述を石河が代筆した翌日掲載予定の社説「対外前途の困難」（109）原稿について、「対外前途、甚《はなはだ》妙《みょう》なり。」と褒《ほ》めた後、社説の続篇の相談のため、当夜か翌日の来訪を希望するもの（312）。七月二一日は「社説も今日二つ出来居《できおり》、…又今回御出張中も出来《でき》可申《もうすべし》」と書いて、静浦への保養に堀江帰一記者と共に同行することを勧《すす》めたもの（325）。一一月九日は、京阪・山陽旅行先から「今回の政変」に対する「時事新報」社説の基本論調を指示したもの（344）。一二月二五日は、社説の校正を届け、なお事実を確認した上で掲載するよう指示（358）。

九八年正月三日は、社説用として（六回掲載した）「浮世談」二篇の原稿を届け、他に急を要する社説があればそれと併載するように求めている（『書簡集』⑨5）。三月八日の石河幹明・

北川礼弼宛書簡は、日本鉄道ストライキに関して「苟《かりそめ》にも世間の青年書生ニ倣《なら》ひ、罷工《ひこう》を見て拍手称快《しょうかい》之《の》愚《ぐ》を為《な》さざるやう」と書いて、ストを未然に防ぐ論調にするよう注意したものである（24）。当日の社説「同盟罷工《ひこう》に処するの道如何《いかん》」（110）を見ると、「若《も》しも此種の紛議を避けんとならば、傭者《ようしゃ》たるものが同盟罷工の為《た》めに被《こう》むる損失の著しきを思ひ、平生より百方注意し、被傭者《ひようしゃ》の内情を探りて其《その》不平を除《のぞ》くに勉《つと》むると同時に、一方に於《おい》ては彼等の貯蓄を奨励して之《これ》を事業に投ぜしめ、利益の分配に与《あずか》らしむるなど、種々の方法を以て被傭《ひよう》者《しゃ》をして事業の盛衰に対して直接に損得の関係を有せしむること肝要なれ。」（『全集』⑯268）とあり、福沢の指示に見事に応えた忠実な労使協調の内容の社説となっていた。

六月一〇日は、地租案をめぐる国会解散の状況に関し、「要ハ唯《ただ》、此《この》日本之《の》政府を、政党内閣ニするか超然内閣にするかの一問題ニ帰するのみ。」という社説の要旨のみを示して、「政権の維持は政党に依るの外なし」（『全集』⑯380）について、「此社説ハ校正を要せず、御随意ニ御《お》認《みとめ》可被下候《くださるべくそうろう》。」と指示したもの（34）。ほかに、年月未詳「今日久松町明治座の芝居へ参候《まいりそうろう》に付《つき》、社説も既《すで》にあり、一日御遊被成度《おあそびなられたく》…」（65）と、明治座の観劇を誘ったもの、年月未詳「今朝少々新らしき事を聞込候《ききこみそうろう》に付《つき》、原稿の末段を少し改め」た（66）旨を伝えたものなどがある。

以上のような書簡による社説原稿についての具体的な、日によってはなお細かな差配について、平山洋は「九二年秋以降の書簡を虚心坦懐《きょしんたんかい》に読み返しても、福沢が毎日の社説に細かく差配していた気配を感じ取ることはできない。」(177)と書いている。注意深く読んでも「差配していた気配」さえ感じとれないという平山の読み方に無理のあることは明らかである。もうひとつの平山の大きな作為(善意に解釈すれば「勘違い」)は、「毎日の社説に…差配していた気配」がないという表現である。平山は、『全集』収載の社説が七一五篇存在していて、福沢が石河宛書簡で差配している社説はそのうち約二五篇であるから、残り六九〇篇には差配していないことになると勝手に解釈して、「二五編にかかわっていたのだから残余の七〇〇編近くにも関与していたであろうというのが従来までの(福沢研究者の)解釈であった。」(177)と、鬼の首をとったかのように書いている。

いったい、どこの新聞社の論説主幹が、他記者起草の原稿に対して「書簡」で「毎日」差配する者がいるというのか。上記の書簡を見れば、何通もの手紙が国府津、箱根、静浦、京阪・山陽などの福沢の旅行先からのものであったり、正月休み中のため新聞社で会えない日のものであったり、自宅での朝鮮公使との終日面談のために、あるいは旅行や観劇の誘いのために、書簡で差配していたという事情がよくわかるものである。つまり、常識的には論説原稿への差配は新聞社などにおいて口頭で行なうものであり(後の時代になれば、口頭以外に電話やＦＡＸ)、いちいち事情を断っていなくても、その日常性に不都合が生じた場合に、面倒でも書簡で差配を行なったと考えるのが自然である。

それを平山が、大半の六九〇篇に例外的な書簡による差配がないから「毎日の社説に…差配していた気配」がないという誤った把握をしているのは、平山が「もうこの時期には、…石河は聞く耳をもたなかった」とか、社説を「石河が独断で掲載」などという、どれひとつとして資料的な裏づけのない虚偽の主張をするための布石であり、また、日清戦争時の民族偏見と戦意高揚論説の「乱造」は、石河幹明の筆によるものという自らの勝手な〝物語〟を創作・補強するための作為であると判断されても止むを得ないであろう。

また、平山はこの時期の福沢を「正真正銘の老人」と決めつけているが、事実はそんなことはなく、たとえば九五年の書簡「老生《ろうせい》も幸ニ今日までハ無病、身体ハ至極達者《たっしゃ》ニ御座《ござ》候《そうろう》」(⑧27)の内容は、「米搗《つ》きと居合《いあい》数抜を続け(明治)二十六年十一月十七日に千本、還暦を迎えた二十七年十月二十五日には千二百本、二十八年十二月三十一日にも千本をこなし」(⑦402)という諭吉の日常の精進ぶりを語っていた。

几帳面《きちょうめん》な記録が残されているので紹介しておこう。日清戦争中の九四年一〇月二六日書簡では、「老生ハ不相替《あいかわらず》健康、昨日ハ独《ひと》りに而《て》居合之《の》数抜致し、…更ニ腰痛を覚へず。…千二百本之《の》居合ニは、足をはこばすことも五千弐百間、凡《およそ》二里半ばかりなり。随分骨の折れる遠足の如《ごと》し。刀ハ二尺四寸九分、目方《めかた》三百十匁《もんめ》、終日揮《ふ》り廻《まわ》はして、さまで疲労を覚へざるハ、平生之摂生《せっせい》宜敷《よろしき》故《ゆえ》と、自《みず》から信する所なり」（⑦363）という元気さである。九八年八月上旬、六五歳の諭吉の日課を見ると、「四時半起床、…生徒と共に散歩、六時に朝食、約一時間新聞閲覧、それより勉強、午後一時より二時まで昼寝、二時より四時まで再び勉強、四時半より凡《およ》そ一時間米搗《こめつき》又は居合抜《いあいぬ》き、…九時就寝。」（『全集』㉑699）である。

とりわけ、日清戦争開戦の九四年八月には、福沢は発起人総代として、戦争支援の「報国会」組織の先頭に立ち、紙面で呼びかけた軍事献金では自《みずか》ら全国二位の巨額の軍事献金を行ない、五〇人分の夕食を用意して自宅で「時事談話会」を開催するなど、当時の福沢が民間にあっては抜群の熱烈な戦争支援者であったことはよく知られている。ところが、平山は、「日清戦争中の論説のほとんどは石河の執筆」という判断（その判断の誤りについては第Ⅲ章の2で後述）も根拠にして、日清戦争中には福沢の紙面への影響力が低下し、「時事新報」の偏向社説の「乱造」は、福沢の言うことや差配に「聞く耳をもた」ず、自分の論稿の独断掲載さえ行なう石河によって遂行されたと主張する。これが平山の信頼する「井田メソッド」の研究成果とも矛盾する、幾重にも無理を重ねた主張であることを、さらに見ていこう。

平山の主張は、従来の福沢研究でもよく引用されてきた日清戦争開戦後の「福沢は…（年来の）東洋政略の論旨が遂に実現の機会に立至ったかの感を覚えたのであらう、勇奮《ゆうふん》活躍、連日紙上に筆を揮ひ、国民の士気を鼓舞」「終始一貫して強硬論を主張してやまなかつた」（『全集』⑭687）という

『福沢全集』⑭後記そのものを真正面から否定する大胆な把握である。そのために平山は、この『全集』後記の「定説」は、「朝鮮事件の切迫するや日々出社し非常の意気込《いきごみ》を以《もっ》て自から社説の筆を執られ、…清韓両国に…宣戦すべしと極論せられた」という石河幹明『福沢諭吉伝』（③713、以下、『伝』と略称）が創作した「虚構」（231）、「明白な虚偽」（102）に欺《あざむ》かれたものであると、主張しているのである。しかし、常識的に考えて、『全集』㉑「福沢諭吉年譜」484〜709によって、一日ごとにその日常も知られている福沢ほどの著名人の伝記で、平山が主張するような、これほどあからさまな事実の「ねじ曲げ」（148）、「伝記の虚偽」（233）ができるとは考えられない。

平山が主張するように、石河幹明が「暗い情念」をもっていくら「真実の隠蔽」「巧妙なトリック」「巧妙なアリバイ工作」（149）「計略」「策略」を弄する人物であると言われても、裏づける具体的な論拠が提示されない以上、「朝鮮事件の切迫するや日々出社し非常の意気込を以て自から社説の筆を執られ、…」という石河『伝』の記述そのものが虚偽でありフィクションであると決め付けるような、無謀で乱暴な「勇気」は私にはない。常識的に推測すれば、「（明治）二十四、五年頃から、…自ら執筆する重要なもの以外は主として石河に起稿を命じ」るようになっていた福沢諭吉も、九四年開戦を迎えて年来の「東洋政略の論旨が遂に実現の機会に立至つた」という思いで、少なくとも開戦当初は、またしばらく「勇奮活躍、連日紙上に筆を揮」うようになったと考えるのが妥当であろう。

ただ、既述したように、発起人総代として戦争支援の「報国会」組織の先頭に立ち、率先して巨額の軍事献金を行ない、自宅で時事談話会も主催するなど戦争支援の活動で大活躍していた福沢が、まもなく多くの社説の起草をふたたび石河、北川、堀江記者たちに委ねるようになったことは、じゅうぶん考えられよう。しかしまた、その活躍が日清戦争勝利のための活動であってみれば、第Ⅲ章において具体的に考察・論証するように、その戦争遂行キャンペーンの先頭にたつ「時事新報」紙の日々の社説の内容への差配とそのチェックを、「正真正銘の老人」にはほど遠い元気な福沢が放置するとはとても考えられないのである。

加筆・修正の度合いに当然のバラつきはあっても、掲載の判断に福沢がまったく関与していないということは、基本的に考えられない。既述した社説「クリート事件の成行如何《なりゆきいかん》」から一連の非日常的な石河宛書簡による差配などは、そうした福沢の姿を示唆している。また、九七年四月二日の社説「教科書の編纂検定」の場合も、井田進也『テクスト』(31)によると、福沢が「石河の原稿に大幅な訂正・加筆をほどこしてなった」B級判定評価の論説である。つまり、先ほどの「この時期には、福沢の言うことに石河は聞く耳をもたなかった」「独断で掲載」というのは、信頼する「井田メソッド」とも整合しない。ひとまず平山の勝手な想像・創作であると考えられよう（第Ⅲ章2でさらに詳しく再論）。

2　石河起草以前の福沢の「脱亜論」への道

福沢のアジア蔑視とアジア侵略路線は「民族差別主義者＝領土拡張論者」の石河が「作り上げた虚像」(190)であるという平山らの主張の誤りは、第Ⅲ章以下において具体的な社説の内容に即して論証していく。しかしその前に、丸山眞男の創りあげた「丸山諭吉」＝「典型的な市民的自由主義者」像への平山の思い込みと呪縛《じゅばく》の問題を検討しておこう。平山の主張には、初期啓蒙期や石河幹明が社説起草にかかわる八七年八月以前の福沢諭吉と「時事新報」の社説には、民族差別主義や領土拡張論的傾向はなく(仮にあればそれは石河就任以前の他記者起草の社説のせい)、『学問のすすめ』や『文明論之概略』の頃(の福沢)とほとんど同じ調子」(178)の論調(たとえば一貫して「国家平等の観念」213)であったという大前提がある。

したがって、まずその誤りを明らかにするために、端的に、石河が論説の起草にかかわる八七年八月以前の福沢の真筆(署名著書、書簡、原則として平山らの「A」評価論説)だけに依拠して、八一年『時事小言』による「強兵富国」路線の確立をへて八五年「脱亜論」に傾斜していく福沢のアジア蔑視とアジア侵略思想の歩みを確認しておこう。ただし、これについては、私の『福沢のアジア認識』でじゅうぶん論証済みなので、出来るだけ簡略に記述する。もちろんその際、福沢がなぜアジアを蔑視し、アジア侵略を目指すことになったのか、その思想の内的必然性を理解するために、福沢のトータルな思想の歩みとのかかわりで、そのアジア観の歩みを考察する。

コラム　福沢諭吉のアジア・天皇制認識と無署名論説筆者認定の一覧表

本書で『福沢諭吉全集』二一巻（岩波書店）から引用した出典資料は、原則としてすべて、巻末の［福沢諭吉のアジア・天皇制認識と無署名論説筆者認定の一覧表］に年代順に配列した（この表に記載されていない資料は、本文中に『全集』の巻数とページを記載）。読者は、掲載年と書名・論説題名から『全集』の原文を検索されたい。

この表は、あわせて井田進也、平山洋、安川寿之輔の三人が、『全集』の無署名論説の起草・執筆者を（福沢諭吉あるいは他の記者の）誰と推定・認定したのかを示す一覧表もかねている。したがって、表記されているのは、①出典の掲載年、②著書名・論説題名、③資料の主な内容、④井田、平山、安川三名の推定・認定者名である。同欄の「×」印は、井田・平山の著書において、その出典資料に言及・論及のないもの（つまり、二人がそれらの著書・論説の存在を無視していること）を意味する。また、「△」印は論者著のみで、内容に言及がないもの。

さて、幕末・初期啓蒙期の福沢が、「太平天国」の「党類…固《もと》より烏合の衆」（一八六二年「西航記」）とか、「智慧なしの短気者」林則徐が「阿片を理不尽に焼捨て」（六五年五月「唐人往来」、六九年八月『世界国尽《くにづくし》』、七二年二月『学問のすすめ』初編）といった誤った記述（事実はイギリス貿易監督官の同意・了解のうえのこと）や、「朝鮮…亜細亜《アジア》中の一小野蛮国にして…我属国と為《な》るも之《これ》を悦《よろこ》ぶに足らず。」（七五年一〇月「亜細亜《アジア》諸国との和戦は…」）、「台湾蛮人…は禽獣と殆《ほとん》ど択《えら》ばざるものにて、…朝鮮人は唯頑固《がんこ》の固《かた》まり」（七六年一一月「要知論」）などという記述に見られるように、福沢がアジアに偏見・蔑視観をもっていたことは、明らかな事実である。しかし、この時期の福沢の発言は、「朝鮮人…外国船とさへ見掛れば直《ただち》に発砲する」ことは「我国の往日《おうじつ》の如《ごと》し。」（同右）と、国家の独立確保をめぐる各国の対応策への具体的な批判であり、それも日本もかつて同様であったという冷静な認識を伴っていた。

当時の福沢は、（丸山眞男らが『学問のすすめ』第三編の「国は同等なる事」という建て前論から誤ってそう理解した）国家平等観や「万国公法」の立場に立っていたのでは断じてなく、くり返し本人が主張していたように、「万国公法は…欧羅巴《ヨーロッパ》各国の公法にて、東洋に在《あり》ては一毫《いちごう》の働をも為《な》さず」（七四年七月「内は忍ぶ可《べ》し外は…」）というのがその国際関係認識であった。だからこそ、同年の台湾出兵で清国から巨額の償金を得たことを、日本人なら「誰か意気揚々たらざる者あらん。余輩も亦其《またその》揚々中の人なり。」と喜んだ（国家平等論者のはずの）福沢は、結論として「抑《そもそ》も戦争は国の栄《えい》辱《じょく》の関する所、国権の由《よっ》て盛衰を致す所」（七四年一一月「征台和議の演説」）と主張し、翌年、「パワ・イズ・ライト権力は正理の源」という「諺」を「思はざる可《べか》らず。」（七五年一月「内地旅行西先生の説…」）と念押ししていたのである（後年のもっと率直な表現では、福沢は国家平等観を「国力平均の陳腐《ちんぷ》説」と罵倒していた――第Ⅱ章1のコラム［福沢の権謀術数的発言］の八四年「支那を滅ぼして欧州平なり」を参照）。

　初期啓蒙期の福沢の思想を代表する定式として誤読されてきた『学問のすすめ』（以下、『すすめ』と略称）第三編の有名な定式「一身独立して一国独立する」における「一身独立」は、以上のような当時の国際関係認識にもとづいて、「国のためには財を失ふのみならず、一命《いちめい》をも抛《なげうち》て惜《おし》むに足ら」ない、一方的な「報国の大義」（七三年一二月）を主張したものである。ところがそれは、丸山眞男を筆頭に先行研究がそろってその解釈を一貫して誤ってきた福沢研究史上、最大の誤読箇所であった（第三編の内容に即さない字面上の勝手な読み込みの解釈）。

　初期啓蒙期の福沢の偉大さは、「一国独立」の確保・達成自体は「文明の本旨」からいえば「瑣々《ささ》たる」課題の達成にすぎないというすぐれた歴史認識をもっていたことである。だからこそ、明治維新当初の弱肉強食「パワ・イズ・ライト」の国際情勢の現実をふまえて、日本の近代化の綱領的方針を提示した『文明論之概略』（以下、『概略』と略称）において、当面「先《ま》づ事《こと》の初歩として自国の独立を謀《はか》」る課題を設定しながらも、福沢は、「個人の自由独立・一身独立」の達成などという「其他（の課題）は之《これ》を第二歩に遺《のこ》して、他日為《な》す所あらん」（七五年八月）と公約していたのである。

以上の国際関係認識をふまえた課題に対応して、福沢は、『概略』の結論にあたる終章において、「一身独立」の課題は明確に留保・先送りしたうえで、当面「一国独立」達成を最優先の「最後最上の大目的」に設定していた。そして、その最優先の「一国独立」の達成・確保のために、『概略』第九章までの自らの議論展開を大きく裏切るかたちで、あえて福沢は「国体論の頑固《がんこ》なる…も、…忠臣義士の論も…儒者の論も…君臣の義…上下の名分《めいぶん》…も、人間品行の中に於《おい》て貴《とうと》ぶ可《べ》き箇条」（同）であるとして、（およそ「一身独立」の課題と相容れない）これらの封建的な思想や運動の総動員を主張したのである。

そのために、この『概略』終章は、丸山眞男の門下生飯田泰三（ネーミング「丸山諭吉」の紹介者）が痛恨の思いをこめて「丸山先生」を適切に批判したように、福沢が（第九章までで展開・主張した）〈まさに否定すべき「権力偏重」の社会において培《つちか》われた「惑溺」の信条に他ならないものを動員拡大するという〉アジアへの「〝抑圧と侵略〟に結びつく」排外主義的ナショナリズムへの道のりを歩みはじめる重要なターニング・ポイントになっていたのである（飯田泰三『批判精神の航跡』筑摩書房、272）。

決定的な問題は、以後の具体的な思想の歩みにおいて、福沢が折角《せっかく》「第二歩に遺《のこ》して、他日為す所あらん」と公約していた「一身独立」推進・達成の課題を、結局、生涯にわたって棚上げしてしまったことである。平山洋が「晩年に至るまで、…『すすめ』と見解を異にする著作を発表していない」(187)とか、「『すすめ』や『概略』の頃とほとんど同じ調子」の福沢の(思考停止的)論調と主張する場合は、『すすめ』の「一身独立して一国独立する」の真の意味や、丸山門下生も問題にする『概略』終章についての以上のような重要な認識を、まったく欠落したもの(終始、福沢の国際関係認識は国家平等論的関係という理解)になっていた。

自由民権運動と遭遇した福沢には、先送りした重要な課題「一身独立」追求の好機到来と歓迎する気配はなかった。翌七五年六月の論稿「国権可分の説」において福沢は、日本国民はすでに「暴政府を倒して全権」を得ており、「今日《こんにち》は政府も人民も唯《ただ》自由の一方に」向かっているという明らかな虚偽を主張するとともに、七八年九月『通俗民権論』などでは、民権運動の陣営を「無智無識の愚民」「無分別者」「狂者」「無頼者の巣窟《そうくつ》」などと非難・中傷し、それまでの『学問のすすめ』のような「百姓車挽《くるまひき》」をふくむ全国民対象の啓蒙の断念の意向を表明した。それに代えて、福沢は「馬鹿と片輪に宗教、丁度《ちょうど》よき取合《とりあわ》せならん」(八一年頃「宗教の説」)の宗教教化路線を表明した(自らは基本的に宗教を信じなかった福沢は、生涯で百篇をこす経世論としての宗教振興論を展開。丸山眞男を筆頭に、福沢美化論者は一般に福沢のこの宗教経世論は不問)。

『通俗民権論』と同時刊行した『通俗国権論』では、「内国に在《あり》て民権を主張するは、外国に対して国権を張らんが為《ため》」であると、国権拡張至上の真意を表明するとともに、「百巻の万国公法は数門の大砲に若《し》かず。大砲弾薬は…無き道理を造るの器械」「各国交際の道二つ、滅ぼすと滅ぼさるるのみ」という弱肉強食の国際関係のきびしい現実を強調した。人民の報国心振起《しんき》のために、同書二編で福沢が主張したのは、「敵国外患《がいかん》は内の人心を結合して立国《りっこく》の本《もと》を堅《かた》くするの良薬」（七九年二月）という権謀術数的な外戦の勧めであった。

福沢に、この大きな認識転換をもたらしたものはなにか。それは、「海外各国の交際…恰《あたか》も禽獣世界にして、其恃《たの》む所のものは唯《ただ》兵力あるのみ。」（七九年三月「書簡」）という国際関係認識に加えて、七九年八月『民情一新』における、日本の近代化のモデルの欧米「先進諸国」が労働運動・社会主義運動の発展により「今日の西洋諸国は正に狼狽《ろうばい》して方向に迷ふ者なり。」という新たな認識を得たことであった。「他の狼狽《ろうばい》する者を以《もっ》て（日本の近代化の）我方向の標準に供するは」誤りであると判断した福沢は、同年二月の論説「華族を武辺に導くの説」において、「人生、事《こと》を為《な》すに、本来無きものを造るは、既《すで》に有るものを利用するに若《し》かず」といって、「清濁併《せいだくあわ》せ呑《の》む」後ろ向きの歴史的現実主義の立場への後退を表明した。その結果、福沢が選択したのが、八一年一〇月『時事小言』における「強兵富国」のアジア侵略路線と、翌年の『帝室論』による「愚民を籠絡《ろうらく》する…欺術《ぎじゅつ》」としての天皇制路線であった。

「本編立論《りつろん》の主義は専ら武備を盛にして国権を皇張《こうちょう》するの一点に在《あ》り。…亜細亜《アジア》東方の保護は我責任なり…事情切迫に及ぶときは、無遠慮に其《その》地面を押領して、我手を以《もっ》て新築するも可《か》なり。」と言明した『時事小言』において、福沢が選択したのは「専《もっぱ》ら武備を盛にして国権を皇張」し「事情切迫に及ぶときは、無遠慮に其地面（アジア諸国）を押領して、我手を以て新築する」というアジア侵略の（「富国強兵」ではなく）「強兵富国」路線であった。以来、「我陸軍はよく支那の四百余州を蹂躙《じゅうりん》するに足《た》る」（八二年三月）か、という問いかけに始まって、「権利は軍艦に住居し道理は砲口より射出す」る（八四年八月「条約改正…」）という海軍を中心とする軍備拡張論（世評では、「時事新報」は「海軍の御用新聞」—石河幹明『伝』③776）と、そのための増税の主張が、一貫する「時事新報」紙の「宿説」（八三年六月「国財論」）となった。

そのため、このアジア侵略路線に対しては、同時代人からきびしい批判が出された。民権運動陣営からの「法螺《ほら》を福沢、嘘《うそ》を諭吉」（八二年）という嘲《あざけ》りを筆頭に、元外務省勤務の吉岡弘毅からは「此《かく》ノ如《ごと》キハ…我日本帝国ヲシテ強盗国ニ変ゼシメント謀《はか》ル者ナリ。是《かく》ノ如《ごと》キ不義不正ナル外交政略ハ、…不可救ノ災禍《さいか》ヲ将来ニ遺《のこ》サン事《こと》必セリ…」（八二年八月）という批判が寄せられた。これは、その後福沢が先導し、アジア諸国と自国にも「不可救ノ災禍」をもたらした近代日本が現実に歩んだ軍国主義的な道のりへの適切な批判・予言であった（安川『福沢のアジア認識』102参照）。

欧米諸国の階級対立さえ指呼《しこ》の間に見据《みす》えながら、民権運動の陣営に背を向けた福沢は、一体、なにによって国内の秩序と体制の維持を謀りながら、「強兵富国」＝「外競」路線に国民を動員していこうとしたのか。初期啓蒙期には天皇制に明白な批判的意識さえ示し、「鎌倉（時代）以来人民の王室を知らざること殆《ほとん》ど七百年」という事実をふまえて、「新《あらた》に王室を慕《した》ふの至情を造り」出すことは困難（『概略』第十章）と冷静に認識していた福沢が、『帝室論』を提起する八二年の論著（『時事大勢論』など）では、「帝室は…我日本国民の諸共《もろとも》に仰ぎ奉《たてまつ》り諸共に尊崇し…之《これ》に忠を尽すは…万民熱中の至情」、「帝室の尊厳は、開闢《かいびゃく》以来同一様にして、今後千万年も同一様」（同）という虚偽と作為の天皇制路線を提示し、『帝室論』において、天皇制を「日本人民の精神を収攬《しゅうらん》するの中心」にすえるとともに、皇軍兵士は「帝室の為に進退し、帝室の為に生死するもの（天皇陛下万歳！）」とした。

　ここへ来ての福沢の主体的な神権的天皇制の選択は、結局「一身独立」のための国内の民主化追求の方向に一歩も進み出なかった中期以降の福沢が、「愚民を籠絡《ろうらく》する」ために選んだ「欺術《ぎじゅつ》」（『帝室論』）そのものであった（丸山眞男を筆頭とする福沢美化論者たちがこの福沢の見事な天皇制の本質把握に着目できないのは、不思議としか言えない）。同年三月の論説において、慶応義塾の「建学の精神」は「一身独立を謀《はかり》て…以《もっ》て我国権を皇張《こうちょう》する…報国致死」（八二年三月「故社員の一言…」）であると、国家主義的な私学理念を提示・自負していた福沢は、翌月の『帝室論』で日本人民の精神収攬《しゅうらん》の機軸に天皇制を据《す》えた。翌八三年一一月の論説「徳教之《の》説」において、福沢が「中以上に位《くらい》を占《し》めて社会の上流に居《い》」て日本の近代化を推進するリーダーである「我日本国士人」（未来のブルジョアジー）の基準的道徳として提示したのは、「一系万代の至尊を奉戴《ほうたい》し、尽忠の目的は分明《ぶんめい》…唯《ただ》この一帝室に忠を尽して他に顧《かえりみ》る所のもの」なしというズバリ「報国尽忠」の忠君ナショナリズム（丸山眞男や平山洋は一貫して否定）であった。

朝鮮における八二年の壬午《じんご》軍乱、八四年の甲申《こうしん》政変を好機の到来と迎えた福沢は、積極的な軍事介入を主張し、とりわけ彼自身がクーデターの刀剣や爆薬などの武器提供まで担った甲申政変の際は、八五年一月、天皇の「御親征の準備如何《いかん》」（高橋義雄起稿のD評価、福沢加筆——ということは、最低限、天皇の政治関与の内容を福沢が了解した上での社説掲載を意味する）と北京攻略まで要求するあまりに過激な開戦論を展開したために、「時事新報」紙は発行停止処分さえ受けた。アジアを文明に誘導するという名目で侵略を合理化した福沢は、八二年三月「朝鮮の交際を論ず」において「朝鮮国…未開ならば…彼の人民果《はた》して頑陋《がんろう》ならば…武力を用ひても其《その》進歩を助けん」と主張した。つまり、アジアの「未開」「頑陋《がんろう》」を強調することが、「武力」行使の容認・合理化につながるという帝国主義的な論理の成立である。これこそが、福沢が初期啓蒙期と異なり、堰《せき》を切ったように朝鮮・中国への丸ごとの蔑視・偏見・マイナス評価の垂れ流しを始め、文明史観による侵略の合理化を行なった決定的な理由である。

以下、壬午軍乱前後からのその蔑視発言を列挙しておこう。「朝鮮人は未開の民…極めて頑愚《がんぐ》…凶暴」（八二年四月「朝鮮元山津の変報」——以下、巻末「一覧表」に記載のない資料は『全集』㉑の「著作索引」で検索願いたい）、「朝鮮人…頑迷倨傲《きょごう》」（同年九月「朝鮮新約の実行」）、「印度《インド》支那の土人」「豚尾の兵隊」（八二年一二月「東洋の政略果して…」）、「朝鮮人の無気力無定見」（八三年三月「朝鮮国を如何……」）、「支那人民の怯懦《きょうだ》卑屈は実に法外無類」（六月「支那人民の前途…」）、「チャイニーズ…乞食穢多《こじきえた》（識者評）」（息子宛書簡、八月）、「支那人…奴隷と為《な》るも、銭《ぜに》さへ得《う》れば敢《あえ》て憚《はばか》る所に非《あら》ず」（八四年七月「西洋人と支那人」）、「支那兵は流民乞食の群集」（八四年一〇月「国の名声に関しては…」）。

「朝鮮…妖魔悪鬼の地獄国」（八五年二月「朝鮮独立党の処刑」）、「二国…残刻《ざんこく》不廉恥を極め、尚傲然《なおごうぜん》として自省の念なき者」（同年三月「脱亜論」）、「朝鮮国…滅亡…朝鮮国民…露英の人民たるこそ其《その》幸福は大」（同年八月「朝鮮人民のために其国の滅亡を賀す」）、「白人種世界を圧すべしとの訳文、如何《いか》にも其《その》通りなり。拙者《せっしゃ》も…野蛮国は寧《むし》ろ亡《ほろ》びたる方《ほう》幸せ…」（息子宛書簡、一〇月）、「朝鮮…野蛮国…一日も早く滅亡する方《ほう》天意に叶《かな》ふ」（同書簡、八六年一〇月）などというのが、石河の参加する以前の福沢諭吉自身と「時事新報」（真筆の認定のない論説をふくむ）の蔑視発言や蔑視表現である。

平山洋は、清国を「野蛮」「野蛮国」と見るのは、もっぱら石河が社説起草に参加して以降の見解・表現であり、福沢には「清国を野蛮国とみなす表現は見られない」(105)と断定している。しかし、初期啓蒙期の「台湾蛮人…は禽獣《きんじゅう》」「朝鮮…小野蛮国」発言以来、石河入社以前の中期福沢が、アジアへの強兵富国路線の合理化のためにも、中国を含むアジアを全体として「禽獣《きんじゅう》」「小野蛮国」

「未開」「頑陋《がんろう》」「頑愚《がんぐ》」「凶暴」「頑迷倨傲《きょごう》」「土人」「豚尾《とんび》の兵隊」「無気力無定見」、「怯懦《きょうだ》卑屈」「妖魔悪鬼の地獄国」「乞食穢多《こじきえた》」「流民《るみん》乞食」「残刻《ざんこく》不廉恥」「野蛮国」などと見なし、そう表現していたことは明らかである（あえて厳密を期するならば11語句は福沢自身が使用し、「頑愚《がんぐ》」「凶暴」「頑迷倨傲《きょごう》」「無気力無定見」、「怯懦《きょうだ》卑屈」の5語句は、可能性として、他記者がそう表現して論説主幹福沢が、その社説の掲載を了解あるいは当然視したもの）。平山は、たとえば福沢がアメリカ留学中の息子二人宛の手紙で、「チャイニーズ…恰《あたか》も乞食穢多《こじきえた》」と書いているのは「識者の評」であって、福沢自身の言葉ではないと福沢を庇《かば》っている。しかし、福沢自身にも「野蛮国」への同様の認識・思いがあるからこそ、識者の表現をそのまま引用・紹介することで、在米の息子への教育をしているものと理解するのが自然である。

以上のような蔑視・偏見と文明に導くという文明史観によって合理化された、『時事小言』で確定的となったアジア侵略の意向を、福沢は、以下の諸論説において次のように表現した。

八二年九月『兵論』では「支那国果《はた》して自立を得《え》ずして果して諸外国人の手に落ることならば、我日本人にして袖手《しゅうしゅ》傍観するの理なし。我も亦《また》奮起して共に中原《ちゅうげん》に鹿を逐《お》はん」。八三年一月「明治十六年前途之《の》望」では、「我日本は東洋の魁《さきがけ》にして、…支那と朝鮮とを誘導し、…聴《き》かざれば武を以て威するの必要…急なるは官民の調和と兵備の拡張」。同年九月「外交論」では「食《は》むものは文明の国人にして食《は》まるるものは不文の国とあれば、我日本国は其《その》食む者の列に加はりて文明国人と共に良餌《りょうじ》を求めん」。いまや文明国人の存在証明として、帝国主義的な侵略と植民地支配が肯定されているのである。したがって翌年九月の時事新報社説「輔車脣歯《ほしゃしんし》の古諺《こげん》恃《たの》むに足らず」は、日中両国が唇歯輔車の関係で連帯することに反対の意向を表明した。

福沢が刀剣や爆薬などの武器を提供して深いかかわりをもった八四年十二月の甲申政変に遭遇すると、翌月の八五年正月、強力な武力介入を主張する「時事新報」社説「前途春如海《はるのうみのごとし》」は、「今回の事変…漢城（注・現在のソウル）駐在の支那兵…何は差置《さしお》き先《ま》づ此《この》暴兵に漢城立退きを命じ、聴かざればこれを戮《ころ》し、…二千万円の償金…肯《がえ》んぜざれば…進《すすみ》て支那四百余州を蹂躙…此戦《このいくさ》は…全国力を尽して必勝を期するの軍《いくさ》なり。…今回事変の始末は、戦か和か未《いま》だ知るべからずと雖《いえ》ども、果して日支両国間の戦争となり、又戦勝後我日本国永遠の利益を算測すれば、我々日本国民の前途は満望の春色《しゅんしょく》海の如《ごと》きものあるを覚ゆるなり。」（『全集』⑩177〜179）と書いた。また、甲申政変と八五年三月の清仏戦争について、社説「国交際の主義は修身論に異なり」は、「仏《フランス》軍の戦勝…支那より和を乞《こ》ふに至《いた》れば、…仏《フランス》人…武勇者たるのみならず、道徳に於ても亦《また》正義者…我輩は決して之《これ》を咎《とが》めず、寧《むし》ろ賛成して只管《ひたすら》其活動を欣慕《きんぼ》するものなり。」と書いて、フランスの軍事行動への全面的支持を表明した。この社説は、井田進也によると、「徹頭徹尾完璧な福沢文で福沢流現実感覚の真骨頂を示す名論説」で「評点は特上のA」（103）とのことである。

フランスによる帝国主義的な中国侵略を咎《とが》めるどころか、「寧《むし》ろ賛成して只管《ひたすら》其活動を欣慕《きんぼ》する」

という上記の社説の一週間後に、「脱亜論」は書かれた。「先進」諸国の帝国主義政策に学んだ中期以降の、以上のような福沢のアジア蔑視と侵略志向の流れの中で、福沢は「脱亜論」において、次のように書いた。「我日本の国土は亜細亜《アジア》の東辺に在《あ》りと雖《いえ》ども、其《その》国民の精神は既に亜細亜の固陋を脱して西洋の文明に移りたり。支那…朝鮮…此《この》二国…其古風旧慣に恋々するの情…道徳さへ地を払ふて残刻不廉恥を極め、尚傲然《なおごうぜん》として自省の念なき者…数年を出でずして亡国と為《な》り、其《その》国土は世界文明諸国の分割に帰す可《べ》きこと一点の疑あることなし。…我国は隣国の開明を待て共に亜細亜を興《おこ》すの猶予《ゆうよ》ある可《べか》らず、…西洋の文明国と進退を共にし、…特別の会釈《えしゃく》に及ばず、正《まさ》に西洋人が之《これ》に接するの風に従て処分す可《べ》きのみ。」と。

ところが平山洋は、この「脱亜論」を「論理的には侵略肯定に帰結するとしても」（215）と断りながら、なぜか「日本によるアジア侵略を後押しする意図など少しもうかがえ」ない（226）と論証なしに断定し、同稿に「むしろ西洋諸国からの侵略の脅威におびえる」（202）福沢の姿を読み取るべきであるなどという信じ難い解釈をするのである。これほど福沢の「脱亜論」を善意に解釈する日本の研究者を私は知らない。出るのはため息のみである。

なお、強兵富国路線を宣言した一八八一年『時事小言』以降の福沢にとって、「亜細亜《アジア》の固陋《ころう》」を否定する「脱亜」の精神と、西洋文明国の帝国主義政策を模倣・踏襲することが自明の常識・前提となっていたことを、福沢は同じ年の初夏の宗教演説「宗教の説」で、次のように明《あ》け透《す》けに語っていた。「支那は古昔《こせき》文学を我国に輸入し、吾《わ》れ之《これ》を取りて文明に進みたり、支那は我が恩人なり、且《か》つ隣国相親《あいしたし》むは国の利なり、唇亡びて歯寒し無名《むめい》の師《いくさ》は起すべからず」などと言うのは、「此人《この》必ず漢学者なり。漢学者は何でも角《か》でも支那程能《ほどよ》き国はなしと思ひ、甚《はなはだ》しきは出来損《できそこな》ひの道具まで…之《これ》が雅致《がち》ある抔《など》と、…日本の先生達が大切の宝器とするは、片腹痛《かたはらいた》きことに非《あら》ずや。」と。このように漢学者を罵倒した上で福沢は、「千年前に学問を持て来たとて、こちが取りたらこちの物だ。恩も何もある者か。」と言ってのけて、「今は競争世界で、英国《イギリス》なり、仏国《フランス》なり、政事、商法、皆《みな》吾れ負けまじと、人の隙《すき》に付け入らんとするの時節なれば、理非にも何にも構ふことはない、少しでも土地を奪へば、暖《あたた》まりこそすれ何の寒きことがある者か。遠慮に及ばぬ、「さつさ」と取りて暖まるがよい。」（『全集』⑲711～712）と主張したのである。

また、「脱亜」路線が確定して以降の具体的な設計として、福沢は、八七年一月という早い時期の論説「朝鮮は日本の藩屏《はんぺい》なり」において、「今《いま》日本島を守るに当りて、最近の防禦線を定むべきの地は必ず朝鮮地方たるべきや疑を容《い》れず。若《も》し朝鮮地方にして一旦敵の拠《よ》る所とならんか、日本の不利益実《じつ》に容易ならず。」（『全集』⑪177）と提唱していた。この「防禦線」発言は、山県有朋首相の「我ガ国、利益線ノ焦点ハ実ニ朝鮮ニ在リ。」という有名な「外交政略論」に三年も先行する発言であり、後のアジア太平洋戦争期の「満蒙《まんもう》は我国の生命線」と同類の発想である。

以上が、石河幹明が社説起草にかかわる八七年八月以前の福沢諭吉と、「時事新報」の社説には民族差別主義や領土拡張論的傾向はなかったと平山が主張する時代の、「脱亜論」に至る福沢の思想のありのままの歩みであった。

石河が社説の起草に関与する以前の、以上のような福沢のアジア蔑視とアジア侵略への道のりを否定する平山の主張を、巻末の［福沢諭吉のアジア・天皇制認識と無署名論説筆者認定の一覧表］との関係で確認しておこう。「一覧表」に見るとおり、初期啓蒙期から『時事小言』にいたる筆者認定欄の大半が「×」であるのは、平山がこれらの福沢の著作の存在を知らないか、知りながら無視したことを意味し、『学問のすすめ』第三編や『文明論之概略』終章が「誤読」と記載されているのは、丸山眞男の「丸山諭吉」像に追従《ついじゅう》して平山が誤読していることを示す。それ以降の石河の起草参与の時期までの認定欄に「福沢」と記載されているものは、平山もその著作に論及していることを示す。もちろん、『時事小言』の翌年から発行された「時事新報」の社説には、石河が参与するまでは民族差別主義や領土拡張主義的傾向はなかったというのが平山の勝手な主張であるから、とうぜん平山は安川と異なる読み方、解釈をしている。個々の論点については、さらに以下の本論での記述にまかせたい。

3 『尊王論』の著者までが石河幹明であるとは

「井田メソッド」を全面的（以上）に踏襲することによって、その杜撰・欠陥を拡大再生産するのが平山洋『福沢諭吉の真実』である。その平山の『福沢諭吉全集』テクスト認定の本格的な考察は、第Ⅲ章において、石河幹明の主導のもとに「時事新報」が民族偏見と戦意高揚論説を「乱造」したと平山のいう日清戦争期を対象に行なうこととする。しかしその前に、平山がみずから逸脱して、（「井田メソッド」でも行なっていない）福沢の「署名著作」の『尊王論』そのものの認定を行ない、その筆者を石河幹明であるという（福沢研究史上初めての）奇想天外な主張をしているので、その認定作業のいい加減さを、最初に確認しておこう。

平山洋（井田進也）のテクスト認定の主題は、『福沢諭吉全集』二一巻中の第⑧巻から第⑯巻におよぶ九巻の無署名論説の筆者の認定作業をとおして、従来の福沢諭吉研究の見直しをすることであった。ところが、「起筆者を判定するのに井田メソッドは極めて有効であること」を確認した後、平山は「ややわき道にそれるが」（83）とみずからの逸脱を断りながら、（考察の対象外のはずの）第⑥巻所収の「署名著作」「福沢名義の著作」(62)の八八年一〇月刊『尊王論』の認定作業までを行なっている。そして平山は、同書が「福沢の真筆ではな」く、「真の起草者は石河幹明」であり、「おそらく石河を懐柔するため」に「福沢は石河の持ち込み原稿を添削し、自らの名前で出版したらしい。」(83)という、福沢の名誉毀損になりかねない大胆な見解を表明しているのである。

この逸脱した認定作業は、とりあえず「署名著作」についての『全集』⑤の次の「後記」を無視したものである。そこでは、「福沢が「時事新報」の(連載)社説を後に単行本としたものは、殆んどすべて福沢諭吉立案何某筆記とするの例であったが(『尊王論』の場合は、「福沢諭吉立案石川半次郎筆記」と表記)、これは便宜上その名を仮りに記したまでのことで、全文ことごとく福沢がみづから執筆したものである。」(『全集』⑤652～653)と断っている。無謀な平山は、第Ⅲ章3でも見るように、『全集』⑭「後記」の「定説」も誤りであると主張して、この場合もその論証に見事に失敗している。このように平山は、『福沢諭吉全集』全体に共通する「解題」を、『尊王論』は石河幹明の起草したものを「自らの名前で出版したらしい。」というまるで自信のない曖昧な根拠で気軽に否定する、そういう意味の困った人物である。岩波書店は、やはりその社会的責任として、平山洋と井田進也の杜撰な無署名論説認定研究への公式見解を表明すべきである。

平山の根拠は、「井田メソッド」そのままに、「それ以前の文章では使用が確認できない「臣民」

が、本文第一行目で躊躇《ちゅうちょ》なく使われているからである。福沢はこうした場合「国民」か「国人」、または「人民」を用いる。さらに「天下万民」「日本人固有の性」という語彙から」(83)、石河幹明の文章と認定したというものである。新見解の表明にしてはいささか頼りないこの「福沢は…らしい」認定には、やはり幾重《いくえ》もの誤りや無理がある。

第一に、『尊王論』より五年も前の一八八三年一一月に、六日間にわたって日本人の基準的道徳を主題に論じた重要な連載社説「徳教之《の》説」（真筆）において、平山らの（福沢が時代に先駆けて「臣民」という語彙を使うはずがないという思いこみの単純な）認定基準に反して、福沢は「日本国民」「我国民」と並んで、「臣民」「日本臣民」の使用を始めていた。すぐ後のコラム［福沢の天皇制思想の歩み］に見るとおり、すでに前年四月の『帝室論』において、「皇学者と同説なる」ことも気にすることなく、「一系万世」の「尊厳」「神聖」な「我帝室」を「愚民を籠絡《ろうらく》する…欺術《ぎじゅつ》」として、「日本人民の精神を収攬《しゅうらん》する」中軸に位置づけた福沢諭吉にとって、近代日本における「臣民」意識、「日本臣民」的心性の形成の先駆的役割を担うことは、当然の任務であった。

平山は、まず『尊王論』「以前の（福沢の）文章では使用が確認できない（「石河の常套語」の）「臣民」が、本文第一行目で躊躇《ちゅうちょ》なく使われているから」、『尊王論』の筆者を石河と判定した。巻末の［筆者認定一覧表］に見るとおり、「徳教之《の》説」が『尊王論』より五年も前の福沢の真筆であることを、平山自身が認定しているので、念のため紹介しておこう。［一覧表］の(1)〈大正版「福沢全集」所収論説一覧及び起筆者推定〉によると、「徳教之説」には福沢の「自筆草稿あり」とその根拠も記されている。

『尊王論』「以前の文章では使用が確認できない「臣民」」という記述から、好意的に読めば、おそらく平山は、「徳教之《の》説」を読みながら、「臣民」「日本臣民」というキーワードを見落としたことになる。「天は人の上に人を造らず…」の福沢が「臣民」を先駆的に使うはずがないという思い込み、さらには、福沢諭吉（「先生」）にはそんな言葉を使ってほしくないという平山の願望が、この見落としにつながったのであろう。井田同様に、「希望や意欲による認識のくもり」を「不断に警戒」せよという丸山眞男（「先生」）の説いた研究者の心構えを反芻《はんすう》してほしいものである。

福沢の「徳教之説」は、「中以上に位《くらい》を占《し》めて社会の上流に居」る「我日本国士人」（未来のブルジョアジー）のための「道徳の標準」として、「報国尽忠」を提起したものである。この道徳は「一部分は儒教に助けられたるものなれども、尚《なお》これよりも有力なるは封建の制度」によって形成されたものであるとして、その「報国尽忠」を「道徳の標準」と考える『帝室論』者福沢が、その尽忠の対象について、「諸外国に誇る可《べ》き一系万代の至尊を奉戴《ほうたい》し、尽忠の目的は分明《ぶんめい》にして曾《かつ》て惑迷《わくめい》す可《べ》き岐路を見ず」「日本国民は唯《ただ》この一帝室に忠を尽して他に顧《かえりみ》る所のものある可《べか》らず。」と断定・主張したのは当然であった。

「教育勅語」発布以前のこの段階では、福沢は日本国士人以下の「下流の人民」「以下の群民」の道徳については、「数百千年来我国に於《おい》て無智の小民が苟《いやしく》も道徳を維持したるは、宗教の信心与《あずかり》て大《おおい》に力ありと云はざるを得ず。」「故《ゆえ》に此《この》下流の人民の為《ため》には宗教の信心を養ふこと至極《しごく》大切なることなる可し。」（『全集』⑨291）として、仏教にその役割を委《ゆだ》ねる考えであった。

この論説の中で福沢は、あらたな「臣民」という言葉と概念を次のように提示した。「我々人民に於《おい》ても我日本国を強大文明の国と為《な》し、此《この》強大文明国の至尊として（天皇を）仰ぎ奉るに非《あら》ざれば、未《いま》だ以《もっ》て臣民の分《ぶん》を尽したるものと云ふ可《べか》らず。」「西洋近代の…文明を取て我《わが》富強の資に供し、以《もっ》て新に東洋に一大文明国を作らんとするは、蓋《けだ》し我々日本臣民の至情にして、…」。いまや日本人民は、東洋に欧米「先進国」並みの強大文明国を建設するという目標のために、かつて「天は人の上に人を造らず…」という詞を伝えてくれた福沢から、天皇を「至尊として仰ぎ奉る…臣民」意識を自己形成することを求められるようになっているのである。

したがって、かつて『文明論之概略』において「保元平治以来歴代の天皇…其《その》不明不徳は枚挙に遑《いとま》あらず。」と書いていた福沢が、その「徳教之説」からさらに五年後に、天皇制を「以《もっ》て動かす可《べか》らざるの国体と為《な》さんと欲」して、（『概略』の主張と矛盾して）「帝室は我《わが》日本国に於《おい》て最古最旧、皇統連綿として久しきのみならず、列聖の遺徳も今尚《いまな》ほ分明《ぶんめい》にして見る可《べ》きもの多し。」と、明らかな虚偽まで書いて、天皇制の「神聖尊厳」をおし出そうとして執筆したのが『尊王論』である。同書において、彼が「日本国人」「国民」「人民」と並んで「臣民」を使ったからといってなんの不思議もない。それを、平山のように、福沢は「「国民」か「国人」、または「人民」を用いる」のに、『尊王論』では「臣民」が第一行目から登場するということで、同書を石河幹明が起草したものと軽率に判定・結論づけることは、およそ出来ない話である。

次の第Ⅱ章1の「日本臣民の覚悟」認定の際に、井田進也が、福沢は「臣民」を使わないという同じ誤った認定基準によって、「日本臣民の覚悟」の筆者認定に失敗することを見る。私の推測では、当初、福沢の「署名著作」の『尊王論』の著者認定まで試みる予定や意志のなかった平山が、過度に信頼する「井田メソッド」から福沢は「臣民」を使用していないという、誤った単純な判定基準を学んだために、同書の一行目にいきなり「臣民」が登場している事実に驚愕・興奮して、予定外の誤った署名著作認定の「わき道にそれる」ことになったものと思われる。

もともと「臣民」という言葉が「初めて公式文書に現れたのが…明治一四年政変の時の「勅」」であり、「明治憲法制定の過程で創出され…正式な法的用語となるのは、明治憲法において」（飛鳥井雅道「明治天皇・「皇帝」と「天子」のあいだ」――西川長夫ほか編『幕末・明治期の国民国家形成と文化変容』新曜社46）であることを考えれば、初期啓蒙期の福沢が、他の日本の知識人同様に、もっぱら「国民」や「人民」を用いていたのは当然である。その福沢が『帝室論』以降は、「徳教之説」で確認したように、むしろ時代に先駆けて、「国民」「人民」などと並んで、意識的に「臣民」を使うようになっており（第Ⅱ章1の「日本臣民の覚悟」認定で確認するように、一三回の「日本人」の呼称を示す言葉のうち二回の「臣民」の語彙使用は、積極的な意味をこめて有意的に使われていた）、石河も（一論説中で「臣民」を使う回数までがたまたま）福沢同様であることを、第Ⅲ章1において確認する。

石河幹明がおよそ『尊王論』の起草・執筆者であるはずのない第二の理由として、『尊王論』の社説連載のわずか一ヶ月前に福沢は、（甥で時事新報社前社長の）中上川彦次郎宛に「石河（記者）ハあまりつまらず。先《ま》ツ《づ》翻訳位《ぐらい》のもの…新聞社ニ居《い》て文の拙《せつ》なるハ、両国の角力《すもう》ニ力のなきが如《ごと》し。何ハ扨《さて》置き困り申候《もうしそうろう》。」（『書簡集』⑥52）と石河の筆力をけなし、連載論説を単行本化して『尊王論』を出版する前日にも、「渡辺も石河も文章の拙《せつ》なる者」（同61）と書き送っている。

第三に、『尊王論』には、別に献上用（推測）の「福沢の従来の著書には類例を見ない豪華」な「上製本」が造られ、さらに『帝室論』と合本の福沢諭吉『日本皇室論』も刊行されている（『全集』⑥後記、一九〇〇年二月作成の「修身要領」が東宮《とうぐう》御所に「奉呈」されたように、皇室への献上も推量できよう）。自分の天皇制論を代表する（上製本まで作った）著書を、「文章が下手《へた》ニ而《て》、過半《おおかた》ハ手入れを要す」（八七年八月中上川宛、同⑤246）未熟な石河に起草させることは、常識的におよそ考えられないことである。

井田の場合と同様に、福沢の名誉回復を意図する平山の憶測が仮に正しいとなると、逆に福沢諭吉という人物は、「臣民」意識まるだしのお粗末な弟子の代作『尊王論』を自分の名前で出版し、

「献上用の「類例を見ない豪華」な「上製本」」にそれを仕立てて（帝室に）献上したり、生前にその他人の著作を、明治版『福沢全集』に自ら収載した破廉恥漢《はれんちかん》ということになる。井田同様に、福沢の美化を目ざす平山の研究は、この場合のように、逆にたえず福沢「先生」の名誉を毀損《きそん》し、貶《おとし》める作業となっているのである。井田進也と並んで、平山が同様の「贔屓《ひいき》の引き倒し」を何度も繰り返すことは、以下に見るとおりである。

第四に、井田と平山の認定「研究」に共通する最大の問題点は、「丸山諭吉」神話に呪縛《じゅばく》されたまま、次のコラムに見るような具体的な福沢の天皇制思想の推移と、自からの認定作業を一貫して照合・対比しないという手抜きそのものの手法である。彼らは、『尊王論』において「皇学者流」の帝室尊崇が「日本人固有の性」であるという虚偽の認識を、福沢自身が天皇制の尊厳をおし出していく必然的な道のりとして主張するようになっている事実を平気で見落とし無視するのである。つまり、かつて『文明論之概略』において「君臣の倫を…人の性と云ふ」皇学者流の「惑溺」をきびしく批判していた福沢が、「愚民を籠絡《ろうらく》する…欺術《ぎじゅつ》」としての『帝室論』の選択・確立をへて、『尊王論』において、いまや主体的に帝室尊崇が「日本国人固有の性」という「皇学者流」の主張をするように変わっているのに、二人の福沢の天皇制理解は『概略』第九章までの時代で思考停止したままである。そのため、『尊王論』における帝室尊崇は「日本国人固有の性」という（福沢の新たな）主張に遭遇した平山は、躊躇《ためら》うことなく同書の筆者を石河幹明と認定したのである。

二人と限らず、「丸山諭吉」流の天皇制理解がいまもひろく信奉されているので、初期啓蒙期からおおきく変容した福沢の天皇制思想の歩みを確認しておこう。

コラム　福沢の天皇制思想の歩み

初期啓蒙期を代表する『学問のすすめ』第一一編では、「人間の交際」は「他人と他人との付合《つきあい》」だから、その付合に「親子の流儀」を期待するのは無理と主張して、福沢は、「亜細亜《アジア》諸国」で「国君のことを民の父母と云ひ、人民のことを臣子《しんし》又は赤子《せきし》」と称することを批判していた。ところが自由民権運動と遭遇した福沢は、同じ『すすめ』第四編の「政府は依然専制の政府、人民は依然たる無気無力の愚民のみ。」という有名な評価と訣別《けつべつ》して、七五年六月の「国権可分の説」において、「八年前の王政維新」について「今の日本の人民は自由の趣意を慕ひ、暴政府を倒して全権を得たるものなり。」という新たな維新観を提示する。その上で福沢は、「今日は政府も人民も唯《ただ》、、、自由の一、、、方に向ふのみ。」（『全集』⑲527～34）という明白な虚偽を主張するようになった。

その裏返しとして、同論説で「百姓車挽《くるまひき》の議論を一方に置《おき》て権力に平均を取らんとするは、提灯《ちょうちん》を分銅《ふんどう》にして釣鐘《つりがね》を掛るが如《ごと》し。…法外《ほうがい》なる望ならずや。…余輩は性急なり。」（同、531）と書いて、福沢は『すすめ』のような全国民を対象とする啓蒙の断念を表明した。翌七六年一一月の「宗教の必用《ひつよう》なるを論ず」において、福沢は「苟《いやしく》も事実に於《おい》て功能《こうのう》あらば、其《その》愚なると理屈に適《かな》はざると否《いな》とに至《いたり》ては、之《これ》に拘泥するの遑《いとま》あらざるなり。…夜盗流行すれば犬を養ひ、鼠跋扈《ばっこ》すれば猫を飼ふ。今の世の中に宗教は不徳を防ぐ為めの犬猫の如し。一日も人間世界に欠く可《べか》らざるものなり。」(『全集』⑲587)と書いて、はじめて「百姓車挽《くるまひき》」のための「宗教の必用」論を説いた。

これはその後、「無神論者」の福沢が八一年頃の「宗教の説」で「神仏なり、耶蘇《ヤソ》なり、往古《おうこ》片輪《かたわ》の時代に適したる教なれば、世の中に片輪《かたわ》のあらん限りは其《その》教も亦《また》甚だ入用なり。酔狂立小便にポリス、夜盗に犬、いくじなし愚民に暴政府、馬鹿と片輪に宗教、丁度《ちょうど》よき取合わせならん。」(『全集』⑳232)と説いて以来、経世の要具として、生涯で百篇をこす宗教振興論を一貫して展開・主張した最初の事例である。

こうした揺らぎを見せ始めていた福沢も、七五年『文明論之概略』の第九章までの叙述において、過去の日本社会を批判的に総括した部分では、「保元平治以来歴代の天皇…其《その》不明不徳は枚挙に遑《いとま》あらず。」と指摘し、「鎌倉以来人民の王室を知らざること殆《ほとん》ど七百年」という事実から、「新《あらた》に王室を慕ふの至情を造り、之《これ》(人民)をして、真に赤子《せきし》の如くならしめんとする」ことはほとんど困難という冷静な判断をもっていた。だから福沢は、その総括部分では、それ自体に価値があるとする「古習の惑溺《わくでき》」の一掃を求め、「皇学者流」に君主奉尊の「由縁《ゆえん》を…人民懐古《かいこ》の至情」に帰したり、「君臣の倫《りん》を以て人の天性と称し、…君臣を人の性と云ふ…惑溺《わくでき》」に断乎反対し、また親子、男女、師弟主従などの間の「権力の偏重…の病を除くに非《あら》ざれば、…文明は決して進むことある可《べか》らず。」と主張していた（丸山に追従《ついじゅう》する平山・井田両人の福沢の天皇制論理解は、この段階までで止まり、以後は明らかに思考停止の状態）。

福沢の天皇制思想の歩みにおけるターニング・ポイントは、丸山眞男門下生の飯田泰三の研究に論及した際に既述したように、同書の結論となる『概略』終章において、福沢が「自国独立」の課題を「最後最上の大目的」に設定して、「一身独立」などの課題は「第二歩に遺《のこ》して、他日為《な》す所あらん」と先送りしたことである（初期啓蒙期の福沢についての平山の理解は「民権の獲得を重要視していた」177）。それとともに福沢は、最優先の「自国独立」達成のためには（第九章までは批判・克服の対象であった）「国体論の頑固《がんこ》なる…も、…忠臣義士の論も…儒者の論も…君臣の義…上下の名分」も「貴《とうと》ぶ可《べ》き箇条」として利用・総動員することを主張したことである。

飯田は、『概略』終章のタイトルが「平等で対等なイメージの「一国」でなく、「自他の差別」を持った「自国」になって」いて、「一国独立を論ず」ではなく「自国の独立を論ず」となっていることにも適切に着目している（『批判精神の航跡』筑摩書房271）。その飯田泰三が痛恨の思いをこめて「丸山先生」の誤読を適切に批判したように、これは、「まさに否定すべき

「権力偏重」の社会において培《つちか》われた「惑溺《わくでき》」の信条に他ならないものを動員拡大するという」アジアへの「〝抑圧と侵略〟に結びつく」排外主義的ナショナリズムへの道のりを「ドギツく打ち出した」(272)、福沢の天皇制理解をふくむトータルな社会思想の展開過程における最大の分岐点であった。

『概略』後から七八年頃にかけて福沢が書きとめた「覚書」(『全集』⑦)において、「聖明の天子、…難有御代《ありがたきみよ》…などとは、…偽《いつわり》に非《あら》ずして何《なん》ぞや。」(659)と記して、なお天皇制への批判意識を残しながらも、あわせて同じ「覚書」において、「日本の人心は、正《まさ》に国王の聖徳を信じ、…先生を信じ、…旦那を…親方を信ずるの時代」(662)であるという、日本社会についての適切できびしい現状把握・分析を明記したのは、(歴史的現実主義に後退しつつあった)福沢が神権的天皇制の選択に向かうことをつよく示唆したものである。同様に、同じ「覚書」に「日本を改革せんには、…出し抜けに西洋流を持込まんとするは、事物のある有様《ありよう》を吟味せずして、あらざる可らずの法を施す者なり。」(675)と書いて、「今の洋学者」流を批判して、維新当初の人心が「正に国王の聖徳を信じ」ている日本社会の現実に即した後ろ向きの「改革」の必要性を示唆した重要なメモは、福沢諭吉が当初のイギリス流立憲君主制ではなく、プロイセン流の欽定憲法を主体的に許容・選択していく道のりの予告であった(安川『福沢と丸山』Ⅱ参照)。

既述したように、七八年『通俗民権論』で民権運動陣営を非難し、福沢が、同時出版の『通俗国権論』で、「内国《ないこく》に在《あり》て民権を主張するは、外国に対して国権を張らんが為《ため》」と国権拡張至上の主張を開始したことは、その第一歩となった。その一環として、同書で「報国の心は殆《ほとん》ど人類の天性」と、自ら「天性」論の主張を始めた福沢は、八二年『帝室論』において「皇学者と同説なる」点も気にすることなく、「日本人民の精神を収攬《しゅうらん》する」中心に「尊厳・神聖」の帝室を位置づけるという「愚民を籠絡《ろうらく》する…欺術《ぎじゅつ》」を主体的に選択した。同年の論稿「立憲帝政党を論ず」の「帝室…に忠を尽すは…万民熱中の至情」（『全集』⑧72）の主張は天性論そのものである（平山は、丸山眞男の誤った認識をそのまま踏襲して、福沢は「忠を根拠づけるのに君主との関係性を一切問題としない」114と主張）。

　欧州の憲法調査から帰国していた「評判の秀才士…伊藤博文君」に言及した論説「人を容《い》るること甚だ易《やす》し」において、「我輩は初《はじめ》より憲法は欽定なる可しと信じて疑を容れざる」意向（『全集』⑨460〜3）をすでに八四年段階で表明していた福沢は、帝国議会開設の前年八九年には、「国会準備の実手段」の冒頭において、「明年国会の開設に至らば、同時に英国風の党派政治となり、議場の多数を以て内閣の新陳交代を催ほす可《べ》しと、容易に之《これ》を期して疑はざる者あれども、我輩は之を英政の想像論者として遽《にわか》に同意を表するを得ず。」（『全集』⑫105）と書いて、「英政の想像論」ではなく、藩閥（寡人《かじん》）政府への基本的な支持を表明したのである。

第Ⅲ章7で後述するように、八九年二月発布の神権的天皇制の大日本帝国憲法を「完全無欠」「完美なる憲法」と手放しで賛美した福沢は、憲法発布の翌日からの連載社説「日本国会縁起《えんぎ》」において、(『学問のすすめ』や『文明論之概略』当時にはきびしく批判していた)「従順、卑屈、無気力」な日本人の性格・気質を逆にむしろ「我日本人の殊色《しゅしょく》」と肯定し、その国民性に依拠して、以後の日本の資本主義的発展を展望した。したがって福沢が、その翌九〇年の教育勅語「下賜《かし》」に「感泣《かんきゅう》」し、学校教育による「仁義孝悌忠君愛国の精神」の貫徹を要求する社説「教育に関する勅語」を石河幹明に書かせたことも当然の選択であった。

このように、「大日本帝国憲法」＝「教育勅語」体制を主体的に受容しようとしていた福沢が、憲法発布前年の天皇制論である『尊王論』において、皇学者流に帝室尊崇を「日本国人固有の性」ととらえ、「尚古懐旧《しょうこかいきゅう》の人情は帝室を護るに大切」と主張することに、もはやなんの驚きもない。当然ながら、教育勅語発布翌月の一二回の連載社説『国会の前途』(九二年六月に他の論説と合わせて刊行)においても、福沢は臆《おく》することなく帝室尊拝は「国人の骨に徹して天性を成《な》し、今の帝室を尊崇《そんすう》敬愛するは唯人々《ただにんにん》の性に従ふのみ。」と主張するまでになっていたのである。

『尊王論』において、福沢は素直に「其《その》政治の熱界を去ることいよいよ遠ければ、其尊厳神聖の徳いよいよ高くして、其緩解《かんかい》調和の力も亦《また》いよいよ大なる可し。…其功徳《そのこうとく》を無限にせんとするが故に政治社外と云ふのみ。」と、天皇制の「政治社外」論の真意を率直に書いていた。その「政治社外」論を、政治思想史家丸山眞男が「いかに福沢がここで日本の皇室にたいし溢美《いつび》の言を呈していても、その論の核心は一切の政治的決定の世界からの天皇のたなあげにあります。」(『丸山集』⑭342〜343)と解釈したのは、お粗末の極みである。一八九三年の初頭、内閣弾劾《だんがい》上奏案まで提出されて難航していた明治政府の軍備拡張計画の打開の「伝家の宝刀」として、「官邸売却の好機会」が伝えた有名な「軍艦勅諭」が出されて、「軍国主義強化のためにこそ、天皇の直接的な政治関与が行なわれた。」(遠山茂樹『日本近代史』184)とき、福沢は「感泣《かんきゅう》の外なき」(九五年一一月「製艦費奉還《ほうかん》」)ことと歓迎した。

さらに福沢は、(今日なお、アジアとの深刻な外交問題になっている)「靖国神社」の軍国主義的な政治利用においても、先駆者であった。「死ハ鴻毛《こうもう》ヨリモ軽シ」の日本軍兵士の「大精神こそ」が、日本が中国に勝利した「本源」であると判断した福沢は、「再び干戈《かんか》の動くを見るに至らば、何物に依頼して国を衛《まも》る可きか」と問いかけて、「及ぶ限りの光栄を戦死者並に其《その》遺族に与へて、以て戦場に斃《たお》るるの幸福なるを感ぜしめざる可らず。…大元帥陛下自から祭主と為《な》らせ給《たま》ひ、…死者の勲功を賞し其英魂を慰するの勅語を下し賜はんこと、我輩の大に願ふ所なり。」と主張した(九五年一一月「戦死者の大祭典を挙行す可し」)。翌月の「死者に厚くす可し」は、その「靖国神社の臨時祭」に「辱《かたじけ》なくも天皇陛下の御親臨《しんりん》さへありて、礼祭甚だ盛に」挙行されて「合祀《ごうし》者にして知るあらば地下に感泣《かんきゅう》したることならん」と書いて、さらに遺族への給与金に言及したものである。

「是非とも勝たねばならぬ」日清戦争に際して、真正面から「日本臣民の覚悟」を呼びかけた福沢が、他方において「正宗の宝刀」「無上の宝」「金玉」としての天皇制の「功徳《こうとく》を無限に」発動させるために、「愚民を籠絡《ろうらく》する…欺術《ぎじゅつ》」としての天皇の神格性・尊厳性を強調するオクターブを上げたのは当然である。「日本臣民の覚悟」を書いた同じ九四年八月の「軍資醵集《きょしゅう》相談会」の席上、福沢は発起人として、「京浜の有力者百余名」を前にして、「全国八百万戸四千万」国民に軍費の醵出《きょしゅつ》を呼びかけた演説を行い、その中で、「我天皇陛下」の存在について、次のようにスピーチした。井田進也の表現に倣《なら》うなら、これこそ「昭和十年代を先取りした」天皇尊厳論である。

「其醵《きょ》し得たる金は、以《もっ》て政府に与ふるが為《た》めに非《あら》ず、以て官吏を悦《よろこ》ばしむるが為《た》めに非ず。若《も》しも強《し》ひて適とする所を求れば、社会の高処、物外の辺《あたり》に我天皇陛下の在《おわ》しますあるのみにして、下界臣子《しんし》の微意《びい》、仄《ほのか》に上聞《じょうぶん》に達することもあらんには、或は宸襟《しんきん》を慰《なぐさ》め奉《たてまつ》るの一助にも成る可きか。是れは望外の事…」(『全集』⑲719)。

なお、第Ⅲ章5のコラム「福沢諭吉の帝室尊厳論」も、以上の続篇として参照されたい。

つまり、福沢の天皇制思想は『概略』終章を転機として大きく変容し、「第二歩に遺《のこ》して、他日為《な》す所あらん」と公約していた「一身独立」の課題を凍結・放置した必然的な道のりとして、福沢自身が皇学者流の「天性」論を主張するようになっているのに、平山は、それ以前の「丸山諭吉」像に呪縛《じゅばく》されたまま、「臣民」や「日本国人固有の性」という語彙から、『尊王論』は「水戸学の本家本元」出身（48）の石河幹明の起稿した「石河の思想」そのものの著作であると勝手に主張しているのである（平山の理解では、福沢は初期啓蒙期以来思考停止の状態で、「晩年に至るまで、…『学問のすすめ』と見解を異にする著作を発表してはいない」187のである）。

Ⅱ 井田進也『歴史とテクスト』の杜撰と欠陥

はじめに――起草者認定の粗雑な失敗

『福沢諭吉全集』⑧〜⑯の無署名論説を「福沢諭吉の思想」の研究・考察の対象になしうるかどうかを、さらに考察するためのまわり道として、平山洋が全幅の信頼をよせてその手法を全面的（以上）に踏襲している井田進也『歴史とテクスト』（二〇〇一年）の認定作業について、その信頼性・妥当性を検討することにしよう。なぜなら、平山洋批判は、井田進也『歴史とテクスト』批判と不可分の作業となるからである。

井田の認定作業は、第Ⅰ章2で明らかとなったアジア蔑視とアジア侵略の「脱亜論」への福沢の思想の道のりそのものを否定して、無謀にも福沢は「対中国消極論」「対中国慎重論」「対中国不干渉論」者であったと主張することによって、「駿馬《しゅんめ》の雄姿」の福沢の名誉回復をはかろうとする作為的な研究である。その意味で、平山にとっては、井田はたんに認定作業の先駆者であるだけでなく、平山が「脱亜論」を「日本によるアジア侵略を後押しする意図など少しもうかがえ」ず、「むしろ西洋諸国からの侵略の脅威におびえる」福沢の論説であるというような無理で奇妙な主張を、なぜするのかを理解させてくれる存在でもある。

「語彙や表現、さらに文体の特徴」から無署名論説の起筆者を判定するという井田進也の手法自体の有効性・妥当性については、私の態度・評価は、半信半疑というよりも一信九疑である。なぜなら、その手法による無署名論説の筆者認定が壮大な虚構であるからである。そのことを、本章における検討結果の全体が否応《いやおう》なく明らかにする。ところが井田本人は恥らう様子もなく、自らの手法を「世界に冠たる」（12）「日本文学・思想研究史上画期的な方法と自負するもの」（53）としている。ところがまず、同書の内容自体がその信憑性《しんぴょうせい》を自から否定している。

たとえば、『全集』中ではもっとも有名な無署名論説である八五年「脱亜論」について、井田は、もっともらしく「遭《あ》ふ」「喩《たとえ》」「是《ここ》に於《おい》て」など「明らかに石河の痕跡《こんせき》」を示す表現がつかわれているが（福沢は「逢ふ」「譬」「ここに、爰に、茲に」）、「文章の勢い、格調、風韻雅致《ふういんがち》は、やはり福沢諭吉独自のもの」（33）であるとして、起草者は石河幹明であるが、「おそらく完膚《かんぷ》なきまで石河文に朱《しゅ》を入れた結果」（34）、福沢の文章に近づいたとして、「脱亜論」を石河幹明起草で福沢が大幅に加筆・修正したA評価論稿（同）であるという結論・判定をだしているのである。

井田のABCDEの評価基準自体に若干の混乱があるので、あらかじめ断っておこう。この場合は、石河幹明の原稿に「完膚《かんぷ》なきまで…朱を入れた結果」をAとしているが、井田は福沢の直筆も「A級論説」（87）としている。「B級論説」も石河原稿に「徹底的に手を入れた」（同）ものとしており、AとBの区別が少し曖昧であるが、いずれにしても井田は、この「A級論説と…B級論説」をもって「福沢思想の骨格」（同）を反映したものと考えている。

既述したように、石河幹明が「時事新報」社に入社したのは八五年四月のことであり、社説の起草にかかわるのはさらに二年以上後の八七年八月のことであるから、それより二年半近く前の段階で、つまり入社以前の八五年三月に石河幹明が「脱亜論」を起草した可能性はまったくのゼロである。おそらくこの（掲載誌の岩波書店『思想』の編集責任にもかかわる）粗雑な誤りを、井田は他人から指摘されたのであろう。三年後の別の論稿において、「脱亜論」判定の誤りの「お詫び」を書いている。その際に、起草者の推定を今度は「?・」つきの高橋義雄記者に置きかえて、「今回さらに精査した結果、「遭《あ》ふ」「是《ここ》に於《おい》て」は福沢にもあり、「喩《たとえ》」もごくまれにではあるが使用していることがわかった。」（104）と、自らの手法の不確かさについて説明・釈明をしている。

つまり、「井田メソッド」は誰でもが利用・踏襲《とうしゅう》できるような客観的で「世界に冠たる」「画期的な方法」ではおよそないことを、『テクスト』自身が語っているのである。私が（二人の認定結果に反論する場合においても）この「井田メソッド」を援用することを、はなから断念した端的な理由はこれである。なお、同様にして、八四年一〇月の社説「東洋の波蘭《ポーランド》」の場合は、第一日目の「全篇にわたって」高橋義雄独自の表記がみられるという理由で（78）、E評価の高橋義雄起稿（第二日目はC評価）と井田は判定しているが、西川俊作から同論稿は中上川彦次郎の執筆と教示され、「改めて精査したところ、…第二日末段半葉の「成蹟《せいせき》」に中上川の痕跡《こんせき》が見つかった（末尾近くの「成跡」は高橋）。」（107）と改めており、「精査」すると結論が簡単に動く不確かな手法であることを、またまた自から確認しているのである。

ただし以上は、井田本人も認めている「井田メソッド」の杜撰《ずさん》な誤りや手法自体の無理や限界を示唆する事例である。つぎに再検討するのは、井田本人の気づいていない決定的な誤りについてである。井田進也は、「脱亜論」の起草者の判定を誤った同じ論文「福沢諭吉『時事新報』論説の再認定——丸山眞男の旧福沢選集第四巻「解題」批判」(『思想』一九九八年九月号)において、日清戦争時に(福沢が)「日清戦争への挙国一致を識者に呼びかけたとされる」(34)有名な重要論説「日本臣民の覚悟」の「評点」はどうなるか、と山住正己から問いかけられたとして、以下のような詳細な(ただし、またまた杜撰な)筆者認定にとり組んでいるのである。

1　論説「日本臣民の覚悟」筆者認定の致命的誤り

九四年八月二八、九日の社説「日本臣民の覚悟」の表現を詳しく検討して、井田は「福沢の特徴としては、二日つづきの論説中「在昔《ざいせき》」ただ一語を挙げうるのみであるのに対して、「日本臣民」(福沢は「国民」「人民」)「天下」「真実」(副詞)「単に」「施設」「浮世」等の石河の常套語」の使用をはじめとして、「石河に特徴的な表記が顕著である。」(35)と把握する。これを根拠にして、(この語彙判定がはなから誤りであることは後述)井田は、この論説は「達意を旨《むね》とする本来の福沢文とは月とスッポン、似ても似つかぬ冗《じょう》長《ちょう》な悪文と断ぜざるをえない」(37)もので、「これはもう石河がサインしているようなものである。」(35)と断定している。

さらに井田は悪乗りして、同稿の中心的な主張となっている「我輩の目的は唯《ただ》戦勝に在《あ》るのみ。戦争に勝利を得て我《わが》国権を伸ばし、吾々同胞の日本国人が世界に対して肩身《かたみ》を広くするの愉快さへあれば、内に如何なる不平不条理あるも之《これ》を論ずるに遑《いとま》あらず。」(『全集』⑭549)を問題にして、ここで「『如何《いか》なる不平不条理』をも堪え忍べと説」いているのは、日本の「昭和十年代を先取りした滅私奉公論」(37)であるとまで非難して(つまり、福沢がそんな馬鹿げたことを主張するはずがないという意味)、この「長大論説に福沢が手を入れたのは、せいぜい…第一節の数行と、…の韓愈《かんゆ》の引用くらい」(38)であると断定している。結論として「有名論説にしては辛《から》すぎる」が、「日本臣民の覚悟」は、石河が起草して福沢の関与の少ない「D」評価(38)、つまり「ほとんど石河の文」(42)であるというのが、井田の判定の結論である。

なお平山洋も、井田が石河執筆と判定しているからという理由だけで(97、104)、他の論説の場合とは異なり、(たぶん意図的に)自からはなんら認定をしないまま、(それでいて、井田以上に逸脱して)「戦意高揚」(97)「戦争煽動《せんどう》論説」(106)の同稿は「純粋に石河の執筆」(185)、つまり「D」ではなく評点「E」と把握している。

もちろん井田進也は、こう判定することによって（「脱亜論」に先立つ「東洋の波蘭《ポーランド》」「御親征の準備如何《いかん》」と並んで）、日清戦争時の論説「日本臣民の覚悟」の福沢が「全アジア的に少なからぬ悪評・悪名を蒙《こうむ》ってきた」（89）のは、従来の福沢研究者がこの論説を福沢自身の戦意高揚論と思いこんで批判してきたための濡れ衣であると言いたいのである。つまり、この論説の存在のために、福沢はアジアで評判を落としてきたが、じつはこの論説は石河幹明が起草して、懐《ふところ》の「深かった」福沢が、寛大にもわずかしか手をくわえなかったために出来上がった、「およそ達意にはほど遠い悪文や粗雑な議論」（37）になったものであると、井田はもっともらしく主張しているのである。

もっと具体的に指摘すると、丸山眞男の福沢研究の「丸山諭吉」像を全面的（以上）に買いかぶっている井田は、その丸山も「日本臣民の覚悟」などの筆者を福沢と誤解していたために、有名な論稿「福沢諭吉の哲学」や「福沢諭吉選集第四巻　解題」において、とりわけ後者において、折角、福沢を初期・後期を通じて一貫した「典型的市民的自由主義者」（43）であると（正当に）把握・評価しながら、丸山がその正しい「丸山諭吉」像を一貫して主張しきれていないことを、残念がっているのである。

つまり井田によれば、丸山は、「明治二十七年当時の（無署名）社説」や「日清戦争当時の社説群」を「批判的に検討」しなかった（井田のように、筆者が福沢でないことを解明できなかった）ために、

「日本臣民の覚悟」などの筆者が福沢諭吉であるという誤った判断とその前提に制約されて、「日清戦争勃発の際の言論に現われたような官に対する民の実質的な無条件降伏の勧め」(45)を福沢が主張しているものと理解(誤解)して、福沢の政治論を分析していると井田はいうのである。その結果丸山は、「福沢が後期において初期の立場から転向して反動化したという(定説的な)見解」(44)について反対できないまま、その問題については「他日の機会に俟《ま》つこととし」てしまって、結局、福沢＝「典型的市民的自由主義」の「政治論」という(正しい)結論を、丸山が一貫して主張することができず、福沢諭吉像を「漠《ばく》たる幻影」(46)にとどめてしまい、「丸山論文自体を空洞化」(45)させていることを、井田は返すがえすも残念がっているのである。

つまり、「時事新報」無署名論説の起筆者を判定する「井田メソッド」によって、井田は、丸山眞男以上に福沢が生涯を通じて一貫した「典型的市民的自由主義者」であったことを主張しようとしているのである。だから、従来の福沢研究が無署名論文の筆者を福沢諭吉と誤解してきたと主張する井田は、この論文の最後において、「『時事新報』の福沢は、あたかも霧中の牧場を自在に駆け廻る駿馬のごとしといえようか。」(48)と書いて、もし他記者(この場合は石河)起草・執筆で福沢の関与の少ないC、D級以下の論説を『福沢諭吉全集』から除外して、新たに真筆・準真筆(A、B級論説)のみの「福沢全集を編み直す」(同)ことができれば、「煙霧《えんむ》」(94)や「霧中《むちゅう》」から本来の福沢の「駿馬《しゅんめ》の雄姿」がたち現れ、「来《きた》る二十一世紀に豁然《かつぜん》と霧の晴れる日の訪れを期待する」ことができる、と結んでいるのである（48）。

　これに対して私は、「日本臣民の覚悟」がＤ評価の石河幹明の論説であるという井田の結論がまったくの誤りであり、福沢その人が執筆したものであることを、以下、八点にわたって詳細に論証する。しかしその前にしばらくまわり道をして、石河幹明筆の「日本臣民の覚悟」を『福沢全集』にまぎれこませたことを筆頭にして、「侵略的思想家としての福沢像」をフレームアップしたと平山洋が主張する、石河幹明の「思想犯罪」なるものについて、あらかじめ考察しておこう。

　既述したように、井田の判定を唯一の根拠にして（自からの認定作業なしに）、平山洋は、同じ「日本臣民の覚悟」を福沢の差配のない「純粋に石河の執筆」したＥ評価論説と認定していた（なぜ井田のＤがＥになるのか説明なし）。しかも、同論説が石河の執筆という評価は、平山『福沢諭吉の真実』にとっては、同書の生命線ともいえる重要な論点である。なぜか。

　同書で平山は、石河幹明が「巧妙なトリック」（オビ）や「計略」（125）「策略」（233）によって「福沢像のねじ曲げ」（148）を謀《はか》り、一貫して「偽《いつわ》りの福沢諭吉像を造りだし」（オビ）ていると主張している。具体的には、まず石河が編纂した一九二五年刊行開始の〈大正版『福沢全集』〉一〇巻中の第八～一〇巻において、「時事新報」社説の福沢「時事論集」を新たに編集した際に、その二年前から『福沢諭吉伝』の執筆依頼も受けていたという事情があり、その伝記の記述を補強する材料として、「福沢の意を受けて」石河自身が起草した一四篇の社説を、その福沢「時事論集」に加えた行為を、平山は、ことさらに重大なこととして、問題にしているのである。
具体的には、平山は、この〈大正版「時事論集」〉に「石河が自分の書いた無署名論説を混入させ、それらをも根拠」にして、作意的に「侵略的思想家としての福沢像を描き出した」のであり、石河筆のそれらの「侵略賛美の言辞によって、福沢像はどんどん歪《ゆが》められ」(134)てきたと、主張しているのである。

平山『福沢の真実』の主たる批判対象である安川『福沢のアジア認識』を読んだことのある読者がこれを読むと、安川は、例えば〈大正版『福沢全集』〉に混入された上記一四篇の石河筆社説の「侵略賛美の言辞」をつかって「侵略的思想家としての福沢像を描き出し」たのではないか、と懸念されるかも知れない。その懸念が不要であることを、念のため紹介しておこう。

まず上記一四篇の中で『福沢のアジア認識』巻末の資料集に収載されているのは、①九四年七月「支那政府の長州征伐」、②九五年七月「道徳の標準」、③一九〇〇年五月「今回の恩賜《おんし》に付き福沢先生の所感」の三篇のみであり、しかもその中で、同書において、福沢の「侵略賛美の言辞」や「侵略的思想」の根拠や例示として使ったものは一篇もない。②の「非常の忠孝は正宗の宝刀を袋に蔵《おさ》めて抜かざるが如く…」が石河の「道徳の標準」でなく、福沢先生の「道徳の標準」そのものの踏襲であることは、少し後のコラム[福沢の「忠勇義烈」「滅私奉公」論]で確認する。つまり、石河筆の「道徳の標準」は、前年の「日本臣民の覚悟」や「維新以来政界の大勢」で福沢が持論的に展開している「正宗の宝刀」論の忠実なコピーに過ぎない。

さらに、福沢がアジア侵略を先導する口実のためにもアジアを蔑視していたことと天皇制論者であった事実を再確認するための、本書巻末の「福沢諭吉のアジア・天皇制認識と無署名論説筆者認定の一覧表」の一一八篇の『福沢全集』論著の中には、〈大正版『福沢全集』〉の上記石河筆一四篇は一篇も収載されていない。既述したように、本書では、第Ⅰ章1のコラム「書簡による石河宛の差配」の中で、一四篇中の一篇である九七年六月「対外前途の困難」の石河論説が、福沢によって「対外前途、甚妙《はなはだみょう》なり。」と褒められている差配の事例として、紹介されているだけである。

それだけでなく、平山はさらに石河の作為的な行為として、いくつもの「福沢真筆とはみなせない（石河執筆の無署名）論説」を福沢の論説として、〈大正版『福沢全集』〉と〈昭和版『続福沢全集』〉に収載していると主張し、その代表格として、「福沢が戦意高揚を図《はか》って書いたとされてきた」（97）「日本臣民の覚悟」と同年八月一四日「軍資の義捐《ぎえん》を祈る」（後述するように、この日は、福沢署名の「私金義捐《ぎえん》に就《つい》て」と二社説同日併載の日であるから、この論説はもともと石河起草と考えられる）をあげている。

石河が〈大正版『福沢全集』〉や〈昭和版『続福沢全集』〉に自分の論説を混入することによって、「侵略的思想家としての福沢像を描き出」そうと作意＝作為した時代背景として、平山は、『福沢諭吉伝』全四巻の刊行された一九三二年と昭和版『続福沢全集』全七巻（「時事論集」が第一巻～第五巻、「書簡集」第六巻、「諸文集」第七巻）が刊行された一九三三・四年は、日本の中国侵略戦争の最中であることから、『伝』四巻と昭和版『続全集』七巻は、日本の「大陸への拡大政策に迎合するように編」集された(131)作為的な著作であるともっともらしく主張・解釈するのである。

また平山は、日清戦争中の「日本臣民の覚悟」と並ぶ翌年二月「外戦始末論」も「石河筆の論説」であるのに、石河の作為によって、それが「アジアへの勢力拡大を声高《こわだか》に主張する国権拡張論者」の福沢が執筆した「積極的な戦争煽動論説」(184)として昭和版『続福沢全集』に掲載されたために、一九四五年の敗戦にいたるまでの時代の日本の『続福沢全集』の読者は、石河筆の両論説を「まさに福沢本人の愛国心や国権皇張《こうちょう》の志《こころざし》を示すものとして肯定的に」(185)読むことになっていた、と主張しているのである。

つまり平山は、「日本臣民の覚悟」と「外戦始末論」（第Ⅱ章4において、筆者は福沢自身か特上のB級論説であることを論証）の両論説が「侵略賛美の言辞」と「アジアへの勢力拡大を声高に主張する国権拡張論」に彩《いろど》られた「積極的な戦争煽動論説」であると（筆者の誤認は別として、内容的には正当に）評価しているのである。したがってその筆者が福沢その人であるか、またはAB級論説であるとしたら、「侵略的思想家としての福沢像」は否定できないことを、平山は論理的には確認しているのである。もちろん平山は、両論説の筆者が石河幹明であると主張することによって、「日清戦争を煽《あお》った福沢」は存在せず、福沢は「戦時下にあってもつとめて平静に振る舞うよう」「国民に自重を求めた」(106)思想家であるという逆の解釈を対置しているのである。

したがって、上記の二論説の筆者が福沢であるか否かは、そのまま福沢が「アジアへの勢力拡大を声高に主張する国権拡張論」と「積極的な戦争煽動論」を展開した「侵略的思想家」であるか否かの評価を決する鍵となるのである。

もちろん本書は、以下において「日本臣民の覚悟」の筆者が福沢であり、第Ⅱ章4において「外戦始末論」は福沢筆か特上のB級論説、つまり「福沢の思想」そのものであることを論証する。ということは、上記の平山の表現を借りるならば、読者は、安川『福沢のアジア認識』を読まなくても、福沢諭吉が「アジアへの勢力拡大を声高に主張する国権拡張論」と「積極的な戦争煽動論」を展開した「侵略的思想家」そのものであることを、(平山の意図とはまったく逆に)平山『福沢の真実』によって、教示され確認することができるのである。

以上を前置きとして、「日本臣民の覚悟」の筆者の検証に取りかかろう。
(1)第一に、石河幹明『福沢諭吉伝』③「第三十八編日清戦争」の「第八　戦時の覚悟」において、石河は、論説「日本臣民の覚悟」が、福沢諭吉自身の執筆したものであることを、執筆前後の経緯、論説の強調点、とりわけ年来の「官民不和の事実」への懸念などについて、次のようにくわしく明記している。

「先生が開戦の報に接して奮然蹶起《けっき》、自《みず》から表面に立って軍費の拠出を発起せられた事実は前述の通りであつて、其《その》紙上に於《お》ける論説は敵国の亡状《むじょう》を痛撃し軍国の士気を鼓舞《こぶ》するに全力を挙《あ》げ、筆力の有らん限りを尽されたが、其際《そのさい》更に憂慮せられたのは、…もしも最後の目的を達せざる間に、仮初《かりそめ》にも国内に不平の感情を生じ、国民一致の決心を妨ぐるに至ることなきや否《いな》やの一事《いちじ》であつた、先生は多年来我国に於《お》ける官民不和の事実からして深く其辺《そのあたり》の懸念《けねん》を抱かれ、万一かかる成行《なりゆき》もあらばそれこそ非常の大事なりとて、宣戦後間もなく「日本臣民の覚悟」と題して、官民に対して全国一致の必要を勧説せられた。」(『伝』③737)。

以上のように断って、石河は、一部省略しながら「日本臣民の覚悟」全文の約7割方を引用・紹介していた。これについて井田進也は、〈さきにほとんど石河の文と認定した「日本臣民の覚悟」なども、「先生は…官民に対して全国一致の必要を勧説せられた」として、敬語つきで引用されている〉(42)と『伝』③の記述自体は一部紹介する。ところが、(平山と異なり)井田は、膨大な無署名論説群から福沢の論説を選び出した「石河の功績には深甚の敬意が表されてしかるべきである。」というリップ・サービスをしながら、突然、「石河幹明は『福沢全集』『続福沢全集』の編纂に当って、『時事新報』を初号からずうっと読み返して…(福沢の論説は——安川)この日の社説、この日の社説というのに、みんな紙を挟《はさ》んで」いったと伝えられるが、…いわば福沢になりきることを生涯の至願とした石河は、ある意味で、福沢と自分自身の文書を区別するのに――そして、とくに後者を割愛するのに――もっとも不向きな人物だったのではないだろうか。」(41〜42)というきわめて曖昧な、論証抜きの石河の人格についての勝手な推測を加えるのである。そうすることによって、井田は、「日本臣民の覚悟」が石河の文章であるという自分のD「認定」は訂正・撤回しないまま、『伝』の記述との重大な矛盾については、それ以上の掘りさげた考察・論及をいっさい回避・放置しているのである。

「日本臣民の覚悟」にかかわる石河『伝』③の記述を再確認しよう。上記のように石河は、福沢がどういう動機、思い、熱意で「軍国の士気を鼓舞《こぶ》する」この論説の筆を執り、なにを主題として訴えたのかをまず三四七字で書き、そのあと「日本臣民の覚悟」から約七割の三千字分を引用・紹介したうえで、またその内容に対する補足・評価を三六八字分綴った。続いて石河は、福沢の「愛国一偏の至誠」(742)は論説の筆先《ふでさき》だけのものでなかったことを、「或《あるい》は戦死者があると聞けば未知の人に対しても弔意を表せられる等《など》、人心を鼓舞《こぶ》奨励するの一事《いちじ》は常住《じょうじゅう》坐臥《ざが》念頭から離れられなかつた。」(同)と書き連ねていく。その具体相は、石河『伝』③ではなく、福沢自身の真筆にもとづいて、〈第Ⅲ章2　日清戦争遂行を鼓舞・激励・支援する福沢諭吉〉において詳述する。

したがって、井田の「日本臣民の覚悟」認定は、「石河は、…福沢と自分自身の文書を区別…

割愛するのに——もっとも不向きな人物だったのではないだろうか。」という論証抜きの、それも石河の人格についてのきわめて曖昧な推測を加えることによって、上記の『伝』③の四千字近い石河の記述は、すべて嘘・偽りであると結論づけていることになる。実在の詳細な文献資料『伝』③の四千字近い記述が、曖昧な推測にもとづいて、こんなに簡単に丸ごと虚偽と否定されてよいのかという素朴な疑問を、井田の認定研究を「刺激的な問題提起」「井田さんほどの経験と真摯《しんし》さ」(竹田行之・元岩波書店編集部長「ジャーナリスト福沢諭吉」、『交詢雑誌』第482号)などと受けとめている『伝』刊行元の岩波書店関係者をふくめて、問いかけておきたい。

他方、平山洋は、後述するように、五度にもわたって筋の通った論証ぬきで、石河『伝』③には「明白な虚偽」があるという意味の非難をくわえながら(102、113、123、146、158)、肝心の『伝』③の「日本臣民の覚悟」については福沢の執筆という四千字近い重要な石河の記述にはなんら論及しないまま(つまり認定を回避したまま)、既述したように、同社説は「ほとんど石河の文」という井田のD判定に全面的に依拠して(しながら)、「純粋に(つまりE判定の)石河の執筆」と把握していた。

以上のように、「日本臣民の覚悟」の筆者が福沢諭吉本人であることは、文献的には石河『伝』③の記述によって十分論証されているのである。しかし井田は、自分の「世界に冠たる」自信たっぷりの石河筆認定を撤回しておらず、平山はその井田に同調したうえに、石河『伝』③には「明白な虚偽」があると連呼しているので、このままでは二人は、その認定が「まったくの誤り」という私の指摘に納得しないであろう。したがって、面倒でも「日本臣民の覚悟」が「語彙」的にも思想的にも「福沢の思想・文章」そのものであることを、別の角度から二人のために論証せざるを得ないのである。

なお、石河『伝』③は、論述に引用した各々の社説・漫言について、「日本臣民の覚悟」の場合のように、その筆者が誰であるのかを、いちいちかなり厳密に断っていることをまず確認しておこう。「先生は…同（八二）年十二月の紙上には「東洋の政略果《はた》して如何《いかん》」との題下に具体的の論を述べられた。」（685）、「先生は…此際《このさい》人心を外に転ずるの得策なるを思はれ、同（九二）年七月…「一大英断を要す」と題して、…朝鮮政略を主張せざるを得ずと断じて、左の如《ごと》く論ぜられた。」（695～696）、九四年六月二八日「漫言」は「先生は…頻々《ひんぴん》漫言の筆をも執られた其一二の例を記すと、…」（749）、七月二四日社説については、「此時「時事新報」は左の如く論じた。」（福沢の執筆でないことの表明）、七月二九日社説については「先生は…豊島《ブンド》沖海戦の捷報《しょうほう》が達したとき、…「…即ち日清の戦争は文明と野蛮の戦争なり」と喝破《かっぱ》せられ」（713）、八月一四日社説については「先生は…「時事新報」に左の如く書かれた。」（731）、八月二九日社説については「先生は…「日本臣民の覚悟」と題して、…勧説せられた。」（737）、一二月一四日社説は「著者（石河）をして左の一文を草して「時事新報」に掲載せしめられた。」（754）、九五年五月七日と六月一日社説については「先生は…努められた。左の二編は其一斑《そのいっぱん》を見るべきものである。」（768）。

（2）第二の問題点として、「井田メソッド」の生命線である「語彙や表現」からの判別の認定法自体の妥当性を問題にしよう。井田は、第Ⅰ章で言及したようにたとえば福沢は「国民」「人民」という語彙を使うのに、「石河の常套語」は「臣民」である点が違っているという語彙・表現による判別基準を提示している。しかしながら、第Ⅰ章の平山の『尊王論』認定の失敗で確認したように、その単純な認定基準の有効性・真偽が問われているのである。すぐ後のコラム［無力で杜撰《ずさん》な「語彙や表現」による筆者認定］で指摘するように、井田の根本的な欠陥は、福沢自身の思想がおおきく変化しているのに、その思想の変化・流れとおよそ関係なく、同じ「語彙と表現」が使われているか否かのみの単純な判別によって、福沢の論説か別人の論説かを区別・認定できると思いこんでいることである。

福沢自身は『学問のすすめ』初編冒頭で、「天は人の上に人を造らず…と云へり。」と厳密に伝聞態で書くことによって、「天は人の上に…造らず」が自説でないことと自分はその考えに同意・同調していないという二重の意味を表明しているのに（安川『福沢のアジア認識』序章6、同『福沢と丸山』Ⅲの2参照）、日本の社会では、「丸山諭吉」神話によって、福沢は「天は人の上に人を造らず…」と主張した啓蒙思想家であると未《いま》だにひろく誤解されている。当の福沢自身は、欧米諸国が労働運動・社会主義運動で「狼狽《ろうばい》して方向に迷」っている事実認識（七九年『民情一新』）を引き金にして、自由民権運動陣営に敵対して、八二年の『帝室論』によって、「日本人民の精神を収攬《しゅうらん》する」基軸として、「愚民を籠絡《ろうらく》する…欺術《ぎじゅつ》」としての明治天皇制を主体的に選択した（第Ⅰ章3コラム［福沢の天皇制思想の歩み］参照）。

その選択に対応して、さっそく翌八三年（『尊王論』の五年も前）の六日間にわたる重要連載社説「徳教之《の》説」において、福沢は、「社会の上流」を占める「日本国士人」の基準的道徳として「帝室に忠を尽して他に顧《かえりみ》る所の」ない「報国尽忠」という忠君ナショナリズムを提示した。その論説の中で福沢は、第Ⅰ章3で紹介したように、（「丸山諭吉」神話に呪縛されている井田・平山両人は、そろって見事に見落としているが）「東洋に一大文明国を作らんとするは、蓋《けだ》し我々日本臣民の至情にして」、帝室を「此《この》強大文明国の至尊として仰ぎ奉るに非《あら》ざれば、未《いま》だ以て臣民の分を尽したるものと云《い》ふ可《べか》らず。」と、むしろ時代に先駆けて、同論説において「臣民」「日本臣民」という新しい言葉・概念を使用しているのである（その限りで、やはり福沢は近代日本社会の見事な「啓蒙思想家」である）。

コラム　無力で杜撰《ずさん》な「語彙や表現」による筆者認定

井田・平山両人の生命線である「語彙や表現」にもとづく判別手法が、筆者認定においていかに無力であるかは、以下、本書においてそのたびにくり返し論証・確認する。ただしそれは、「語彙や表現」による筆者認定自体に、無理や誤りがあるという意味ではない。もう一度確認しておくと、二人の根本的な欠陥は、福沢自身の思想が（よくいえば柔軟に、悪くいえば融通無碍《ゆうづうむげ》に）おおきく変化しているのに、その思想の変化・流れとおよそ関係なく、同じ「語彙と表現」が使われているか否かのみの単純な判別によって、福沢の論説か別人の論説かを区別・認定できると思いこんでいることである。

第Ⅲ章2の⑶のコラム「福沢は融通無碍《ゆうずうむげ》の「思想家」（1）」の冒頭で、「人は変われば変わるものである。」と書いたように、福沢のトータルな思想は、初期啓蒙期（より厳密には『文明論之概略』第九章まで）から大きく変化しているのである。既述したように、例えば、初期啓蒙期に「君臣の倫を以て人の天性と称し、…君臣を人の性と云ふ…惑溺《わくでき》」（『概略』第三章）に断乎反対し、同時期に「聖明の天子、…難有御代《ありがたきみよ》…などとは、偽《いつわり》に非《あら》ずして何ぞや」と覚書きしていた福沢が、『帝室論』において「愚民を籠絡《ろうらく》する…欺術《ぎじゅつ》」としての天皇制を選択した後は、当然ながら、帝室尊崇は「日本国人固有の性」（『尊王論』）「国人の骨に徹して天性を成し」（『国会の前途』）と主張し、「列聖の遺徳も今尚《な》ほ分明《ぶんめい》にして見る可《べ》きもの多し。」（『尊王論』）と、どちらも百八十度逆の主張を展開するようになっているのである。

ところが「丸山諭吉」像に呪縛《じゅばく》されている平山は、福沢が『帝室論』を契機に、翌年から天皇に対応する「臣民」を先駆的に使い始めているのに、その重大な事実は気楽に見落として、第一に、『尊王論』で「国民」や「人民」ではなく「臣民」が一行目に使われているという理由と、第二に、初期啓蒙期の福沢が「君臣の倫」を「人の天性と称」することに反対していたのに、（「愚民を籠絡《ろうらく》」するための方策として）『尊王論』ではそれを「日本国人固有の性」と主張しているからという理由で、『尊王論』は福沢ではなく「天皇賛美者」の石河幹明が執筆したものと誤って認定したのである。

同様にして、井田進也は、初期啓蒙期の福沢が天皇制に批判的であった上記の事実と、『帝室論』ではまだ福沢が「臣民ならぬ「日本国民」と「日本人民」を」使用し、くわえて「帝室の万世一系ならぬ「一系万世」を用いていた」(89)という事実に彼の目は釘付《くぎづけ》となり、思考停止の状態になって、翌年以後の福沢の天皇制論をすべて初期啓蒙期のかつての冷静な視座から評価・判別するのである。つまり、福沢が『帝室論』の翌年一一月の社説「徳教之《の》説」以来、先駆的に「臣民」「日本臣民」を使いはじめ（過渡的な表現として、『帝室論』の約半年後の八二年十二月「東洋の政略果して如何《いかん》せん」では、「日本国中の人は悉皆《ことごとくみな》天皇陛下の臣子にして良民」『全集』⑧441と表現されている）、『尊王論』の本文第一行目、「私金義捐《ぎえん》に就て」その他一連の論説においても、「臣民」を使うようになっている事実を知らないまま、その福沢思想の重大な変容をすべて無視して、井田は五年も後の「日本臣民の覚悟」の筆者を「臣民」使用のゆえに、福沢ではなく石河幹明と認定したのである。

『帝室論』以降の一連の論著における福沢の先駆的な「臣民」という語彙の使用を井田

が「すべて無視して…」と失礼なことを私が書いたことは、おそらく事実に反しているであろう。つまり井田は、「徳教之《の》説」、『尊王論』、「私金義捐《ぎえん》に就《つい》て」、「官邸売却の好機会」、「製艦費献金の許諾《きょだく》」などの福沢の天皇制にかかわる重要な論著を読んでいないから、「日本臣民の覚悟」を、「石河の常套語」の「臣民」使用の故に、うっかり石河起草の「ほとんど石河の文」という誤認定を行なったのであろう。だから、無視したのではなく、『福沢全集』をまともに読まないまま、井田は『福沢全集』の無署名論説の筆者認定を行なったということである。

本書巻末の［無署名論説筆者認定の一覧表］の井田の欄を見れば、同表の一一八編のうち七五％以上に「×」印がある。福沢諭吉研究者でない井田が、『福沢全集』を私のように一通りも読んでいないことを非難する必要はない。しかし、「井田メソッド」がいくら「世界に冠たる」「画期的な方法」だからといって、『福沢全集』をまともに読まないまま、『福沢全集』の筆者認定ができるという思いこみだけは、卒業してほしいものである。

念のため、その他一連の論説に説明を加えておくと、教育勅語の発布を「我々臣民…誰か感泣《かんきゅう》せざるものあらんや。」と積極的に歓迎する九〇年一一月「教育に関する勅語」を石河幹明に書かせた場合には、その内容から、差配した論説主幹福沢が石川の「臣民」表記をフリーパスにしたのは至極当然の措置である。同様に、明治天皇が政府の軍備増強策を後押しする有名な「軍艦勅諭」を出したことを「吾々臣民たるものは只感泣《かんきゅう》の外なきのみ。」と、同様の表現で歓迎した一連の「時事新報」社説（福沢が差配したB級論説か福沢の真筆）、九三年一月「官邸売却の好機会」、九三年三月「製艦費献金の許諾《きょだく》」（『全集』⑭）、九四年一一月「製艦費奉還《ほうかん》」（『全集』⑮）が、「臣民」の名で書かれていたのは当然であった。

　天皇制の本質が「愚民を籠絡《ろうらく》する…欺術《ぎじゅつ》」である以上、「其功徳《こうとく》を無限にせんとするが故に」（『尊王論』）、第Ⅲ章5のコラム［福沢の帝室尊厳論］に見るように、福沢が八二年『時事大勢論』『帝室論』、八三年「徳教之説」、八八年『尊王論』、八九年「日本国会縁起」「伊藤伯の演説」、九〇年『国会の前途』など一連の真筆の著書・論説において、帝室の尊厳を説き、次第にそのオクターブを上げていったのは当然である。ところが、井田はそうした福沢の天皇制思想の変化・流れにかたく目を閉ざしたままであるために（巻末の［無署名論説筆者認定の一覧表］の井田欄を見れば、『帝室論』『尊王論』以外の論著には「×」印が並んでいる）、一九〇〇年制定の「修身要領」の序文冒頭に、当然の措置として、福沢が「凡《およ》そ日本国に生々する臣民は…万世一系の帝室を奉戴して其恩徳を仰がざるものある可《べか》らず。」を加えた事実に対しても、当然ながら、およそ見当外れの評価をしたのである。

　福沢の天皇制思想の歩みに即したならば、彼にとっての「独立自尊」が天皇の臣下としての「臣民」の「独立の忠」や「独立の孝」（安川『福沢と丸山』Ⅱ1C参照）を指すのは明白である。ところが井田は、慶応義塾の「修身要領」制定の際の福沢の重要な加筆措置が（近代市民の）「独立自尊を基調とする「修身要領」の冒頭に「凡《およ》そ日本国に生々する臣民は、…」との、まったく異質な一句を書き加えた」（88〜89）措置であると誤解・誤評価している。さらに『帝室論』では「帝室の万世一系ならぬ「一系万世」を用いていた」のに、その「修身要領」で福沢が「万世一系」と表記したのは、「大病して気弱になった福沢は、時流のおもむくまま万世一系論者に転じたのだろうか…。」（89）という、見当外れで、福沢にはたいへん失礼な評価をしているのである。

なぜ福沢に失礼なのかといえば、一つには福沢が時代に先駆けて『帝室論』を表し、「臣民」的心性《マンタリテ》の啓蒙・定着に努力してきた福沢の「先駆性」が見落とされ無視されているからであり、二つには前述した竹田行之元岩波書店編集部長が前掲論稿（交詢社記念講演）で「修身要領の福沢の字をごらんください。あれが書字能力を喪失した人の字ですか。」と平山洋「藪《やぶ》医者」をたしなめている事実があるからである。第Ⅲ章7のコラム［福沢は融通無碍の「思想家」（2）］で紹介するように、福沢は「能《よ》く世と推《お》し移り、物に凝滞《ぎょうたい》せざるは、君が本領」と徳富蘇峰が評価したように、社会の現実と推移を見極め、それをしっかり踏まえて、初期は「自国の独立」達成のために、中期以降は強兵富国の推進と資本主義的階級社会の擁護のために、およそ原理原則にこだわることなく、融通無碍《ゆうずうむげ》に先駆的な「啓蒙」を重ねてきた「思想」家である。

　以上、具体的に見てきたように、井田・平山の両人は、融通無碍に変節を重ねる福沢の思想の流れにかたく目を閉ざして、次の（3）で言及する同時期の福沢真筆の論著との照合・対比という基礎作業を一貫して怠り、ただどういう「語彙と表現」がつかわれているか否かという単純な基準によって、筆者の認定・判別を行っており、当然それは杜撰《ずさん》で無力で見当外れの認定にならざるを得ないのである。


　以上のように福沢は、石河の時事新報入社の二年も前から「国民」「人民」とならんで「臣民」を使いはじめており、入社後の石河も福沢（先生）に倣《なら》って、「国民」「人民」「臣民」を混用しているのである。「日本臣民の覚悟」の場合がそうであるように、福沢が「国民」「人民」と「臣民」を混用するのは、石河記者とまったく同様である。第Ⅲ章1において、同時期の二人の論説中での「臣民」の使用回数までが（偶然）同じである事例も紹介することによって、井田・平山両人の〈福沢＝「人民」や「国民」〉、〈石河＝「臣民」〉という「語彙」判定基準自体がそもそも成り立っておらず、それがおよそ無効な判別基準であることを再確認する。

　ここでは「日本臣民の覚悟」における「臣民」の用語が問題になっているので、同論説の半月前

（八月一四日）の福沢真筆「私金義捐《ぎえん》に就《つい》て」においても、福沢が「臣民」を使用していること、さらに福沢にとって、この論説の表題が「日本国民の覚悟」ではなく、「日本臣民の覚悟」でなければならない必然性についても（6）で後述することを、あらかじめ指摘しておこう。

(3)「井田メソッド」の第三の、それも致命的な欠陥は、石河幹明が「いわば福沢になりきることを生涯の至願と」（42）していたことを井田は承知しながら、その石河の文章と、同時期の真筆の福沢の発言・思想とを比較・対比・照合して、その差異あるいは一心同体ぶりを考察・確認するという、当然に必要な重要な作業を一貫して放置していることである。

井田の場合は、彼がそう思いこんでいる福沢諭吉像、つまり「丸山諭吉」＝「典型的市民的自由主義者」なるものの仮想の想定基準から（「天賦人権論者」の「丸山諭吉」がそんなことを言ったり主張するはずがない、という強い思いこみに基《もと》づいて）、石河（じつは福沢）の文章を勝手に福沢とは「月とスッポン」「似ても似つかぬ」「悪文や粗雑な議論」ともっぱら決めつけ、裁断しているだけのことである。井田・平山の両人にかわって、「日本臣民の覚悟」と同時期の真筆の福沢の発言・思想を対比することによって、同論説が「福沢の思想・文章」そのものであることを、具体的に論証しよう。そのためにまず、二日間の社説の全文を近代日本における戦争論の原点という意味もこめて、特別に紹介しておこう。

コラム　「日本臣民の覚悟」の全文

「今度の戦争は内乱にあらずして外戦なり。内乱なれば国民の心次第にて敵味方おのおの贔屓《ひいき》もありて、思ひ思ひの説を作《な》し思ひ思ひの挙動することにして、古来の戦争皆然《みなしか》らざるはなし。源平の合戦に、白旗を建る者あり、赤旗に従ふ者あり。南北朝相分《あいわか》れて、南朝に勤むる者あり、北朝に働く者あり。関ケ原の合戦には大坂方と関東方と相分《あいわか》れ、王政維新の時にも勤王佐幕の党派あるが如《ごと》く、啻《ただ》に軍人と軍人と戦ふのみに非《あら》ず、天下の人心も自《おのず》から双方に分れて向ふ所を異《こと》にするの常なれども、今度の戦争は根本より性質を殊《こと》にし、日本国中一人も残らず一身《ママ》同体の味方にして、目差《めざ》す敵《かたき》は支那国なり。我国中の兄弟姉妹四千万の者は同心協力してあらん限りの忠義を尽し、外に在《あ》る軍人は勇気を奮《ふるい》て戦ひ、内に留主《りゅうしゅ》する吾々は先《ま》づ身分相応の義捐《ぎえん》金するなど差向《さしむ》きの勤めなる可《べ》けれど、事《こと》切迫に至れば財産を挙《あ》げて之《これ》を擲《なげう》つは勿論《もちろん》、老少の別なく切死《きりじに》して人の種の尽きるまでも戦ふの覚悟を以《もっ》て遂《つい》に敵国を降伏せしめざる可《べ》らず。我輩は平生より文明開化の西洋主義に従ひ、居家《きょか》処世の方針、都《すべ》て数理の外に逸《いっ》することなきを勉《つと》め、先《ま》づ一身一家の独立を成《な》して自然に立国《りっこく》の基礎を固《かた》くせんとて万事着実を主とし、時としては世間流行の風潮に逆《さから》ふて人心に激したることなきに非《あら》ず。在昔《ざいせき》攘夷論の盛なる時代にも我輩は身を危《あや》ふして之《これ》に同意したることなし。世人は往々彼《か》の支那流の儒教主義に偏して忠勇の極端論を弄《もてあそ》び、又は簡単なる古学を学んで大和魂の義烈を喋々《ちょうちょう》する者あり。我輩は忠勇義烈の要を知らざるに非《あら》ず。否《い》な、之《これ》を知り之《これ》を重んずるの点に於《お》ては毫《ごう》も他人に譲る所なしと敢《あえ》て自《みず》から信ずる者なれども、之《これ》を言論するに場所あり時節あり、漫《みだり》に喋々《ちょうちょう》して却《かえっ》て文明の人事に害あるを知るが故《ゆえ》に、態《わざ》と世論に雷同せざりしのみ。宝刀利なりと雖《いえど》も深く鞘《さや》に納《おさ》めて抜かざるは治世の武士の嗜《たしな》みなり、忠勇義烈の壮語を吐《は》かずして内に自から重きを持《じ》するは文明士人の心掛けなりと深く独《ひと》りを慎《つつし》みたりしに、今や不幸にして彼《か》の頑陋《がんろう》不明なる支那人の為《た》めに戦《いくさ》を挑《いど》まれ、我日本国民は自国の栄誉の為《た》め東洋文明の先導者として之《これ》に応ぜざるを得《え》ず。宣戦の詔勅《しょうちょく》を拝する者は軍人のみに非《あら》ず。既《すで》に宣戦とあれば其身《そのみ》の軍籍に在《あ》ると在らざるとに論なく、共に陣頭に立《たち》て戦ふ者と心得《こころえ》、一毫《いちごう》の微と雖《いえど》も苟《いやしく》も味方の利益の為《た》めに力を尽すこそ本意なれ。我輩が平生に沈黙したるも今日を待《まち》て大《おおい》に発せんが為《た》めなり。啻《ただ》に独《ひと》り奮発するのみならず、天下幾多の有志者も共に大《おおい》に奮発して、文に武に其《その》平生の壮語を実《じつ》にせんことを祈るのみ。一人《いちにん》の力は微なりと雖《いえど》も、心を一《いつ》にして方針を共にすれば大《おおい》に成《な》すに足《た》る可《べ》し。一髪千鈞《いっぱつせんきん》を繋《つな》げばこそ危《あやう》けれども、我輩は千髪一鈞を繋《つない》で我《わが》必勝を期する者なり。就《つい》ては我輩が今度の大事件に際し、外戦の終局に至るまで国民一般の向ふ可《べ》き方針として至当なりと思付きしまま其一、二箇條を記さんに、

第一　官民共に政治上の恩讐《おんしゅう》を忘るる事なり。政治上に意見を殊《こと》にするは殆《ほと》んど人間の持《もち》前《まえ》にして、世界万国皆然《みなしか》らざるはなし。近年我国に於《おい》ては最も甚《はなは》だしく、其《その》意見の殊《こと》なる者は相互に容《い》るること能《あた》はずして讐敵《しゅうてき》も啻《ただ》ならず。夫《そ》れも真実国家の利害如何《いかん》を目的にして相《あい》分《わか》るることとなれば尚《な》ほ恕《ゆる》す可《べ》しと雖《いえど》も、一歩を進めて其《その》内実を叩《たた》くときは、単に功名手柄を争ふて政治上の好地位を占《し》めんとするの野心に発するものこそ多しと云へば、平時に於《おい》てさへ此種《このしゅ》の喧嘩《けんか》は面白《おもしろ》からざる処に、今度の大事件に当り何として之《これ》を許す可《べ》きや。国家の栄《えい》辱《じょく》存亡を眼前に見ながら政治家の喧嘩に余地はある可《べか》らず。官とも云《い》はず、民とも云《い》はず、

苟《いやしく》も政治上の伎倆あるものは互に気脈を通じ又一処《ひとところ》に相《あい》集りて共に国事を負担し、同心協力、真実の兄弟の如《ごと》くにして始めて日本臣民の名に愧《はじ》ることなきを得《う》べし。今日の此《この》場合に迫りても尚《な》ほ平生の細事情を忘れずして政治上の友敵を分ち、甚《はなは》だしきは独《ひと》り自《みず》から功名手柄を専《もっぱ》らにせんとして、他の一方よりは暗々裡に其《その》功名手柄を妨げんとするの言行を演じ、之《これ》が為《た》めに間接直接に大事の進行に影響するが如《ごと》きあらんには、実に相済《あいす》まざる次第《しだい》ならずや。我輩が過日の紙上に（本月十六日時事新報）現政府は大《おおい》に胸襟《きょうきん》を開て部外の長老を容《い》れ、長老輩も亦《また》種々の難題を云はずして素直に政府に入る可《べ》しと論じたるも、全く此辺《このあたり》の意味に外《ほか》ならず。或は民間の各政党に於《おい》ても其《その》平生の持論如何《いかん》に拘《かか》はらず、大事の終局までは方針を共にして相互に争《あらそ》はざるのみか、昨日の敵をも今日の友として向ふ所を同《おなじ》ふせざる可《べか》ら

ず。帝国議会の開期も近きに在《あ》り。私を去《さり》て公に殉《じゅん》ずるは正《まさ》に此時《このとき》なる可《べ》し。我輩は朝野政客の徳義に訴へて其《その》協同一致を信ずる者なり。（8月28日）

第二　日本臣民は事の終局に至るまで謹《つつし》んで政府の政略を非難す可《べか》らず。抑《そもそ》も立憲政治の下に立ち、言論自由の世の中に居《い》て、時の政府の得失を評論するは、事に害なきのみか、由《よっ》て以《もっ》て政治の改良を促すの刺衝《ししょう》ともなる可《べ》ければ、施政の非《ひ》を挙《あぐ》るに憚《はばか》る所なしと雖《いえど》も、今日《こんにち》は則《すなわ》ち然《しか》らず。日清事件に付《つい》ての軍略は無論、又これに附帯する種々の外交略に至るまで、都《すべ》て現政府の手に託して一切万事秘密を要することなれば、傍《かたわら》より喙《くちばし》を容《い》る可《べか》らざるのみか、万般の施設皆宜《みなよろ》しきを得たるものとして一も二も賛成するの外《ほか》ある可《べか》らず。甲州流の軍法に、出陣のとき軍人を集め、苟《いやしく》も敵の美を称して味方の非《ひ》を挙《あぐ》ること勿《な》かる可《べ》しと誓詞を取るの例ありと云ふ。畢竟《ひっきょう》味方の軍気を阻喪《そそう》せしめざるの意にして、今我《いまわが》日本国が支那と兵を交《まじ》へたる処にて当局者の政略軍略を称賛するは、味方の美を称揚して国中の人心を引立るが為《た》めなりと知る可《べ》し。或は天下の論者が平生の筆法を以《もっ》て綿密に議論したらば、我出師《すいし》の時節又は其《その》用意の如何《いかん》等に就《つい》て多少の苦情もある可《べ》し。実際に免かれざる所なれども、既《すで》に今日と為《な》りては論じて無益のみならず、正《まさ》しく味方の非《ひ》を挙《あ》げて人心を阻喪《そそう》せしむるの不利こそあれば、如何《いか》なる事情に迫るも謹んで黙して当局者に自由の運動を許し、其《その》一

挙一動も之《これ》を賛成して陰に陽に国民の身に叶《かな》ふ丈《だ》けの助力を与へざる可《べか》らず。尚《な》ほ其上《そのうえ》にも今度の事が終局に至り、果《はた》して我国の全勝万々歳を唱《とな》へたる処にて、其《その》功名は誰れに帰す可《べ》きやと云《い》へば、在朝文武官の功名にして、彼等は揚々自得して独《ひと》り栄誉を専《もっぱら》にし、民間に労したる者は労して大なる報酬もなく、俗に云《い》ふ犬骨折《いぬほねおり》て鷹《たか》の功名《こうみょう》と為《な》るのみか、喉《のど》もと通れば熱さ忘るるの喩《たと》へに洩《も》れず、当局者はますます横風《ママ》に構へ、今度民間の者共をして斯《か》くまでに奮《あつ》発せしめたるも、実は乃翁《だいおう》等が方寸《ほうすん》の謀《はかりごと》を運《めぐ》らして箇様《かよう》箇様に鼓舞《こぶ》したるが故《ゆえ》なりなど、取ても付かぬ大言《たいげん》を放つこともある可《べ》し。是《こ》れも浮世の常にして、今の我国情に免《まぬ》かる可《べか》らざる所なれば、早く銘々に胸算《むなざん》を決し、今日の苦労は固《もと》より椽《ママ》の下の力持なり、犬の骨折なり、犬にても猫にても苦しからず、私情を脱して国に報ずるは国民の分《ぶん》なり、眼中物なし、唯《ただ》日本国あるのみと観念すれば、他日の失望はなかる可《べ》し。卑劣なる心を以《もっ》て報酬など望《のぞ》めばこそ失望もある可《べ》きなれども、初めより望《のぞみ》なきものには失望の憂《うれい》ある可《べか》らず。其辺《そのあたり》も国民の今より特に覚悟す可《べ》き所にして、我輩の目的は唯《ただ》戦勝に在《あ》るのみ。戦争に勝利を得て我国権を伸ばし、吾々同胞の日本国人が世界に対して肩身《かたみ》を広くするの愉快《ゆかい》さへあれば、内に如何なる不平不条理あるも之《これ》を論ずるに遑《いとま》あらず。飽《あ》くまでも現政府を助けて其《その》運動を自由ならしめ、政略軍略共に一点の非《ひ》なきものとして之《これ》に賛成せざる可《べか》らざるなり。

第三　人民相互に報国の義を奨励し、其《その》美挙を称賛し、又銘々に自から堪忍する所ある可《べ》し。人々の心の同じからざるは其面《かお》の異なるが如くなれば、今度の一大事に就《つい》て銘々一分《いちぶん》の力を尽さんとするは国民の本来に於《おい》て同一様なるも、其《その》尽力の法方に至りては異なる所なきを得《え》ず。既《すで》に其《その》法に異同あれば、人情の常として己《おの》れと方向を共にする者の多からんことを欲するも勢《いきおい》に於《おい》て免かる可《べか》らず。或は身を致して従軍せんとする者あれば、文書演説以て人気《じんき》を引立てんとする者あり、或は私金を投じて軍資を助けんとする者あり、品物を贈りて軍人を慰《なぐさ》めんとする者あり、医師看護人は患者負傷者の為《た》めに労し、神官僧侶は戦勝を祈る等、千差万別おのおの趣を異《こと》にすれども、其《その》国の為めに寸志を尽して我を忘るるの誠《まこと》に於《おい》ては正《まさ》しく同様なるが故に、仮令《たと》ひ隣の人が如何《いか》なる挙動して如何《いか》なる言論するも、苟《いやしく》も其《その》言行の目的を誤らずして国家の為《た》めにするものとあれば、傍《かたわら》より夫《そ》れ是《こ》れと非難することなく、事の種類を論ぜず、其《その》法方を問はず、都《すべ》て之《これ》を美挙としてますます奨励しますます称賛して、天下一人も同感者の多からんことを求む可《べ》し。前に云へる千髪一鈞を繋《つな》ぐとは此辺《このあたり》の意味なり。抑《そもそ》も人間の性質は至極公平なるものにして、社会全般の事実に現《あら》はるること多しと雖《いえど》も、又一方より其局部に就《つい》て見れば、人々の愛憎もあり、妬《ねた》む心もあり、羨《うらや》む心もありて、他人の企てたる事は兎角《とかく》自分の意に叶《かな》はざるの情なきに非《あら》ず。何某《なにがし》の発意《ほつい》には従ひ難《がた》し、誰れが魁《さきがけ》したるゆゑに最早《もはや》此方《このほう》は其跡《そのあと》に附《つ》く可《べか》らずなどと、其《その》事柄の得失をば云《い》はずして其発企《ほっき》者の誰れ彼れを評論し、夫《そ》れも忌《いや》なり、此《こ》れも不同意なりとて、与《く》みす可《べ》き事にも与《くみ》せずして遂《つい》に機会を誤るのみか、自分が機会に後《おく》れたるの非《ひ》を遂《と》げんとして却《かえっ》て他人の事を悪《あ》しさまに言做《いいな》し、漫語放言、無責任なる冷評を逞《たくまし》ふするものなきに非《あら》ず。凡俗世界の細俗事には往々その事例を見ること多しと雖《いえど》も、今度の一大事に就《つい》ては自《おのず》から趣を殊《こと》にし、事《こと》の大小軽重に論なく、都《すべ》て国民の誠意誠心を表はす所にして、世間曾《かつ》て右等の俗気を含む者なきこそ快《こころよ》き次第《しだい》なれ。稀《まれ》に或は俗論の聞《きこ》ふることあるも、愛国の士は之《これ》を意に介せずして各自相応の本分を尽すは勿論《もちろん》、尚《な》ほ一歩を進めて其《その》俗論者に近づき丁寧《ていねい》反覆説論を加へ、堪忍に堪忍して願ふが如く拝《おが》む如くにしても各々《おのおの》尽す所に尽さしめんことを勉めざる可《べか》らず。如何《いかん》となれば一国民が国の大事に当りては其《その》身は既《すで》に国に致《いた》して無我の境遇に居《お》る者なり、無我の身を以《もっ》てするときは忍んで忍ぶ可らざるものなければなり。

上来縷々《るる》述べたる如《ごと》く、今回の大事件の終るまでは官民共に政治上の恩讐《おんしゅう》を忘れ、政府に向て多少の不満あるも一切これを言はずして只管《ひたすら》その政略軍略を賛成し、民間相互に愛国の義を奨励して、苟《かりそ》めにも私《わたくし》に人と争《あらそ》ひ、又人の気を挫《くじ》くことなく、日本全国を真実一団体の味方として外敵に当らんとするものなれば、其間の細事情に着眼して、此《こ》れを思ひ其れを懐《おも》ふときは、公に私に不平不満の数々際限なかる可《べ》し。我輩に於《おい》ても之《これ》を知らざるに非《あら》ず。否《い》な、甚《はなは》だ能《よ》く之《これ》を知ると雖《いえど》も、喩《たと》へば父母の大病中に兄弟喧嘩一切無用なるが如《ごと》く、百般の議論理屈は外戦病全快の上の事にして、夫《そ》れまでの処は呼吸《いき》を凝《こ》らして唯《ただ》一方に全力を

――尽さんこと、我輩の呉々《くれぐれ》も願ふ所なり。(8月29日)」(『全集』⑭545〜550)。

日清戦争が内戦ではなく、外国相手の「外戦」であるというただそれだけの理由から「日本臣民の覚悟」は、いきなり国民に「同心協力してあらん限りの忠義を尽」すことを求め、「事《こと》切迫に至れば財産を挙《あ》げて之《これ》を擲《なげう》つは勿論《もちろん》、老少の別なく切死《きりじに》して人の種の尽きるまでも戦ふの覚悟」という悲壮な心構えを求めている。しかしこれは、初期啓蒙期以来(結果として)もっぱら「国のためには財を失ふのみならず、一命《いちめい》をも抛《なげうち》て惜むに足ら」ない「報国の大義」(『すすめ』第三編「一身独立して一国独立する事」)を求めてきた福沢の年来の主張と、つい半月前の八月一四日の福沢の真筆(平山、104)論説「私金義捐《ぎえん》に就《つい》て」の「全国四千万人の人種《ひとだね》の尽きるまでは一歩も退かず」という戦意高揚の心構えの表現を繋《つな》いだものに過ぎない。

コラム 福沢の「忠勇義烈」「滅私奉公」論

『帝室論』においてすでに「愚民を籠絡《ろうらく》する…欺術《ぎじゅつ》」としての天皇制を選択した福沢が、「今度の大事件」「今度の一大事」に際して、四千万国民の戦争への「同心協力」を、天皇への「忠義」の名のもとに(日本国民ではなく)「日本臣民」に求めたことは驚くには価しない。また、「老少の別なく切死《きりじに》して人の種の尽きるまで」「全国四千万人の人種《ひとだね》の尽きるまで」という戦争への全面協力の要求は、（可能性として日本人以上に福沢を客観視できる立場の）「在日」作家高史明《コ・サミョン》が、この思想を「一億玉砕」の思想と表現（『前夜』編集委員会『「戦後」とは何だったのか』49）した通りのものである。ただし、福沢諭吉がそんな激烈な戦意高揚論を主張するはずがないと、現に井田・平山の両人が激しい拒否反応を示したように、「時事新報」の読者が突然のことのようにみえる福沢の「一億玉砕」論に驚かないように、続けて福沢は、その主張の正当性をわかりやすい「（正宗《まさむね》の）宝刀」論で説明していた。

　それが、「我輩は忠勇義烈の要を知らざるに非《あら》ず。…之《これ》を言論するに場所あり時節あり、…宝刀利なりと雖《いえど》も深く鞘《さや》に納《おさ》めて抜かざるは治世の武士の嗜《たしな》み」という説明である。この見事な「忠勇義烈」論も福沢の持論であることは、同年三月の福沢の代表的な長編論説「維新以来政界の大勢」によって確認することが出来る。それは、彼の『帝室論』の「政治社外」論以来の主張であり、「太平の世には」（天皇の政治関与も）無用であっても、「内治外交の切迫、国家安危の時」には、「古学流儀の忠勇義烈又は排外自尊の主義は、…大《おおい》に必用《ひつよう》…。之《これ》を喩《たと》へば正宗の宝刀の如《ごと》し。」という主張である。つまり、太平の世の中や「兵乱ここに収まれば宝刀は鞘《さや》に納《おさ》め、唯《ただ》武士の嗜《たしな》みとして之《これ》を秘蔵」すればよいが、「兵馬戦乱の時節には無上の宝」として「此《この》劇論を題目に唱《とな》へて人心の結合を謀《はか》る為《た》めには甚《はなは》だ妙《みょう》なり」という福沢の見事な「古学流儀の忠勇義烈」論（『全集』⑭307）である。

平山は、「維新以来政界の大勢」の筆者を福沢でなく石河幹明と認定しているが、全集⑭の「後記」686ページには〈福沢は…この問題（条約改正問題）に関して政府を激励する論説を掲げた。殊《こと》に…長編社説「維新以来政界の大勢」は、…今日民党の反政府熱は政府みづからこれを招いたものであるとして、その猛省英断を促した。〉と明記してある。「後記」が万一かりに誤りで、石河が起草したとした場合でも、福沢自身の体験もふまえて一二日間にわたり維新以来の政界の変遷を詳述したこの長編内容は、口述をふくむ福沢の関与なしには書けない内容であり、最低限B級認定となる。

この「忠勇義烈」論を「日本臣民の覚悟」は、次のように適切に説明していた。つまり、「支那流の…忠勇の極端論」や「古学（の）…大和魂の義烈」の必要性はもともと自分（福沢）も認識しているが、平時のこれまでは、「漫《みだり》に喋々《ちょうちょう》して却《かえっ》て文明の人事に害あるを知るが故に、態《わざ》と世論に雷同せざりしのみ」。しかし「既《すで》に宣戦とあれば」、いまはまさに正宗の宝刀＝「忠勇義烈の壮語」を抜き放《はな》つ時であり、「我輩が平生に沈黙したるも今日を待《まち》て大《おおい》に発せんが為《た》めなり。」と。

つまり、日清戦争という非常事態を迎えた福沢は、当然のこととしてその「忠勇義烈の精神」を「国辱かしめらるれば身死するのみとは、国中の貴賤貧富、男女老幼、その地位に拘《かか》はらず…平等一様の決心にして、畢竟《ひっきょう》するに我国民先天の固有、遺伝の武士道に資《よ》り、振古《しんこ》、今に至るまで屹《きつ》として動かざる所の者なり。」（『全集』⑮30～31）と語り、「国民たる者が一旦事あるに臨《のぞ》んで粉骨砕身《ふんこつさいしん》、国の為めに一命を棄《す》つるは勿論《もちろん》」（「唯堪《ただ》忍す可し」）と書いた。前者は九五年一月に慶応義塾出身の両院議員三〇余名を前にしての演説であり、後者は「三国干渉」を迎えて臥薪嘗胆《がしんしょうたん》を説いた真筆論説であるが、一旦緩急の場合の忠勇義烈を、福沢は自明のこととしていた。

つぎに、とりわけ井田進也が悪乗りして、「日本臣民の覚悟」において「我輩の目的は唯《ただ》戦勝に在《あ》るのみ。戦争に勝利を得て我国権を伸ばし、吾々同胞の日本国人が世界に対して肩身を広くするの愉快さへあれば、内に如何なる不平不条理あるも之《これ》を論ずるに遑《いとま》あらず。」と書いて、福沢が戦争指導者顔負けの戦意高揚論説の「「如何なる不平不条理」をも堪え忍べと説」いているのは、石河流の「昭和十年代を先取りした滅私奉公論」（37）であると誤読・非難していたことについては、第Ⅰ章2においてその一端を考察した、初期啓蒙期以来の「福沢の思想」の具体的な歩みについての、井田のおよそ無知そのものを露呈したお粗末の極《きわ》みである。

七八年『通俗国権論』の「政府の専制は…恐るるに足らず、…区々《まちまち》たる内国政府の処置の如きは唯是れ社会中の一局事」という主張に始まり（八二年『兵論』で同じ文章を再引用するほどに、福沢にとっては重要な主張）、中期保守思想確立の宣言の書である八一年『時事小言』

の「国権を振起《しんき》する…我輩畢生《ひっせい》の目的は唯《ただ》この一点に在るのみ。」と、翌年五月「藩閥寡人《かじん》政府論」の「我輩畢生《ひっせい》の目的は唯《ただ》国権皇張の一点…内の政権…専制に似たるも、…国権を皇張するの力を得れば、以て之に満足す可し」に見るとおり、自由民権運動に背を向けた福沢は、かつて『概略』において「第二歩に遺《のこ》して、他日為《な》す所あらん」と公約していた「一身独立」追求の課題を、この段階ではとっくに放擲《ほうてき》しており、福沢には、もはや「国権皇張」以外の「畢生《ひっせい》の目的」は存在していなかったのである。

つまり、『時事小言』で「天然の自由民権論」を放棄して「権道《けんどう》」の「人為の国権論」を主体的かつ積極的に選択した中期以降の福沢にとっては、井田が（四十年も後の）「昭和十年代を先取りした滅私奉公論」と誤読した国内に「如何なる不平不条理あるも…」という国権拡張至上の発想・発言は、七九年『民情一新』の「内国の不和を医するの方便として故《こと》さらに外戦を企て、…人心を瞞着《まんちゃく》するの奇計」という「権謀術数」と並んで、十数年来の彼の一貫する政治的持論（政治論のイロハ）そのものになっていたのである。

井田進也同様に平山洋も、この中期以降の福沢の政治的持論となっていた「権謀術数」について、「市民的自由主義者」の「丸山諭吉」が、そんな「権謀術数」的発言を弄《ろう》するはずはないという勝手な誤読・思い込みをしているので、それもあわせて見ておこう。

「抑《そもそ》も内の人心を一致せしむる為めに外に対して事端を開くは、政治家の時に行ふ所の政略にして、…台湾征討の如《ごと》きは即《すなわ》ち此《この》意味の政略…我輩は矢張《やは》り木戸（孝允）氏の顰《ひそみ》に倣《なら》ふて朝鮮政略を主張せざるを得《え》ず」（『全集』⑬414〜415）という九二年七月の無署名論説「一大英断を要す」の起草・執筆者の判定において、平山は「本当に全く福沢が関与していないか、と問われれば答えに窮せざるをえない。」（148）と珍しく弱気なことを書きながら、井田進也同様に、福沢の具体的な思想とその歩みの道のりを一貫して考察しようとしないのである（それで『福沢諭吉の真実』が把握できると考える彼の神経が羨ましい）。それでいて平山洋は、「市民的自由主義者」の「丸山諭吉」がこんな馬鹿げた主張をするはずがないという勝手な思い込みから（「書簡などに執筆の気配がなく、またもちろん草稿も残っていない」というおよそ薄弱な推測の根拠をあげて）、この論説は結局「石河の思想としてしまってよい」（同）と判定しているのである。

ところが、『伝』③「第三十八編　日清戦争」の「第三　一大英断を要す」には、八ページにわたって、福沢がこの「一大英断を要す」を執筆した経緯とその内容が紹介されている。同論説を引用しながら、石河幹明は〈二十三年の国会開設…多年鬱積《うっせき》した民論は公然爆発の場所を得て、反抗の論勢はいよいよ火の手を挙《あ》ぐるに至り、…到底《とうてい》拾収すべからざるの情態を呈し、…先生は此有様《このありさま》を見て、内政上にも此際《このさい》人心を外に転ずるの得策なるを思はれ、同（九二）年七月の「時事新報」に「一大英断を要す」と題して、…今の謀《はかりごと》をなすにはただ英断を以て対外の大計を定め、社会の耳目を此《この》一点に集め、以《もっ》て国内の大紛争を止《とど》むるの一法あるのみとて、維新初年に於《お》ける木戸の征韓論を引き、…仮令《たと》ひ戦端を開かざるまでも一斑《いっぱん》の耳目《じもく》を外《そと》に転じて内の人心を一致せしむるの外《ほか》はない、其《その》手段としては矢張《やは》り木戸の顰《ひそみ》に倣《なら》ふて朝鮮政略を主張せざるを得ずと断じて、左の如く論ぜられた。」（694〜696）と、書いているのである。

　つまり平山が「一大英断を要す」への福沢の関与を否定し、「石河の思想としてしまってよい」と結論づけていることは、『福沢諭吉伝』③第三十八編「第三　一大英断を要す」の五千字近い石河幹明の記述を、まるごと虚偽・架空の創作と決め付けていることになる。同じように、福沢が論説「日本臣民の覚悟」を執筆した場合の動機、熱意、内容の紹介と評価・補足まで、石河幹明が詳細に綴った『伝』③第三十八編「第八　戦時の覚悟」の四千字近い記述を、井田進也・平山洋の二人は、まるごと架空の虚偽記述と主張しているのである。『福沢諭吉伝』を出版した岩波書店の社会的・道義的責任が問われているのに、関係者がその（杜撰そのもの）認定作業を「刺激的な問題提起」と受けとめて、『福沢諭吉全集』全二一巻、『福沢諭吉伝』全四巻などの信憑性についての公式見解を未だに表明しないでよいのか、重ねて岩波書店に問いかけておきたい。

この論説と限らず、石河が適切に解説したような「権謀術数」的発言に（平山の言うように）「福沢が関与していない」どころか、それは、「内に如何《いか》なる不平不条理あるも…」の場合とまったく同様の、福沢の政治の持論そのものであった（上記論説での福沢の表現では「抑《そもそ》も内の人心を一致せしむる為《た》めに外《そと》に対して事端を開くは、政治家の時に行ふ所の政略」）。もちろん「内に如何なる不平不条理あるも…」の場合と同様に、それらは中期保守思想確立以降の発言となるが、安川『福沢のアジア認識』資料篇が収載している一八篇の福沢の権謀術数発言のうち、平山らも福沢の真筆と認定する発言の主なものを、時代順を追って並べておこう。

コラム

福沢の権謀術数的発言

七八年九月『通俗国権論』「最第一《さいだいいち》の緊要事《きんようじ》は、全国人民の脳中に国の思想を抱《いだ》かしむるに在《あ》り。…一国の人心を興起《こうき》して全体を感動せしむるの方便は外戦に若《し》くものなし。…我人民の報国心を振起《しんき》せんとするの術《てだて》は、之《これ》と兵を交《まじ》うるに若《し》くはなし」。

七九年二月『通俗国権論』二編「敵国外患は内の人心を結合して立国の本《もと》を堅くするの良薬なり」。

七九年八月『民情一新』「内国の不和を医《い》するの方便として故《こと》さらに外戦を企て、以て一時の人心を瞞着《まんちゃく》するの奇計を運《めぐ》らすに至る者あり」。

八二年八月岩倉具視宛書簡「官民ノ調和ハ…唯《ただ》今日マデノ成行《なりゆ》キニテ其《その》端ヲ開クニ難《かた》クシ

テアリシモノガ、偶然ニ朝鮮ノ事変ニ逢《あ》フテ調和ノ端ト為《な》ルハ、之《これ》ヲ不幸ノ幸ト云《い》フ可《べ》シ。」（『書簡集』③225）。

八四年九月「支那を滅ぼして欧州平《たいらか》なり」「欧州社会の危《あやう》きこと岌々乎《きゅうきゅうこ》として羅馬《ローマ》帝国の末葉に等しき…其《その》社会の不平を外に洩《も》らすの大策を立る…今其《いまその》不平の熱を洩《へら》さんとするには、必ず方便を海外の地に求めざるを得ず。而《しか》して其《その》適当の地は亜細亜《アジア》州の支那帝国ならん。…其気焔《きえん》の熱を緩和《かんわ》するがため、外に劣者の所在を求めて内の優者の餌食《えじき》に供するは、実に今日の必至必要とも云《い》ふ可《べ》きものなれば、斯《かか》る必至の場合に臨《のぞみ》て何事を顧慮するの遑《いとま》あらんや。一旦豁然《かつぜん》として恰《あたか》も悟りを開き、数百年の迷夢を払《はらい》て習慣の外套《がいとう》を脱却するときは、宗教慈善の癡言《ちげん》も守るを要せず、君子正義の論も取るに足らず、況《いわん》や国力平均の陳腐《ちんぷ》説の如きをや、何等の妨《さまたげ》を為《な》すに足《た》らず。強者相互に和して均《ひと》しく其《その》強を加れば、平均は依然たる可《べ》きのみ。」（『全集』⑩44～48）。

八五年一月「敵国外患を知る者は国亡《ほろ》びず」「今回の朝鮮事変…凶事《きょうじ》中亦自《おのず》から吉事なきにあらず。即ち我日本人が確乎《かっこ》明白なる外国の思想を画《えが》きて、真成なる日本魂を造ることを得べき一事《いちじ》なり。…身を殺すも日本は独立せしめざるべからず、家を焼くも日本は維持せざるべからず、外に競《きそ》ひ内に勉《つとむ》る為《た》めには一物も惜むに足るものなしとの心…最も日本人に要用あるものなり。」（『全集』⑩184）。

平山・井田両人は、この論説の筆者認定をしていない。ただし、『書簡集』④の坂井達朗・松崎欣一の「解題」は、井田の問題提起を紹介しながら、「しかし、この時期の社説はいずれも福沢が目を通し、その承認の上で発表されたものであるから、直接の執筆者や福沢の加筆の程度の如何を問わず、福沢自身の意見を表明するものであると判断」(397)している。つまり福沢は、この論説における「真成なる日本魂」が「最も日本人に要用あるものなり。」という表現と思想を了解していたと理解できよう。

八五年二月「求る所は唯《ただ》国権拡張の一点のみ」「官民の不調和を国のために不利なりとして、之《これ》を和せんとするは我輩の素論《そろん》にして、…今度朝鮮の事変こそ幸《さいわい》なれ、何卒此《なにとぞこの》一挙に乗じて不調和の宿弊を一洗し去らんこと、誠に以《もっ》て冀望《きぼう》に堪《た》へず。…人民は決して多を求るに非《あら》ず、国権拡張の一点に過《す》ぎざるなり。」(『全集』⑩210～212)。

八七年一月「外国との戦争必ずしも危事凶事《きじきょうじ》ならず」「人心の一致を促し、…大《おお》に自から奮起せしめんとするには、国に外国との戦争起るを以《もっ》て最も効力の迅速なる方法を得《う》るものとす。…戦争は必ずしも百毒百害の性質あるものにあらざるなり。」(『全集』⑪178～180)。

九二年八月「唯《ただ》決断に在《あ》るのみ」「工風《くふう》は唯《ただ》外国との事端を多くし、内の人心を外に転ぜしむるの一策あるのみ。即ち過日《かじつ》の紙上に朝鮮政略の英断を希望したる所以なり。…今の政治社会の紛争を止《と》めて内の治安を維持するの策は、唯《ただ》朝鮮政略の実行に在《あ》る可《べ》しと、我輩の敢《あえ》て信ずる所なり。」(『全集』⑬435〜436)。

九四年三月「維新以来政界の大勢」「太平の世には其無用…。彼《か》の忠勇義烈と云《い》ひ、排外自尊と云ひ、何れも徳義論の劇《はげ》しきものにして、内治外交の切迫、国家安危の時に当《あた》り、此劇論《げきろん》を題目に唱《とな》へて人心の結合を謀《はか》る為《た》めには甚《はなは》だ妙《みょう》なり」(『全集』⑭307)。


以上のように、中期保守思想を確立した福沢にとって、労働運動・社会主義運動によって「正に狼狽《ろうばい》して方向に迷ふ」「今日の西洋諸国」から学んだ「内国の不和を医《い》するの方便として故《こと》さらに外戦を企て、以て一時の人心を瞞着《まんちゃく》する」権謀術数は不動の政治的持論、「政略」「我輩の素論」になっていた。それは国内矛盾から国民の目を外にそらす「内国の不和を医《い》する」手段であり、くわえて強兵富国路線に向けての「人民の報国心を振起《しんき》」する効用まで果たしてくれる帝国主義の時代に相応《ふさわ》しい絶好の政治的方策であった。

このように、「内に如何なる不平不条理あるも…」と「外に対して事端を開く」権謀術数が、井田・平山両人が考えるような石河流の「昭和十年代を先取りした滅私奉公論」や「石河の思想」であるという把握は、福沢「先生」にはたいへん失礼なことで、とんでもない誤りである。「他日為《な》す所あらん」と公約していた「一身独立」路線の追求を棚上げしたまま、「強兵富国」のアジア侵略と「愚民を籠絡《ろうらく》する…欺術《ぎじゅつ》」としての天皇制の中期保守思想を選択・確立した福沢諭吉にとっては、それらは必然的な政治の手法であり、政治的持論そのものであった。「一身独立」＝国内の民主化を放置・封印したからこそ「愚民を籠絡《ろうらく》する…欺術《ぎじゅつ》」が必要となり、くわえて、そのために国民の近代的な個としての自主・自立、「一身独立」を一貫して放置・抑圧せざるを得ず、したがって、「内に如何《いか》なる不平不条理あるも之《これ》を論ずるに遑《いとま》あらず」という「滅私奉公論」の形成・成立も必然であった。また、「臣民」に自発的な愛国心・報国心の形成を期待できないという事情にくわえて、「内国の不和を医《い》する」ためにも、「内の人心を一致せしむる為《た》めに外に対して事端を開く」というアジア侵略の権謀術数による排外主義的な似非《えせ》「愛国心」の形成は、近代日本の進路にとっても必要不可欠な思想であり、方策であった。

つまり、公約の「一身独立」＝国内の民主化を放置・封印して、「強兵富国」「国権皇張」のアジア侵略路線と「愚民を籠絡《ろうらく》する…欺術《ぎじゅつ》」としての神権的天皇制を選択した福沢諭吉にとって、「畢生の目的は唯国権皇張の一点」であってみれば、「内に如何なる不平不条理あるも之《これ》を論ずるに遑《いとま》あらず」は当然の政治姿勢であり、また、その結果としての国内矛盾＝「内国の不和」を外にそらし、「内の人心を一致せしむる為《た》めに外に対して事端を開く」アジア侵略の権謀術数も不可避の政治的持論とならざるをえなかったのである。

その意味で、「内に如何《いか》なる不平不条理あるも…」の国権拡張至上主義（「滅私奉公論」、「一億玉砕」

論）と「外に対して事端を開く」権謀術数は、中期以降の「福沢の思想」にとっての必然的で構造的な双生児ともいうべき恒常的な政治の姿勢であり、手法・方策でもあった。前掲コラムの「敵国外患を知る者は国亡《ほろ》びず」が、甲申政変の「日支両国戦争」で仮に「支那の艦隊が東京湾に侵入する…」という権謀術数によって、「身を殺すも日本は独立…維持せざるべからず」という「真成なる日本《やまと》魂《だましい》を造る」ことが出来れば、「凶事中亦自から吉事」という大胆なことを主張していたことに倣《なら》えば、むしろ国権拡張至上と「敵国外患」の権謀術数は、双生児というより「真成なる日本魂」という一語に包括・統一・表現できる一心同体の存在と見るべきであろう。いずれにしても、「純粋真成の日本魂」（『全集』⑩183）を構成する福沢持論の「内に如何なる不平不条理あるも…」の国権拡張至上主義を、井田・平山の両人が、およそ見当外れの石河流の「昭和十年代を先取りした滅私奉公論」や「石河の思想」そのものと、悪乗り的に評価したのは、「福沢の思想」そのものへの誤解・無知をさらけ出したものである。

なお、国内の「不平不条理」を放置したまま「外に対」する「事端」＝「外競」路線に国民を動員していくための似非《えせ》ナショナリズムとして、福沢が「一系万代の至尊を奉戴《ほうたい》」する「愚民」籠絡《ろうらく》のナショナリズム＝「尽忠」ナショナリズムを選択したことも必然的な帰結であった。それが『帝室論』にいう、兵士が「帝室の為《ため》に進退し、帝室の為《ため》に生死するものなりと覚悟を定めて、始めて戦陣に向て一命《いちめい》をも致す」「天皇陛下万歳！」の皇軍精神であった。日清戦争を迎えると、福沢は九四年一一月「大本営と行在所《あんざいしょ》」では、「我大元帥陛下の威霊」のもとでの「三軍の将士は皆御馬前に討死の覚悟」を持ちと表現し、同年一〇月「天皇陛下の御聖徳」では、「軍人たる者は…出陣の日は即ち死を決するの日にして、一日も早く叡慮《えいりょ》を安んじ聖体を安んじ奉らんとの精神」を、「靖国神社」構想をふくめて、日本にとって「我《わが》万里の長城とも見る可《べ》きもの」であると手放しで賞賛していたのである。

（4）以上によって、「日本臣民の覚悟」が「福沢の思想・文章」そのものであることは、もはや十二分に明らかである。しかし、井田進也と平山洋の二人がもっぱら「語彙や表現」でしか筆者判定をしない研究者であることに配慮して、さらに「日本臣民の覚悟」の個々の思想・文章と、以上にみた福沢の真筆のそれを対比して列挙しよう（前者が当時の福沢の真筆で、後者が「日本臣民の覚悟」。なお、序章1の(3)においても同様の対比を試みており、序章の場合の方がより包括的な対比となっている）。

1「臣民」→同一、2「一命《いちめい》さへ棄《す》つる忠臣」「天皇陛下の御馬前に討死」→「あらん限りの忠義」、3「国民が真実赤裸《まるはだか》ニなるまで」「仮令《たと》ひ一家の資産を傾けても」→「財産を挙《あ》げて之《これ》を擲《なげう》つ」、4「人種《ひとだね》の尽きるまで」→「人の種の尽きるまで」、5「忠勇義烈」→同一、6「正宗の宝刀…鞘《さや》に納め…武士の嗜《たしな》み」→「宝刀…深く鞘《さや》に納めて…治世の嗜《たしな》み」、7「支那流の頑陋《がんろう》」→「頑陋《がんろう》不明なる支那人」、8「東洋文明の先導者」→同一、9「私《わたくし》を忘れて国に報ずる」→「私情を脱して国に報ずる」、10「眼中物なし、唯《ただ》日本国あるのみ」↓同一、11「目的は唯《ただ》戦勝」↓同一、12「国権の皇張」↓「我《わが》国権を伸ばし」、13「外に対して肩身《かたみ》を広くする」↓「世界に対して肩身《かたみ》を広くする」、14「所謂兄弟牆《いわゆるけいていかき》に鬩《せめ》ぐも外の侮《あなどり》を防ぐ」↓「喩《たと》へば父母の大病中に兄弟喧嘩一切《いっさい》無用なるが如《ごと》く」。

以上、福沢の真筆と「日本臣民の覚悟」の表現を対比すると、類似表現14語句のうち、まったく同一の表現が1、5、8、10、11の五語句、ほぼ同文が4、6、7、9、12、13の六語句もある(14分の11)。石河『伝』③の証言どおり、もともと同一人物が書いたものであるから、他の真筆における表現と「日本臣民の覚悟」のそれが、同一・同様の「思想・文章」であることになんの不思議もない。それを一体どう読めば、井田のように、「福沢文と月とスッポン」「もう石河がサインしているようなもの」と読めるのか、質《ただ》してみたいものである。

しかし、井田に質《ただ》さなくても、答えは簡単に推測できる。井田は、同時期の福沢の真筆との対比・照合はなにもしないまま、天賦人権論者、人間平等論者、典型的市民的自由主義者、民主主義者などと、彼が仮想する「丸山諭吉」がそんな表現や主張をするはずがない、という勝手な想定基準にもとづく大雑把な勘と裁断によって、すべて「月とスッポン」「石河がサイン」などと気楽に認定し、福沢の年来の政治的持論「内に如何《いか》なる不平不条理あるも…」までを、お粗末な「昭和十年代(の)…滅私奉公論」と勝手に非難・中傷しているだけのことである。

（5）井田および平山は、以上に見たように、いい加減な憶測にもとづいて「日本臣民の覚悟」の筆者が石河幹明であると勝手に断定していた。第五の問題点として、かりにそう判断するのであれば、二人は、福沢が論説主幹として、「およそ達意にはほど遠い悪文や粗雑な議論」が常の石河の「昭和十年代」流の「滅私奉公論」の原稿に、ほとんど手を入れないまま（思想的には了解して）、それを社説に掲載させた社会的責任を問うべきである。

井田も九三年八月の日原昌造宛の、第Ⅰ章1で紹介した福沢の書簡「新聞社に社説を視る者無之《これなく》、…矢張《やはり》老生一人の負担する所に相成《あいなり》候《そうろう》義《ぎ》」を引用しており、既述したように、福沢が九一、二年頃から「自《みずか》ら執筆する重要なもの以外は主として石河に起稿を命じ」るようになり、それ以後においても、（平山と異なり）井田は、福沢がひきつづき社説の差配、チェックを担当していることは認めているのである。ところが、「丸山諭吉」像を信奉する二人は、丸山の福沢研究の誤った手法まで踏襲して、思想家福沢の差配の社会的責任にはおよそ関心がない。丸山眞男を筆頭とする福沢美化論者たちにあっては、思想家福沢の歴史に対する主体的な責任を一貫して棚上げすることが伝統となっているのである。

安川『福沢と丸山』は、丸山眞男の福沢諭吉研究が、近代日本の歴史の現実の進展・展開とつねに無関係に、つまりあたかも真空管内の福沢諭吉なる人物を分析・考察するために、思想家福沢の主体的責任を一貫して無視・棚上げして免責する、思想史研究から逸脱した手法であることを、詳細に論じているので参照願いたい（364〜400）。たとえば、後期の福沢が保守化した理由として、「思春期に達した子供が非常に悪い環境に育ったために性的な方面で、他と不均合《ふつりあい》にませてしまった様なものではないかと思うのであります。」（『丸山集』④88〜89）などと杜撰《ずさん》なことを書いて（多くの研究者が口をそろえてこの福沢擁護論を批判・非難）、丸山は福沢の保守化の原因を、思想家福沢の内在的責任に探ることなく、もっぱら「日本の国内構造の特質」と「当時最高潮に達した帝国主義」の「国際環境」という「悪い環境」に求めるのである。

(6) なお、井田の「臣民」が石河流、「国民」「人民」が福沢流という「語彙」判定基準自体が無効であることは（2）で既述した。本書の第Ⅲ章7で再確認するように、福沢は、すでに一八八九、九〇年段階で「大日本帝国憲法」＝「教育勅語」体制を主体的に受容し、帝国憲法発布の翌日からの九日間にわたる重要な連載社説「日本国会縁起《えんぎ》」が提示したように、長年の「権力の偏重」と「惑溺」を特徴とする前近代的な社会によって「先天の性」として形成された「従順、卑屈、無気力」な日本人の国民性に依拠して、それ以降の日本の資本主義的発展を展望していた（安川『福沢と丸山』Ⅰ参照）。その福沢諭吉にとって、日清戦争への国民の全面的な協力を求める重要論説の表題を「日本国民の覚悟」ではなく、（石河流ではなく福沢流に）「日本臣民の覚悟」とすることは、しごく当然のことであった。そのことを、ここでは第Ⅰ章3のコラムで紹介した、福沢の初期啓蒙期以来の天皇制思想の推移・変遷とのかかわりを前提にして、「日本臣民の覚悟」の内容そのものに即して、論説の主語が日本「臣民」でなければならない必然性を、論理的に解明してみたい。

「愚民を籠絡《ろうらく》する…欺術《ぎじゅつ》」としての福沢の天皇制論のポイントは、帝室が「人心収攬《しゅうらん》の一大中心」となり、「一国の緩和力」発揮の無限の効用を果たす「宝玉」であるためには、日頃から「帝室が左を助《たすく》る歟《か》、または右を庇護《ひご》する等」の直接政治に関与する態度をとることは「誠に得策に非《あら》ざるなり。」という賢明な判断である。それは、日常的には帝室が「偏なく党なく」「政治社外に在《あ》るに非《あら》ざれば行はる可《べか》らざる事」（『帝室論』）という構想であった。つまり、福沢の帝室「政治社外」構想は、天皇制＝「金玉」に最大・「無限」大の政治機能（「経世上の功徳《こうとく》」）を期待した議論である。そのことを、福沢は率直に次のように念押ししていた。「帝室は固《もと》より政治社外の高処に立ち、…其《その》政治の熱界を去ることいよいよ遠ければ、其《その》尊厳神聖の徳いよいよ高くして、其緩解《かんかい》調和の力も亦《また》いよいよ大なる可《べ》し。」「其功徳を無限にせんとするが故《ゆえ》に（日常的には）政治社外と云ふのみ。」（『尊王論』）、と。

福沢の帝室「政治社外」論は、こんなわかりやすい構想であるのに、政治思想史の専門家・丸山眞男が、これを「一切の政治的決定の世界からの天皇のたなあげ」などと解釈したことは、『日本の思想』にとって痛恨の極《きわ》みである。福沢は、「軍国主義強化のためにこそ、天皇の直接的な政治関与がおこなわれた」九三年の有名な「軍艦勅諭」を「感泣の外なき」ことと歓迎し、丸山が「日本国家が倫理的実体として価値内容の独占的決定者たることの公然たる宣言」と非難する教育勅語「下賜《かし》」に対しては、「我《わが》天皇陛下が我々臣民の教育に叡慮《えいりょ》を労《いたずか》せらるるの深き」に、また「誰か感泣せざるものあらんや」と歓迎し、学校教育でその「仁義孝悌忠君愛国の精神を…貫徹」させるよう要求する社説（この「丸山諭吉」神話の解体をせまる社説の存在を、丸山が認識したのは死の前年のこと）を書かせたのである（『福沢と丸山』Ⅰの2参照）。

同じ構想を福沢は、「日本臣民の覚悟」の五ヶ月前の連載社説「維新以来政界の大勢」において、「時節と場合とに由《よ》りては大《おおい》に必用《ひつよう》」な「正宗《まさむね》の宝刀」にたとえて、わかり易く次のように説明していた。「之《これ》を喩《たと》へば正宗の宝刀の如《ごと》し。兵馬戦乱の時節には無上の宝にして易ふ可《か》きものなしと雖《いえど》も、兵乱ここに収まれば宝刀は鞘《さや》に納め、…秘蔵するのみならず、太平の世には其《その》無用ならんことを祈るのみ」。そしていま日本は、日清戦争という「兵馬戦乱」、それも「全国四千万人の人種《ひとだね》の尽きるまでは一歩も退かずして、是非《ぜひ》とも勝たねばならぬ…大戦争」という「一旦緩急《いったんかんきゅう》アレハ」（教育勅語）の事態を迎えたのである。他記者あるいは知識人一般と同様に、日常的には「国民」や「人民」の語彙を使ってきた福沢も、緊急時には「正宗の宝刀」、「無上の宝」「金玉」「宝玉」の天皇制のもつ「功徳《こうとく》を無限に」発動させるために、日本「国民」に代わって、ほかならぬ日本「臣民」意識への呼びかけ・訴えが必要であると認識したのである。

井田流に「日本臣民の覚悟」における日本人の呼称の「語彙」を調べると、「国民」が8回、「人民」が1回、「日本国民」が1回、「日本国人」1回、「日本臣民」が2回となっている。（井田・平山両人のように、「日本臣民」は石河流と誤って片付けてしまうのではなく）論説中でも限られた2回の日本「臣民」がどういう文脈で使われているのか、またなによりも社説表題がなぜ「日本臣民の覚悟」でなければならないのか、これは挑戦に値する（ただし思想史研究における「語彙」分析としては当然の）課題の設定であろう。

第一に、（日清戦争の正当性はさておいて）「是非《ぜひ》とも勝たねばならぬ…大戦争」には、全国民の「あらん限りの忠義」が必要であり、そのために、その呼びかけの主体と客体として、日常は「政治社外」の「鞘《さや》に納めてきた」天皇が「主体」として登場し、呼応してその客体として「臣民」（意識）の登場することが必要となる。第二に、「我輩は忠勇義烈の要を知」りながら、「宝刀利なりと雖《いえど》も（日常的には）深く鞘《さや》に納めて抜かざる…嗜《たしな》み」が必要だから、これまで「態《わざ》と世論に雷同」せず、「平生に沈黙し」てきた。しかしそれは、今や「財産を挙《あ》げて之《これ》を擲《なげう》つは勿論《もちろん》、老少の別なく切死《きりじに》して人の種の尽きるまで」戦うべき「今日を待ちて大《おおい》に発せんが為《た》め」の意図的な自重であった。だから「大戦争」時の社説の表題は、「日本国民」に向けてではなく、なんとしても「忠義」「忠勇義烈」の主体たる日本「臣民」に向けての「覚悟」の呼びかけでなければならなかったのである。

第三に、二回の「日本臣民」の語彙が、その論説の中のどのような文脈において使われていたのか。それは「我輩が今度の大事件に際し、外戦の終局に至るまで国民一般の向ふ可《べ》き方針として至当なり」と福沢が考える三箇条のなかでも、福沢の政治的持論①「内に如何《いか》なる不平不条理あるも…」の国権拡張至上主義と、②「敵国外患は内の人心を結合」する権謀術数《けんぼうじゅっすう》によって「官民調和」を謀《はか》るという無理難題の二箇条を国民に納得・了解させるための二箇所において使われており、その二点において日本「臣民」意識に訴えたものになっていた。

①から具体的に見よう。「日本臣民は事の終局に至るまで謹《つつし》んで政府の政略を非難す可《べか》らず。…如何《いか》なる事情に迫るも謹んで黙して当局者に自由の運動を許し、其《その》一挙一動も之《これ》を賛成」しなければならない。そのためには「眼中物なし、唯《ただ》日本国あるのみ」の観念が必要である。「目的は唯《ただ》戦勝に在《あ》るのみ。戦争に勝利を得て我国権を伸ばし、吾々同胞の日本国人が世界に対して肩身《かたみ》を広くするの愉快さへあれば、内に如何《いか》なる不平不条理あるも之《これ》を論ずるに遑《いとま》あらず。」という主張である。

この内容については、福沢美化論者の筆頭の丸山眞男もさすがに、「官に対する民の実質的な無条件降伏の勧め」と嘆いたものである（ただし井田は、この件を丸山が「日本臣民の覚悟」の筆者を福沢と誤解したために「丸山論文自体を空洞化」させたものと理解していた）。国民にとっては戦争終結まで「政府の政略」を一切「非難」せず、「当局者に自由の運動を許」し、「眼中物なし、唯《ただ》日本国あるのみ」の観念をもちつづけるという国権拡張至上が無理無体な要求であることを、福沢は自覚していた。だからこそ、「内に如何《いか》なる不平不条理あるも…」という無条件降伏の要求を、国民ではなく「天皇陛下の臣子《しんし》にして良民たる」（八二年一二月「東洋の政略果《はた》して如何《いかん》」）日本「臣民」の名のもとに訴え、了解させようとしたのである。上記引用文の中で「日本国人」と表現している場合は、「世界に対して肩身《かたみ》を広くする…」の主語のために使われているのであり、「国民」「人民」「日本国民」「日本国人」「日本臣民」が、当然ながら、それぞれが有意にかつ見事に使い分けられていることが確認できよう。

②は、「官民共に政治上の恩讐《おんしゅう》を忘るる事なり。…官とも云はず、民とも云はず、…共に国事を負担し、同心協力、真実の兄弟の如《ごと》くにして始めて日本臣民の名に愧《はじ》ることなきを得《う》べし。」という「敵国外患は内の人心を結合」する権謀術数による「官民調和」の勧めである。具体的には「本月十六日時事新報」で呼びかけた「主なる元老の人物は一人も余さず政府に入れて事を共にせんこと」の再論であった。この場合は、既述したように「従来我《わが》官民の間は兎角《とかく》不調和にして議会と政府との関係」が「恰《あたか》も仇敵《きゅうてき》の如くにして到底《とうてい》両立」が困難であったという認識があるからこそ、福沢は「敵国外患」の権謀術数によって、官民を問わず同じ日本「臣民」の自覚をもって「此《この》一挙に乗じて不調和の宿弊《しゅくへい》を一洗《いっせん》」しようと謀《はか》ったものである。

(7) 以上のように、「日本臣民の覚悟」が無理な「内に如何《いか》なる不平不条理あるも…」の国権拡張至上や権謀術数の「官民調和」論を、日本「臣民」の「忠義」「忠勇義烈」心に訴えようとしていたことを考えると、福沢が日清戦争を先進帝国主義諸国同様の無理無体な侵略戦争であると無意識的に自覚していたものと、解釈・推測してみたい。『通俗国権論』以来、アジア蔑視と文明史観による侵略合理化の「脱亜論」の道のりを歩んできた福沢は、開戦後の「日本臣民の覚悟」の中では、そのアジア蔑視と文明史観による侵略戦争推進の合理化については、「今や不幸にして彼の頑陋《がんろう》不明なる支那人の為《た》めに戦《いくさ》を挑《いど》まれ、我《わが》日本国民は自国の栄誉の為《た》め東洋文明の先導者として之《これ》に応ぜざるを得ず。」と表現して、相手が「頑陋《がんろう》不明なる支那人」であるため、「文明の先導者」として、中国の「文明」化を武力でもって先導せざるを得ないものとしたのである。

(8) 最後は補足である。「時事新報」にとって、同日に二つの社説を掲載するのは異例の出来事である。その事実と意味については第Ⅲ章2の(1)のコラムで論及する。「日本臣民の覚悟」は、八月二八日の「条約改正の公布」(『全集』⑭542〜)との同日併載社説であることに気づいてあらためて見直すと、一八九四年の他の併載社説の場合も、七月二九日の「日清の戦争は文野の戦争なり」(「大に軍費を拠出《きょしゅつ》せん」)と八月一四日の「私金義捐《ぎえん》に就て」(「軍資の義捐を祈る」)の執筆が福沢である(カッコ内の論説は他記者の起草)。つまり、五回も二社説同日併載のあった異例の九四年において、五回中三回の併載社説の一方が福沢の執筆とわかってみると、私は、他の二回の併載の場合、つまり六月五日の「速《すみやか》に出兵す可《べ》し」(「衆議院の解散に就て」)と、七月二四日の「支那朝鮮両国に向て直《ただち》に戦を開く可《べ》し」(「居留清国人の保護」)の併載社説の場合も、出兵と開戦要求の論説は福沢論吉の執筆ではないか、と推測しておきたい（石河『伝』③713の「清韓両国に向って宣戦すべしと極論」の記述が、とりあえずの論拠）。

そして、この推測が見当違いでないとしたら、福沢は、五回も併載社説のあった異例の九四年において、開戦前後の六月一回、七月二回、八月二回の併載社説の一方を、一貫して執筆したことになる。ということは、この時期の「論説のほとんどは石河の執筆」という平山洋の主張とは逆に、開戦当初しばらくは、「朝鮮事件の切迫するや日々出社し非常の意気込を以て自から社説の筆を執られ」（『伝』③）、「勇奮活躍、連日紙上に筆を揮《ふる》ひ、国民の士気を鼓舞《こぶ》してやまなかった。」（『全集』⑭「後書」）という福沢諭吉像が鮮明《ビビッド》に浮かび上がってくるであろう。

2　井田の認定研究の目的
——福沢諭吉の「名誉回復」という作為

以上で、平山の信奉する「井田メソッド」の杜撰と欠陥の考察がひとまず終わった。残された「井田メソッド」の問題点は、なぜ井田が石河幹明の文章と真筆の福沢の発言・思想とを対比・照合して考察するという、重要な作業を一貫して放置したのかという疑問である。しかしこの場合の答

え も、意外に簡単である。「日本臣民の覚悟」の筆者判定の論文の最後において、井田が、他記者起草で福沢の関与の少ないC、D、E級論説を『全集』から除外した新たな『福沢全集』を編纂すれば、「豁然《かつぜん》と霧が晴れる日」が訪れ、「駿馬《しゅんめ》の雄姿」ともいうべき福沢の本来の思想がたち現れることを「期待」していたことは、すでに見た。

つまり、井田の一連の『全集』のテクスト認定の研究は、「駿馬《しゅんめ》」の「本来の福沢像」を「回復」するために井田が行なった、まさに為《ため》にする作為的な「研究」である。しかも意外にも、その祈念・期待を、井田は臆面もなくあっけらかんと論文中に明記していた。最初の一九九六年の第一論文〈〈福沢諭吉「時事新報」論説の真贋〉〉では、直接そうした表現はない。しかし末尾には、「福沢の関与度をABCDEに五段階評価できるようになれば、「脱亜論」級の重要論説に、かぎりなく福沢でないことを意味する評点Eのレッテルが貼《は》られる日が来るかもしれない。」(32)と書かれている。これを見れば、「福沢のアジア侵略への衝動」(遠山茂樹)を表明した論説として広く知られていることの無署名論説「脱亜論」がじつは石河幹明の起草・執筆したE判定の論説とわかれば、「脱亜論」の筆者として「半世紀以上ものあいだ内外の批判に曝《さら》されてきた福沢」(106)の名誉が一挙に回復されるる「日が来るかもしれない」という井田の願望・期待が手に取るように読み取れよう。

ところが、既述したように、「脱亜論」が「おそらく完膚《かんぷ》なきまで石河文に(福沢が)朱《しゅ》を入れた結果」という認定の誤りを認めざるを得ず(当時石河は入社さえしておらず、石河起草の推定そのものを訂正せざるをえなかった)、井田は、福沢の名誉回復に成功できなかった。そこで井田は、再挑戦の九八年の第二論文において、今度は福沢が「全アジア的に少なからぬ悪評・悪名を蒙《こうむ》」ることになった代表的な論説「日本臣民の覚悟」の判定に挑戦して、「石河がサインしているようなもの」「福沢文とは月とスッポン」「昭和十年代を先取りした滅私奉公論」などという軽率な判断によって、福沢に主体的責任のないD評価論説の判定をくだした。その(またまた誤った)評価の成果に酔った井田は、丸山眞男が、せっかく福沢諭吉を正しく「初期・後期を通じて一貫した「典型的市民的自由主義者」」と把握・評価しながら、この社説などを福沢の論説と誤解したために、「福沢が後期において初期の立場から転向して反動化した」などと書いてしまって、「丸山論文自体を空洞化」させ、福沢を「漠《ばく》たる幻影」化させたことをたいへん残念がっていたのである。

その論文の結論として、井田は、CDE判定の無署名論説を除外した『『中江兆民全集』の水準に見合った新・福沢全集の編纂』を希望した(48)。つまり将来もし、AB級論説のみの本物の『福沢全集』が編纂されたならば、「豁然《かつぜん》と霧の晴れる日」が訪れ、「丸山が「複眼主義」と呼ぶ柔軟な思考方法を日清戦争期をも通じて、案外持ち続け」、中江兆民とならんで「比較的逸脱《いつだつ》を免れた数少ない思想家」(48)であったという福沢諭吉の「駿馬の雄姿」を確認できるようになるであろうという「期待」が表明されたのである。

「時事新報」の「雑報欄」の考察が主題である第三論文は考察対象から除外して、次の3において、二〇〇〇年の第四論文と〇一年の第五論文の内容の批判的検討に入ることにしよう。ただし、その前に、両論文の末尾において表明されている、井田のテクスト認定の目的をあらためて確認しておこう。

第四論文では、『『時事新報』論説にしばしば感じられる（他記者起草による）「若手の血気《けっき》」こそが、長きにわたって福沢と福沢思想を覆《おお》ってきたヴェール」であり、それらの論稿「のゆえに、福沢は全アジア的に少なからぬ悪評・悪名を蒙《こうむ》ってきた」と考える井田は、「没後百年に当たる二〇〇一年は、幾重《いくえ》にも絡《から》みついたしがらみを去って本来の福沢像を回復する新紀元」にしたいと述べ、そうすれば福沢は「従来いわれてきたよりもいっそう骨太の思想家として立ち現れることを、筆者は期待する」（90）と結んでいる。同様に第五論文では、福沢は「少壮記者が血気《けっき》にまかせて書いた論説を（福沢がその筆者としての責任を）一身に引き受けて半世紀以上ものあいだ内外の批判に曝《さら》されてきた」と残念がる井田は、「二〇〇一年が、福沢をして福沢を語らしめる絶好の機会となることを祈念する。」（106）と結んでいた。

福沢諭吉顕彰会の会員ならいざ知らず、研究者が自分の研究の主観的な意図をこれほどあっけらかんと書く事例はきわめて珍しい。井田が「福沢をして福沢を語らしめる」という場合の福沢諭吉とは、丸山眞男の福沢研究がつくりだした「丸山諭吉」以上に「美化」された人物像であることは既述した。その丸山眞男（「先生」）の説いた常識的な研究者の心構え、研究の戒めを、井田のために確認しておこう。「学者…を内面的に導くものはつねに真理価値でなければならぬ。」（『丸山集』③145）、「われわれはどこまでも客観性をめざして…希望や意欲による認識のくもりを不断に警戒」しなければならない（同③150〜151）。つまり、研究が研究であるかぎり、研究者の「祈念」、「期待」、希望、意欲、主観的な価値判断を「禁欲」することは、研究者にとってのイロハの心構えである。

すでに明らかにしたように、「日本臣民の覚悟」の筆者認定において、井田が「石河がサイン…」「福沢文とは月とスッポン」「昭和十年代（の）…滅私奉公論」のD評価判定をくだすためには、同時期の福沢の真筆の著作の「思想・文章」と厳密に比較・対比・照合して考察・確認することが不可欠の研究の手続きとなる。それを一貫して放置・手抜きしながら、軽々しく福沢を「駿馬《しゅんめ》の雄姿」「骨太《ほねぶと》の思想家」と結論づけようとする井田には、さらに丸山（「先生」）の次の「教え」を重ねて紹介しなければならない。「思想史はやはり史料的考証によって厳密に裏づけされなければなりません。」（同⑨69）、「史料による対象的な制約、歴史的な対象それ自身によって枠をはめられることの厳しさに耐えられないところの「ロマンチスト」や「独創」思想家もまた思想史に向きません。…思想史家の抱負なり野心というものは、…歴史離れをするにはあまりに謙虚なものであります。」（同⑨72）。

以下、第四、第五論文の内容に即して、井田の『全集』テクスト認定作業が、丸山眞男の戒《いまし》めに反して、いかに「希望や意欲による認識のくもりを不断」に重ねた研究であるかを論証しよう（そもそも心構えに問題のある研究者の成果などには関心がないという気短な読者は、3、4を読み飛ばされたい)。無署名論説「脱亜論」の「西洋の文明国と進退を共にし、其《その》支那朝鮮に接するの法も隣国なるが故《ゆえ》にとて特別の会釈《えしゃく》に及ばず、正《まさ》に西洋人が之《これ》に接するの風に従《したがっ》て処分す可《べ》きのみ。」という有名な結論は、福沢のアジアへの侵略の意向を表明したものと理解されるのが定説となっている(遠山茂樹、服部之総、鹿野政直、飯塚浩二、竹内好、岡義武、河野健二、伊藤正雄——平山洋『福沢の真実』第五章参照)。

これに対して井田は、第一論文において、自分の認定方式で「脱亜論」が「評点E」であれば、福沢の汚名が返上できるというひそかな期待を示していた。しかし、のちに「脱亜論」を「評点A」と認定せざるをえなかった井田は、同じ第二論文において、今度は「悪評・悪名を蒙《こうむ》ってきた」論説「日本臣民の覚悟」を「評点D」と認定することによって、「本来の福沢像」の回復と、「駿馬《しゅんめ》の雄姿を垣間《かいま》みようと」したが、これにも失敗した。

3 かくも明らかな福沢「脱亜論」に至る道のり
——第四論文批判

問題の第四論文は、以上の福沢の名誉回復の初心忘れ難い井田が、「脱亜論」の半年前の八四年九月一六日から一ヶ月間の清仏戦争報道期の「時事新報」無署名論説と同「漫言」を対象にして、その起草者の認定にとり組んだ論文である。この場合の井田の「小論の意図」は、「賛否いずれの立場からするにせよ」(73)と断っているが、清仏戦争期の福沢の報道姿勢それ自体を明らかにするというよりも、長年の「「脱亜論」の真意をめぐる議論」(72)に対して、定説とは逆に、あろうことか福沢は一貫して「慎重論」「対中国消極論」「対中国不干渉論」の立場であったことを読みこんで、再度、福沢の名誉回復をはかろうとしたものである。

それにしても、第四論文は、たとえ一ヶ月という限られた期間でも、その間の一連の論説を考察対象にして、福沢の認識や思想の流れに即して分析・認定しようとしているので、井田としては異例の姿勢であることに期待して読んだが、対中国消極論や不干渉論という分析が、作為的な引用や読みこみによって、無理に無理を重ねたおよそ説得力のない論稿であることは、以下に見るとおりである。

まず、九月二四、五日の社説「支那を滅ぼして欧州平《たいらか》なり」の井田の扱いを見よう。この論説と「脱亜論」とのつながりを問題にするなら、常識的には、二四日論説(高橋義雄起草C評価)の「欧州社会の危きこと岌々《きゅうきゅう》乎《こ》として羅馬《ローマ》帝国の末葉に等しき」現状に対する二五日(福沢真筆A評価)論説の「今其不平の熱を洩《へら》さんとするには、必ず方便を海外の地に求めざるを得ず。而《しか》して其《その》適当の地は亜細亜《アジア》州の支那帝国ならん。…数年を期して其事《そのこと》の実《じつ》に行はる可《べ》きや疑を容《い》る可《べか》らず。

如何《いかん》となれば欧州社会不平の事情も漸《ようや》く切迫の状あればなり。」という福沢の予測を引用して、それが、半年後の「脱亜論」の、支那・朝鮮の二国は「今より数年を出ずして亡国と為《な》り、其《その》国土は世界文明諸国の分割に帰す可《べ》きこと一点の疑あることなし。」という福沢の判断・主張につながるものと分析するだろう。

　同様にして私ならばまず、既述したように、二五日論説の「欧州文明の惨状は今正《いままさ》に其《その》惨を増加し、…其《そ》の気焔の熱を緩和するがため、外に劣者の所在を求めて内の優者の餌食《えじき》に供するは、実に今日の必至必要とも云ふ可《べ》きもの（なれば、斯《かか》る必至の場合に臨《のぞみ》て何事を顧慮《こりょ》するの遑《いとま》あらんや。）」（井田は、括弧内の文章は作為的に引用しない）という福沢の主張に着目して、この主張が七八年『通俗国権論』、七九年『通俗国権論』二編、同年『民情一新』以来の、福沢の一貫する持論である「外に対して事端を開く」権謀術数そのものであることを確認するであろう。その上で、同論説の「斯《かか》る必至の場合に臨《のぞみ》て何事を顧慮《こりょ》するの遑《いとま》あらんや。」という（井田が引用を除外した部分の）記述に、福沢が文明諸国の帝国主義的な政策を肯定・後押《あとおし》していることを確認して、それが「脱亜論」の「我国…西洋の文明国と進退を共にし、其《その》支那朝鮮に接するの法も隣国なるが故《ゆえ》にとて特別の会《え》釈《しゃく》に及ばず、正《まさ》に西洋人が之に接するの風に従て処分す可きのみ。」という結論的主張にストレートにつながっている、と分析するであろう。

　ところが、福沢の名誉回復、汚名返上をひたすら「祈念」する井田は、「外に対して事端を開く」

権謀術数が福沢の持論となっていることを気にする気配もなく（というよりも、そのこと自体を井田は認識できていない）、論説を作為的に部分引用したうえで、次のように自分なりの勝手な評価を提示するのである。「「外に劣者の所在を求めて内の優者の餌食《えじき》に供するは、実に今日の必至必要とも云ふ可きもの」という文明国の否定的側面に対する福沢の現実認識が示されている」。つまり井田は、原文を勝手に切断して引用し、この論説は帝国主義時代の「文明国の否定的側面に対する福沢の現実認識」を示しただけの文章である、と勝手に解釈しているのである。

しかし、原文は「…云《い》ふ可《べ》きもの」に続いて「なれば、斯《かか》る必至の場合に臨《のぞみ》て何事を顧慮《こりょ》するの遑《いとま》あらんや。」となっている。つまり、持論の「外に対して事端を開く」権謀術数が「実に今日の必至必要とも云《い》ふ可《べ》きものなれば」という根拠・理由を示して、福沢は、だから「斯《かか》る必至の場合に臨《のぞみ》て何事を顧慮《こりょ》するの遑《いとま》あらんや。」と主張することにより、文明諸国の帝国主義政策を肯定・後押《あとおし》しているのである。これが半年後の「脱亜論」の主張へとつながっていることはあまりにも明らかである。それを、（丸山眞男を筆頭とする福沢美化論者たちに共通の）作為的な引用によって、「福沢の現実認識が示されている」だけのものと把握する井田の分析は、やはり丸山のいう「希望や意欲による認識のくもり」を示す典型的事例そのものである。

つぎに、「一目瞭然《りょうぜん》、正真正銘の福沢文」と評価する九月二七日社説「支那風擯斥《ひんせき》す可《べ》し」についての井田進也の把握を見よう。井田は「末尾の結論「到底《とうてい》今の支那人に向ては其《その》開化を望む可《べか》らず。人民開化せざれば之《これ》を敵とするも恐るるに足らず、之《これ》を友とするも精神上に利する所なし。」以下は、事実上半年後の「脱亜論」を先取りしており、とかく大陸進出論、侵略主義の脈絡で語られることの多い「脱亜論」の真意は、ことによるとこの辺《あたり》に述べられているのではあるまいか。」と、比較的素直に書いているので、井田進也もようやく「脱亜論」を「大陸進出論、侵略主義の脈絡で」理解しようとしているかのようにも読める。

ところが、一貫して福沢の真筆との対比・照合をしない井田が、ここではなぜか突然、（それも）六年も前の七八年九月『通俗国権論』（『通俗国憲論』と誤記）第七章の「余輩の主義とする所は、戦《いくさ》を主張して戦を好まず、戦を好まずして戦を忘れざるのみ」という福沢の文章のみを曲芸師のように引用してきて、それを根拠にして、論説「支那風擯斥《ひんせき》す可し」について、「現実的、積極的な進出・侵略の意図を読みとるのは少しく早計かと思われる。」と、結論をくだしている。しかもさらに、以下の論述においては、井田は「『通俗国権論』以来の慎重論」と勝手に記述して、上記の「余輩の主義…」という（同書の基本文脈から逸脱した）文章を唯一の根拠に、『通俗国権論』は福沢のアジア進出・侵略への慎重論を代表する著作であるという勝手な扱いをしているのである。

しかし、福沢研究の定説的な『通俗国権論』の理解では、およそ井田の把握と異なり、緒言で「内国に在て民権を主張するは、外国に対して国権を張らんが為《ため》なり。」と国権拡張こそが主題であることを提示した福沢が、第六章で（井田が「昭和十年代を先取りした滅私奉公論」と誤読した）持論となる「内に如何《いか》なる不平不条理あるも…」の国権至上の考えを、「政府の専制は…恐るるに足らず、…内国政府の処置の如《ごと》きは唯《ただ》是れ社会中の一局事にして、…」と記述した上で、終章「第七章　外戦止《や》むを得ざる事」において、次のような周知の結論を、福沢は展開していたのである。

「百巻の万国公法は数門の大砲に若《し》かず数冊の和親条約は一筐《いっきょう》の弾薬に若《し》かず。大砲弾薬は以《もっ》て有る道理を主張するの備《そなえ》に非《あら》ずして無き道理を造るの器械なり。…各国交際の道二つ、滅ぼすと滅ぼさるるのみ」。この有名な文章において、弱肉強食の国際関係のきびしい現実を強調したうえで、そのための備えとして福沢は、「最第一《さいだいいち》の緊要事《きんようじ》は、全国人民の脳中に国の思想を抱《いだ》かしむるに在《あ》り。」として、既述した「一国の人心を興起《こうき》して全体を感動せしむるの方便は外戦に若《し》くものなし。…我人民の報国心を振起《しんき》せんとするの術《てだて》は、之と兵を交《まじう》るに若《し》くはなし。」という権謀術数を表明していたのである。

ひろく読まれた『「文明論之概略」を読む』下（岩波新書）において、丸山眞男は、上記の「百巻の万国公法は数門の大砲に若《し》かず…無き道理を造《つく》るの器械なり」を引用して、これについて「とくにネクラの進歩派には悪名高い福沢の立言《りつげん》」であり、「福沢の国権論への「転向」をいう際に必ず引き合いに出される言葉です。」（『丸山集』⑭341～）と書いて、事実はそうでないという意味の、およそ見当外れのコメントをつけている（安川『福沢と丸山』145参照）。おそらく井田もこの見当外れのコメントを念頭において、それに胡坐《あぐら》をかいて、『通俗国権論』を対アジア慎重論と解釈している様子なので、念のため付記した（「教祖」の流す害毒恐るべし！）。

既述したように、翌一八七九年の『民情一新』において、モデルの欧米「先進諸国」が労働運動・社会主義運動の発展で「今日の西洋諸国は正《まさ》に狼狽《ろうばい》して方向に迷ふ者なり。」という新たな認識を示した福沢は、後ろ向きの歴史的現実主義の立場への後退を表明した。その彼が選択したのが八一年『時事小言』における「専《もっぱ》ら武備を盛《さかん》にして国権を皇張《こうちょう》」し「無遠慮《ぶえんりょ》に其《その》地面を押領《おうりょう》」するアジア侵略の「強兵富国」路線であった。翌年七月の壬午軍乱と八四年一二月の甲申政変を好機到来と迎えた福沢は、最強硬の軍事介入を主張し、とりわけ自身が刀剣や爆薬類の武器弾薬の提供まで行なった甲申政変の際には、「時事新報」は、論説「戦争となれば必勝の算あり」と「御親征の準備如何《いかん》」において、「朝鮮京城の支那兵を鏖《みなごろし》にし、…海陸大挙《たいきょ》して支那に進入し、直《ただ》ちに北京城を陥れ」という首都攻略や天皇の「御親征」まで要求する、あまりに強硬で過激な主張のために発行停止処分さえ受けた。

以上のように、国権拡張至上の主張、「各国交際…滅ぼすと滅ぼさるるのみ」の国際関係認識、「外に対して事端を開く」権謀術数までを表明した『通俗国権論』は、『民情一新』における認識転換をへて、『時事小言』の福沢のアジア侵略の強兵富国路線の確立となり、甲申政変への介入をへて八五年「脱亜論」の主張につながっていく。この福沢の思想の流れは、明らかに「大陸進出論、侵略主義の脈絡で」理解・把握されねばならない道のりである。ところが、井田は、（自説の主張に不都合な）『民情一新』、『時事小言』、甲申政変への福沢の介入の事実などにはなんら論及しないまま、『通俗国権論』の「余輩の主義とする所は、戦を主張して戦を好まず、…戦を忘れざるのみ」という傍流の一文のみから、福沢のアジア進出・侵略への慎重論を勝手に結論しているのである。

念のために確認しておくと、井田が引用した一文は「第七章　外戦止《や》むを得ざる事」のなかの文章である。だからこの一文は、『通俗国権論』全体だけでなく、第七章の表題の内容をも代表できない、論旨の文脈からは外《はず》れた外交辞令的な文章にすぎない。それを引用して六年前の『通俗国権論』が慎重論であるから、論説「支那風擯斥《ひんせき》す可《べ》し」も「大陸進出論、侵略主義の脈絡で」理解しなくてもよい、というのが井田のお気楽な主張である。その論理展開の無理はあまりにも明らかである。

つづいて、「全篇福沢の筆癖で統一されている」と井田がいう一〇月の社説「国の名声に関しては些末《さまつ》の事をも捨《す》つべからず」（『全集』⑩67〜70）について、いささか分かりにくい井田の論評を見よう。洋行した友人に日本の「国中新《あらた》に西洋風に倣《なら》ふて作りたる建物、又は…操練観兵式《そうれんかんぺいしき》の図、軍艦砲台の写真」等を送ったら外国人の注目・関心を集めて喜ばれたという体験を紹介した福沢は、以下のようにつづけた。日本が「新開の国」であるために日本のことが西洋人には知られていないが、「知らざるものは疎《うと》んず、疎んずるものは重《おも》んぜず。国権拡張の道に横《よこた》はるの憂患《ゆうかん》と申す可《べ》し。我輩の持論に、多く軍艦を造りて、…世界中の各海面には常に日章旗を翻《ひる》がへすこと緊要なりとは、即ち此辺《このあたり》の微意のみ」。ところが幸いなことに、壬午軍乱の際に日本兵が京城で「支那兵と…相対」

する機会があり、日本兵の「軍律の厳正…」に対して「乱暴無状…白昼店頭に物を掠《かす》め、…」の「支那兵は流民乞食の群集と云ふも可《か》ならん。」という違いが明らかになった。こう指摘して、福沢は、さらに以下のように論説を続けている。

「仮令《たと》ひ我方が遥《はるか》に優等なりと云ふも、唯《ただ》支那人に優《まさ》るのみにては未《いま》だ以《もっ》て評価の当を得《え》たるものとするに足らず。或《あるい》は日支の兵が実地戦場の伎倆を試みたらば、世界に対して我《わが》兵制の声価を揚《あぐ》ることもあらんなれども、（戦《いくさ》は漫《みだり》に之《これ》を求む可《べか》らざるのみならず、常に慎《つつしみ》て避《さく》るこそ用兵の本色《ほんしょく》にして外交の極意《ごくい》なれば、今日に至るまで我《わが》日本兵が曾《かつ》て一度も外国と鋒《ほこ》を交《まじ》へざるは国家無上の幸《さいわい》）なれども、西洋諸国人が我兵の強弱優劣を評するに苦しむは、其《その》伎倆を知るの機会を得《え》ざるが為《ため》なり。蓋《けだ》し之《これ》を知らざる者は之《これ》を無頓着《むとんちゃく》に附《ふ》して、自然に之《これ》を重んずるの情も亦《また》薄からざるを得ず。遺憾なりと云ふ可《べ》し。／左れば我輩の持論は、実に我《わが》兵備を拡張して之《これ》を怠ることなきのみならず、仮令《たと》ひ毛頭《もうとう》些細《ささい》の事柄に至るまでも、苟《いやしく》も国の名声に影響す可《べ》きものと知るからには、之《これ》を洩《も》らすことなくして施行せんと欲するもの…」。

問題は、井田がまたしてもこの文章から括弧内の「戦《いくさ》は漫《みだり》に之《これ》を求む可《べか》らざるのみならず、…曾《かつ》て一度も外国と鋒《ほこ》を交《まじ》へざるは国家無上の幸《さいわい》」の部分のみを作為的に引用して、この論説は「「戦は漫《みだり》に…外国と鋒を交へざるは国家無上の幸《さいわい》」であったとの『通俗国権論』以来の慎重論を展開していることである。さきの「支那風擯斥《ひんせき》す可《べ》し」もまた、全篇福沢の筆になる社説の中での対中国不干渉論というべきものであった。評点としては特上のAがふさわしいだろう。」(77)と、その論評を結んでいることである。これは、あまりにも多くの無理に無理を重ねた文章であり、不適切きわまりない論評である。問題点を列挙しよう。

①『通俗国権論』が対中国「慎重論」という勝手な評価を、いつの間にか井田は既定の事実として、それを別の議論の論拠の扱いにしている。

②同様にして、論説「支那風擯斥《ひんせき》す可《べ》し」も、井田自身が「事実上半年後の「脱亜論」を先取りして」いる論説であるとか、しかし「現実的、積極的な進出・侵略の意図を読みとるのは少しく早計かと思われる」という、じつにあいまいな評価をしていたのに、この文章では、論拠なしに突然「対中国不干渉論というべきもの」という勝手な評価を滑り込ませ、それを論説「国の名声に関しては…」の評価にかかわらせているのである。

③最大の問題は、論説「国の名声に関しては…」の全体の論旨が、なぜ「大陸進出論、侵略主義の脈絡で」はなく、「対中国不干渉論」の脈絡の、しかも「特上のA」に位置づけられるのか、さっぱり納得できないことである。私は、べつに論説「国の名声に関しては…」を是が非でも「脱亜論」につながる「大陸進出論、侵略主義の脈絡で」把握すべきだと言おうとしているのではない。問題は、井田が論拠として引用している「戦《いくさ》は漫《みだり》に之《これ》を求む可《べか》らざるのみならず、…曾《かつ》て一度も外国と鋒《ほこ》を交《まじ》へざるは国家無上の幸《さいわい》」の部分は、この論説の主題・文脈とはおよそかかわらない外交

辞令的な文章にすぎないことである。この論説「国の名声に関しては…」の主張の輪郭を少しでも明確化するために、主題に近い文章を並べてみよう。

「知らざるものは疎《うと》んず、疎んずるものは重《おも》んぜず。国権拡張の道に横《よこた》はるの憂患《ゆうかん》と申す可《べ》し。我輩の持論に、多く軍艦を造りて、…世界中の各海面には常に日章旗を翻《ひる》がへすこと緊要なりとは、即ち此辺《このあたり》の微意のみ。」「仮令《たと》ひ我方が遥《はるか》に優等なりと云ふも、唯《ただ》支那人に優《まさ》るのみにては未《いま》だ以《もっ》て評価の当を得《え》たるものとするに足らず。或《あるい》は日支の兵が実地戦場の伎倆を試みたらば、世界に対して我《わが》兵制の声価を揚ることもあらん」「西洋諸国人が我《わが》兵の強弱優劣を評するに苦しむは、其《その》伎倆を知るの機会を得ざるが為《ため》なり。…左《さ》れば我輩の持論は、実に我兵備を拡張して之《これ》を怠ることなきのみならず、仮令《たと》ひ毛頭些細《もうとうささい》の事柄に至るまでも、苟《いやしく》も国の名声に影響す可きものと知るからには、之《これ》を洩《も》らすことなくして施行せんと欲する」。

主題にそった以上の文章をさらに短縮して、「我輩の持論に、多く軍艦を造りて、…世界中…常に日章旗を翻《ひる》がへすこと緊要《きんよう》」「日支の兵が実地戦場の伎倆を試みたらば、世界に対して我《わが》兵制の声価を揚《あぐ》ることもあらん」「我輩の持論は、実に我《わが》兵備を拡張して之《これ》を怠ることなき」と並べてみると、福沢の持論が軍備拡張論であり、それも（防禦より侵略の）海軍拡張論であること、壬午軍乱では中国兵とあいまみえる機会がありながら、「未《いま》だ以《もっ》て評価の当を得《え》」られるまでには至らなかったが、「日支の兵が（次の機会に）実地戦場の伎倆を試みたらば、世界に対して我兵制の声価を揚《あぐ》る」ことも出来よう、という意味のことを福沢が書いていることは、明らかに読み取れる。つまり、論説の主題の内容を、井田のように「対中国不干渉論」「慎重論」の脈絡で把握することには無理があるどころか、「日支の兵が実地戦場の伎倆を試みたらば、…我《わが》兵制の声価を揚《あぐ》ることもあらん」という軍備拡張論に注目すると、逆に、この論説の三ヶ月後に福沢が実際に刀剣や弾薬まで提供して積極的に介入する「甲申政変」に向けての、福沢の意気込みのようなものを感じとることも出来るのである。

④くわえて、壬午軍乱の三ヶ月前の福沢真筆（いちいち断らないが、井田・平山の両方またはどちらかの認定）の論説「朝鮮の交際を論ず」において、「朝鮮国…彼《か》の人民果《はた》して頑陋《がんろう》ならば…其《その》国の文明ならんことを冀望《きぼう》し、遂《つい》に武力を用ひても其《その》進歩を助けん…亜細亜《アジア》東方に於《おい》て…我既《われすで》に盟主たり。…」と書いて、福沢が一貫してアジアの「野蛮」「頑陋《がんろう》」を、武力行使合理化の根拠にしていたことを考えると、この論説「国の名声に関しては…」の中で、福沢が「支那兵は流民乞食の群集と云ふも可《か》ならん。」と強調している事実も、中国への積極的介入の必要性を示唆しているものと読みとることもできよう。つまり、この論説をむしろ「脱亜論」につながる文脈で把握することは十分可能であり、少なくとも、井田のように主題に無関係な外交辞令的文章から「対中国不干渉論」を結論することにおおきな無理のあることは、明らかであろう。

最後に一〇月一五、六日の社説「東洋の波蘭《ポーランド》」の認定を見よう。井田の結論的な評価を先に紹介すると、これは「高橋義雄が起稿・執筆」（後に中上川彦次郎執筆に訂正107）、「第一日目は福沢の筆が加えられていないという意味でE、第二日目は、とくに末尾の対中国消極論に福沢の意向が反映しているとみて、文章としてはEだが、例外的にCを進呈することにしよう。」（79）となっている。これは「井田メソッド」にしては、奇妙な評価である。井田の方法は、「語彙や表現、さらに文体の特徴」から起草者を判定する認定法のはずであったのに、ここでは「文章としてはE」と判定しておきながら、「末尾の対中国消極論」という論説の内容から勝手にC判定を「進呈」しているのである。しかも、その根拠になっている「末尾の対中国消極論」という井田の解釈が、またまた理解し難いものなのである。

清仏戦争にかかわって、中国もポーランドのように「西方数国の分有する所と為《な》る」可能性・危険性を論じた社説の末尾は、「一狼の来《きた》る、安《いず》んぞ数狼の継《つ》ぎ来《きた》るなきを知らんや。数狼相群して呑噬《どんぜい》を逞《たくまし》うせんとす、之《これ》を避《さ》くるの術《てだて》なきものは畢竟《ひっきょう》皆俎上《そじょう》の肉ならんのみ。」と結ばれている。これについて、井田は、「群狼にも等しい西欧列強の呑噬《どんぜい》を「避くるの術《てだて》なきものは畢竟《ひっきょう》皆俎《そ》上《じょう》の肉なり」と警告しているのは、「さきに「支那風擯斥《ひんせき》す可し」や「国の名声に関して…」においてみた（福沢の）対中国消極論の延長上にあって、同じく列強の「俎上《そじょう》」にありながら、せめて日本だけは「支那の不祥《ふしょう》」を回避したいという願望の表れといってよい。」（78）と解釈しているのである。

まず井田は、〈さきに「支那風擯斥《ひんせき》す可《べ》し」や「国の名声に関して…」においてみた対中国消極論〉と勝手に書いているが、「支那風…」と「国の名声…」のふたつの社説を「対中国不干渉論」「慎重論」と解釈することに無理のあることは、詳述したばかりである。つぎにまた、井田は〈せめて日本だけは「支那の不祥」を回避したいという願望〉(78)と勝手に解釈しているが、上記の末尾の文章の中には「日本だけは」とか、〈「支那の不祥」を回避したい」とかいう「願望」〉は、一言半句どこにも書かれていない。こんな勝手な解釈をすることが許されるのなら、五ヶ月後の「脱亜論」の有名な「我国は…寧《むし》ろ…西洋の文明国と進退を共にし、…正《まさ》に西洋人が之《これ》に接するの風に従て(中国を)処分す可《べ》きのみ。」という意向表明とつなげて、中国が「予《あらかじ》め」「之《これ》を避くるの術《てだて》」がとれないならば、日本もその西欧列強の「群狼」のなかの「一狼」となって、中国を「俎上《そじょう》の肉」にするぞ、という警告であると解釈することも十分可能である(「東洋の波蘭《ポーランド》」の前年一〇月の社説「外交論」において、福沢は「文明国」の存在証明として、「我日本国は其食《は》む者の列に加はりて文明国人と共に良餌《りょうじ》を求めん」とも書いていた)。

さきほど私は〈井田の方法は、「語彙や表現、さらに文体の特徴」から起草者を判定する認定法のはずであった〉と書いた。誤解はないと思うが、念のために確認しておくと、これは論説の内容から起草者や福沢の関与度を判定してはならないという意味ではない。論説の内容から認定するためには、不可欠の作業として、同時期の真筆の福沢の発言・思想と論説内容との対比・照合による考察・確認が必要であるという意味である。

ところが、井田が論説内容から起草者や福沢の関与度を認定する仕方には、既述したように、沢山の問題点や欠陥があった。①社説「日本臣民の覚悟」の場合では、井田がそう思いこんでいる福沢像、つまり「丸山諭吉」＝「典型的市民的自由主義者」なるものの仮想の想定基準から、石河の文章を勝手に「月とスッポン」「似ても似つかぬ」「粗雑な議論」ともっぱら決めつけ、裁断していた。②社説「東洋の波蘭《ポーランド》」の場合では、論説内容を架空の「対中国消極論の延長上」に位置づけて、裏付けなしに「せめて日本だけは「支那の不祥」を回避したいという願望」を勝手に読みとっていた。③社説「支那風…」のように、例外的に福沢の真筆と対比する場合でも、なぜか六年も前の『通俗国権論』だけを、それも全体の論旨に関係のない一部の文章だけから同書を対中国「慎重論」であると勝手に評価して、それとのかかわりで社説内容の認定・評価をおこなっていた。

以上のように、あまりにも問題の多い第四論文であるが、とりあえずその結論を再確認しよう。井田は、既述したように、『『時事新報』論説にしばしば感じられる「若手の血気《けっき》」こそが、長きにわたって福沢と福沢思想を覆ってきたヴェール」(89)であるとして、それらC、D、E判定の論説を除外して「福沢思想の骨格と考える…AB級論説」(87〜88)のみの「福沢全集」が編集されるならば、「従来いわれてきたよりもいっそう骨太《ほねぶと》の思想家」の「本来の福沢像を回復」(90)できるはずであると結論づけている。言いかえれば、「「脱亜論」に先立つ「東洋の波蘭《ポーランド》」、(つぎの第五論文で分析する）「御親征《ごしんせい》の準備如何《いかん》」（高橋義雄起稿、E評価）や、日清戦争時の「日本臣民の覚悟」」などが、これまで福沢の論説と誤解されてきたために、「福沢は全アジア的に少なからぬ悪評・悪名を蒙《こうむ》ってきたとさえいえる」（89）というのが、第四論文の井田の『福沢全集』認定結果をふまえた見解となっている。

「東洋の波蘭《ポーランド》」（最低限B評価）と「日本臣民の覚悟」（福沢真筆）の二社説を、井田のように認定・評価できないことはすでに論じた。ここで次に検討する第五論文での八五年一月社説「御親征《ごしんせい》の準備如何《いかん》」のE評価認定に、あらかじめ簡単に論及しておこう。同論稿において「近代天皇制の成立過程を醒《さ》めた目で見ていた福沢にはありえない」（102）表現が使われているというのが「高橋義雄起稿、E評価」認定の根拠とされている。井田がここでいう天皇制への福沢の「醒《さ》めた目」は、既述したように『概略』終章以前の初期啓蒙期の福沢の思想のことである。私が注目したのは、「高橋起稿、E評価」の「御親征《ごしんせい》の準備如何《いかん》」認定において、井田が「豊臣秀吉と神功《じんぐう》皇后の朝鮮出兵あたりの史実を福沢が数行加筆しているかもしれない。」（102、この「かもしれない」という認識が加わったために、第四論文でのE評価が、第五論文では何の断りもなしにD評価に変化・訂正されている）と書いている事実である。

なにが問題なのか。社説「東洋の波蘭《ポーランド》」、「御親征《ごしんせい》の準備如何《いかん》」、「日本臣民の覚悟」など一連の筆者が福沢であるという「誤解」が従来の研究における福沢の「悪評・悪名」の原因であるとして、井田進也が「御親征《ごしんせい》の準備如何《いかん》」をいったんE評価と認定したことは、すでに見た。これと同じように、「東洋の波蘭《ポーランド》」も「文章としてはE」と認定することで、井田は同論説への福沢の不関与を示唆しようとしているのである。それでいて「東洋の波蘭《ポーランド》」は内容的にC評価、「御親征《ごしんせい》…」は福沢加筆のD評価と訂正を加えるから、自から混乱をもちこんでいるのである。

井田によれば、E評価はほんらい「福沢の筆が加えられていないという意味」(79)であった。井田は、「十六年間に先生の目を通さなかった社説は殆《ほとん》どない」と石河がいうのは、「ほとんど石河神話と名付けてもよい」(83)と書いている。「十六年ものあいだには、旅中、病中はともかくも、締め切り間際《まぎわ》に持ち込まれて、意に満たないものでも「厳密なる校正」を加える暇のない場合もあったろうし」(同)という記述からすると、井田のいうE評価の論説の典型は、第I章で論及した、平山洋のいう「この時期には、福沢の言うことに石河は聞く耳をもた」ず(178)、「石河が独断で掲載した…社説」(151)という妄想の場合を含めて、福沢がその原稿にまったく「目を通さなかった」場合と考えられよう。

「福沢の思想」を分析・考察する研究において、こういうE評価の論説を、わずかでも「福沢の思想」と関係あるものとみなすことは、たしかに明らかな誤りであろう。しかし、井田が福沢の「悪評・悪名」を招いたという三社説「東洋の波蘭《ポーランド》」、「御親征《ごしんせい》の準備如何《いかん》」、「日本臣民の覚悟」には、「井田メソッド」の本来の意味でのE評価の論説はゼロである。たとえば、「東洋の波蘭《ポーランド》」は「文章としてはEだが」、「末尾の対中国消極論（?）に福沢の意向が反映している」ので、二日目の同論説はCというのが、井田の奇妙な評価となっていた。また、井田が「御親征《ごしんせい》の準備如何《いかん》」をEから（無断で）D評価に変えたのは、「福沢が数行加筆」の痕跡があったためであり、福沢真筆をD評価と誤認した「日本臣民の覚悟」の場合は「第一節の数行と…韓愈《かんゆ》の引用」に福沢の手が入っていたためということであった。

つまり三社説は、（真筆の「日本臣民の覚悟」は問題外として）E論説ではなく、ともに福沢が原稿に目を通し、一定の加筆・修正などのチェックを行ない、論説主幹として、その修正原稿を社説として掲載することを了解したものである。井田らはその社会的・主体的責任を不問に付しているが、福沢諭吉が、げんに目を通し、部分的にでも手を加えて掲載を了解した論説は、「福沢の思想」の了解の範囲内のものと見るのが自然である。くわえて決定的に重要なのは、井田・平山らのC、D、E評価は、同時期の福沢の真筆著作物の「思想・文章」と対比・照合をしないまま、A、B級論説をC、D、E級論説であると、二人が勝手にくだした誤った評価であることである。

「日本臣民の覚悟」の場合は真筆そのものであった。「御親征《ごしんせい》の準備如何《いかん》」については、近代天皇制についての福沢の「醒《さ》めた目」という井田の認識の誤りを第I章3のコラムで明らかにした。「東洋の波蘭《ポーランド》」の場合は、井田が内容的にC評価とした末尾の文章は「対中国消極論」ではなく、むしろ逆に五ヶ月後の「脱亜論」に直接つながる福沢の「思想・文章」そのもの（Aか少なくともB級論説）と解釈できることは既述した。

以上の理由から、次のことをとりあえず確認することができよう。井田の第四論文の結論の一つ、『全集』から（誤った）C、D、E判定の論説を除外した「福沢全集」が編集されたならば、「いっそう骨太《ほねぶと》の思想家」の「本来の福沢像を回復」できるという井田の結論はあきらかに誤っており、それは「丸山諭吉」神話に呪縛《じゅばく》された彼の勝手な「祈念」「期待」にすぎないものである。C、D、E判定の（じつはA評価＝真筆か限りなくB評価に近い）三社説「東洋の波蘭《ポーランド》」、「御親征《ごしんせい》の準備如何《いかん》」「日本臣民の覚悟」の筆者と誤解されたために、福沢は「全アジア的に少なからぬ悪評・悪名を蒙《こうむ》」ったのでは、断じてない。三社説は福沢自身の論説か「福沢の思想・文章」を忠実に踏襲した論説であったからこそ、福沢は、必然的にアジアの悪評を蒙《こうむ》ることになったのである。

1において、「日本臣民の覚悟」の筆者認定に入る前に指摘したように、平山洋は、「日本臣民の覚悟」の内容が「侵略賛美の言辞」と「アジアへの勢力拡大を声高に主張する国権拡張論」に彩られた「積極的な戦争煽動論説」であると評価しており、かりにその筆者が福沢その人であるとしたら、「侵略的思想家としての福沢像」は否定できないことを、論理的に確認していたのである。

井田がC、D、E判定と誤認定したそれらの論説は、「日本臣民の覚悟」を筆頭に、「福沢の思想・文章」そのものか、福沢から見て十分了解できる（B評価の）内容であったからこそ、彼は論説主幹として自から社説を執筆したり、他記者起草の（修正）原稿を社説として掲載することを、主体的に了解したのである。したがって、「東洋の波蘭《ポーランド》」「御《ご》親征《しんせい》の準備如何《いかん》」「日本臣民の覚悟」などによって確認できる、アジアを蔑視し、アジア侵略を先導した「福沢の思想」に対する、たとえば、「日本の一万円札に福沢が印刷されているかぎり、日本人は信じられない。」（韓国挺身隊対策協元共同代表、尹貞玉《ユン・ジョンオク》）というアジアからの「悪評・悪名」は、無理からぬ至極当然の評価なのである。

4 「丸山諭吉」をして福沢を語らしめる研究
――第五論文批判

最後の第五論文「烟霧《えんむ》の中の「脱亜論」――福沢をして福沢を語らしめよ」の考察に移ろう。同稿は、遠山茂樹『福沢諭吉』（一九七〇年、東京大学出版会）の「（明治）十六年から十七年にかけて、福沢のアジア侵略への衝動は加速度的に強まった。」という見解の批判を意図した論稿である。第四論文よりもさらに考察対象をひろげた井田は、遠山茂樹が考察の対象とした八三年九月「外交論」から八五年三月「脱亜論」までの一五論説中の八論説をとりあげ、「福沢をして福沢を語らしめる」ことによって、表題のように、福沢の「脱亜論」の本来の姿を「烟霧《えんむ》の中」から救い出そうとしたものである。

八論説のうち七論説は、すべて福沢が関与したAからDの評価となっているので、井田とは逆になるが、それらに即して「脱亜論」への福沢の道のりを、遠山茂樹同様に「大陸進出論、侵略主義の脈絡で」跡づけて把握することは容易な作業である。しかしその道のりは、第I章2の平山批判に加えて、井田の第四論文に即して詳しく考察したので、第五論文では、八論説中の唯一E評価となっている八四年一二月の社説「戦争となれば必勝の算あり」のみを対象にして、井田の認定法自体の妥当性について、あらためてその無理を検討・検証しておこう。

　井田は、「筆癖」からこの社説は高橋義雄と渡辺治両記者の「合作」と認定し、末尾の「我輩今日此《この》日本国に生息《せいそく》する唯一《ただひと》つの希望は、此《この》国の独立を見届けんとするに在《あ》り。此《この》希望既《すで》に達し得《え》たらんか、我輩の一身最早愛《おし》むに足《た》らず、進んで軍に北京に討死《うちじに》すべし。我輩の財産最早愛むに足らず、挙《あ》げてこれを軍費に供すべし。」は「高橋の揚言《ようげん》」であると認定し、「滅私奉公型思考の原型として、日清戦争期の石河幹明起稿「日本臣民の覚悟」(D評価)を先取りしたものといえよう。こういう安直な思考法こそ、福沢の現実感覚からもっとも隔《へだ》たったものなのではあるまいか。評点はE」(101〜102)と結んでいる。

　この文章を一読しての印象は、井田が「世界に冠たる」「画期的な方法」と自負している、無署名論説の「語彙や表現」、「筆癖」から起草者などを認定する方法には、やはり無理があるという感想である。第一に、上記八論説のうち七論説は福沢が関与したAからD評価であるのに、この八四年一二月の論説だけは「福沢の筆が加えられていない」E評価であるという理由が、いくら井田の「筆癖」診断・認定を読んでも、理解・納得ができないのである。第二に、井田は「滅私奉公型思考の原型…こういう安直な思考法こそ、福沢の現実感覚からもっとも隔たった…。評点はE」と書いており、この場合は明らかに「筆癖」でなく「思考法」から勝手に認定していることは明らかである（その場合も、E判定の根拠は不明）。

第三に、自《みずか》らの本来の認定法から井田が勝手に逸脱する自由は認めよう。この場合はまだ「思考法」というそれなりの曖昧《あいまい》な判定基準が設定されているので、許容範囲をひろげることにしよう。ところが既述したように、井田には福沢が「丸山諭吉」以上の「典型的市民的自由主義者」（さらには「天賦人権論者」とか人間平等論者）であるという牢乎《ろうこ》たる思い込みがあるために、認定の判断に、その福沢が『概略』終章で「自国独立」達成を「最後最上の大目的」に設定していたとしても、「我輩の財産最早《もはやおし》愛むに足らず、挙《あ》げてこれを軍費に供すべし。」などと書くはずがないという、大雑把な「勘」を働かせているように思われる。

第四に、例外的に「思考法」や大雑把な「勘」から勝手に筆者を認定する逸脱でも、それが当たっている判定ならば、その無理も寛大に見過ごすことが出来よう。しかし、この場合は、答えは明らかに逆である。

井田が「滅私奉公型思考の原型として、日清戦争期の石河幹明起稿「日本臣民の覚悟」を先取りしたもの」という意味は、石河起稿「日本臣民の覚悟」は「昭和十年代を先取りした滅私奉公論」であり、この社説「戦争となれば…」は、その「日本臣民の覚悟」をさらに先取りしたものであるという意味である。ところが、詳述したように、「日本臣民の覚悟」の国権至上の「内に如何なる不平不条理あるも…」が石河流の「昭和十年代…滅私奉公論」という井田のとんでもない誤読・非難は、およそ初期啓蒙期以来の「福沢の思想」の具体的な歩み（「外に対して事端を開く」権謀術数とならぶ中期以降の福沢の政治的持論そのもの）についての井田の無知を露呈したお粗末の極みであった。そのことを、この「戦争となれば…」に即して重ねて論証しよう。

井田が「滅私奉公思考の原型」「こういう安直な思考法」、「福沢の現実感覚からもっとも隔《へだ》たったもの」となじっているのは、社説末尾の「我輩の一身最早《もはや》愛《おし》むに足らず…我輩の財産最早愛むに足らず、挙《あ》げてこれを軍費に供すべし。」という発言であろう。その発言が、民間人でありながら甲申政変に武器・弾薬まで供給して深く関与した福沢「先生」の「思想・文章」の忠実な模倣・踏襲であることを示すには、同時期の福沢の真筆と対比するのが望ましい。しかしここは、井田も日清戦争期の論説の「先取り」と主張しているので、筆者も一〇年後の同じ日清戦争期の福沢真筆発言との対比によって、この末尾の発言が「石河流」や「昭和十年代」流ではなく「日本臣民の覚悟」において確認した「福沢の思想・文章」の見事な「先取り」であることを判定・論証しよう。

山口広江宛の書簡（九五・一・一七）で、「実ニ今度《こたび》之師《いくさ》ハ空前之《の》一大快事、人間寿命あれバこそ此《この》活劇を見聞致候《けんぶんいたしそうろう》義《ぎ》、小生抔《しょうせいなど》壮年之《の》時より洋学ニ入て、随分苦しき目ニ逢《あ》ふたることもあり。世間之譏誉《きよ》ニ拘《かか》はらず、勝手次第ニ放言して、古学者流の役ニ立たぬことを説き、立国之大本《りっこくのたいほん》ハ唯《ただ》西洋流之《の》文明主義ニ在《あ》るのみと、長き歳月之《の》間喋々《ちょうちょう》して止《や》まざるも、自《みず》から期する所ハあれども、迚《とて》も生涯之中ニ実境ニ逢《あ》ふことハなかる可《べ》しと思ひしニ、何《なん》そ料《はか》らん、唯今《ただいま》眼前ニ此《この》盛時を見て、今や隣国之《の》支那朝鮮をも我文明之中ニ包羅《ほうら》せんとす、畢生之《ひっせいの》愉快実以《もっ》て望外之仕合《しあわせ》ニ存候《ぞんじそうろう》。」と、日清戦争の優勢を喜んだ福沢諭吉は、戦費負担の覚悟について、「国民が真実赤裸《まるはだか》ニなるまで厭《いと》ひ不申《もうさず》。弊家《へいか》なとにてハ疾《はや》くより其《その》覚悟ニ罷在候《まかりありそうろう》。」（『書簡集』⑧13）と書いた。

「有言実行」の師、福沢が全国第二位の巨額（三年分の家計費）の軍事献金をしたことは、よく知られている。その件について、九四年一二月の長姉宛の手紙で福沢は、こう書いた。「当年ハ夏以来戦争之《の》騒ぎニ而《て》誠ニ忙しく、手紙認候《みとめそうろう》暇もなくご無沙汰《ぶさた》のみ、御用捨可被下候《ごようしゃくださるべくそうろう》。今日まで日本之《の》大勝利。この後も同様、遂《つい》ニ支那之《の》降伏ハ疑《うたがい》も無之《これなく》、快《こころよ》き事ニ御座《ござ》候《そうろう》。併《しか》し軍隊之《の》人々ハ、さぞさぞ不自由難渋《なんじゅう》之事《のこと》ならん。これを思へバ、銘々共が毎日たたみの上ニ居るも不相済事之《あいすまざることの》やうニ被存候《ぞんじられそうろう》。せめてハ何か之《の》加勢《かせい》と存じ、私も金壱万円差出し候。…壱万円之《の》金を出すハ、人体ニ譬《たと》へて申せバ、手足を一本を切られたると同様ニ覚へ候《そうら》得《え》共《ども》、現在戦場ニ而《て》は、一命《いちめい》をさへ棄《すつ》る忠臣多き其中《そのなか》ニ、国内ニ安閑《あんかん》として眠食する者が、身代《しんだい》を分《わか》ち棄《すつ》るハ当然之《の》事と存《ぞん》じ、右之《の》通り二決断…」（『書簡集』⑦376）。

「財産最早《もはや》愛《おし》むに足らず、挙《あ》げて…」の「先取り」は、以上の私信の中だけでなく、日清戦争期の公の論説についても、簡単に確認することができる。戦費負担について、上記の私信で福沢が「国民が真実赤裸《まるはだか》ニなるまで厭《いと》ひ不申《もうさず》。」「身代を分ち棄るハ当然之事」と書いたように、「時事新報」も、同じ時期の六日間の連載社説「外戦始末論」（九五年二月）において、「軍資の必要とあれば身外の万物愛《お》しむに足るものなし。…家も蔵も衣服諸道具も挙《あ》げて国用に供して、身は赤裸《まるはだか》になるも心の底より一点の不平ある者に非《あら》ざれば、…」（『全集』⑮60）と書いていたのである。これをどう見るか。

ただし第Ⅲ章2で見るように、平山洋がこの連載社説については「本当に全く福沢が関与していないか、と問われれば答えに窮せざるをえない。」（平山がこう書いている時は、確実に福沢がおおきく関与している場合である）と書きながら、当時の福沢の「書簡などに執筆の気配がな」いからという薄弱な理由で、筆者は石河幹明であり、その内容は「石河の思想」そのものであると断定しているので（104、148）、あらかじめその誤りを三点だけ指摘・批判しておこう。平山が筆者認定の際に、福沢の「書簡などに（そういう論説の）執筆の気配がな」いから福沢の執筆ではない、という乱暴な認定手法をよく使うことは後に見る。

第一に、その認定手法を使うのであれば、この場合は、論説の半月前にも一月半前にもそっくり同じことを山口広江や長姉宛の私信に、福沢が書いているのだから、書簡などに「気配がな」いという判断は、明白な誤りである。第二に、福沢本人の私信とまったく同様の「思想・文章」の論説であるのに、それが「福沢の思想」ではなく、「石河の思想」であるという勝手な判定にも明らかに無理がある。私は、べつに石河の（福沢の意を受けての）起草という平山の認定につよく反対する意志はとくにない。しかし平山が石河執筆にそれほどこだわるのであれば、石河が長姉や山口宛の福沢の手紙を読んだとは思えないから、それでも福沢の私信の表現を盗んだかのように、社説において「福沢の思想・文章」を見事に模倣・踏襲している「いわば福沢になりきることを生涯の至願とした」石河幹明の忠誠ぶりを認識し、称賛してもよいであろう。

第三に、次の四点の事実をふまえると、この社説に「本当に全く福沢が関与していないか、と問われれば」、平山は「答えに窮」することなく、石河起草原稿に福沢がしっかり目を通し、参勤交代の部分などには福沢の手も加わっているものと判定すべきである。①「外戦始末論」は六日間の重要な連載社説であり、②後述するように当時の福沢は戦争遂行キャンペーンの陣頭指揮をしており、③この社説中には「封建の大名は毎年行軍したる者なり」という題で参勤交代についての（石河らでは知らない）事実が詳述されており、④社説の「軍資…身外の万物愛《お》しむに足るものなし。…家も蔵も衣服諸道具も挙げて国用に供して、身は赤裸《まるはだか》になるも…」の部分は、福沢自身の添削が加わっていると考えることもできよう。したがって、この連載社説は「福沢の思想」を十分反映・踏襲した

B判定論説であると推測してよいであろう。

あらかじめ、この連載社説への福沢の関与に、私がこれほどこだわるのには、十分な理由がある。(たくさんの反証があるのに) 平山は、安川寿之輔の福沢論批判として、「福沢は (論説の中で) 対戦国の兵士を豚呼ばわりしたことはなかった」(146) と書いている (つまり平山は、福沢が断固中国蔑視論者でないと主張したいのである) 問題があるからである。

ところが、この連載社説の中にも、「今度募集したる公債…其《その》事情を形容して云へば、国民は十万人前 (の軍人) の旅装を調《ととの》へ、銘々《めいめい》に武器を授《さず》け弁当を持たせて、支那と云《い》ふ広き山野に押掛《おしか》け、豚尾兵《とんびへい》と名《なづ》くる一種の悪獣を狩立《かりた》つる為《た》めの用意するものの如《ごと》し。其《その》狩場には無限の損害もあらん、迷惑する輩《やから》も多からんと雖《いえど》も、是《こ》れは悪獣国の地主なる彼《か》の政府の特に自《みず》から求めたる禍《わざわい》なれば、自業自得《じごうじとく》、如何《いかん》ともす可《べか》らず。唯《ただ》我日本国内は無事なるが故に、一時《いちじ》失ふ所のものは狩猟《しゅりょう》の費用のみ。況《いわ》んや其《その》費用も戦勝の後《あと》は彼《か》れをして大《おおい》に償《つぐな》はしむるに於《おい》てをや。」(『全集』⑮46〜47) という、「豚尾兵」にはじまる典型的な中国蔑視の文章がある。

平山も「全く福沢が関与していないか、と問われれば答えに窮」すると書いているこの連載社説の原稿に、福沢が目を通したこと自体は、上記四つの理由からも確定的である。すると、石河の (福沢に倣《なら》っての！――後述)「豚尾兵《とんびへい》」という中国兵蔑視の表現を、削除しないまま掲載を認めるという選択をすることによって、論説主幹福沢は、その社会的責任を背負い込んでいるのである。侵略を合理化するためのアジア蔑視キャンペーンというジャーナリスト福沢の重要な仕事とその主体的な姿勢に、平山らは、もっと敬意を払わなければならないであろう。福沢諭吉が「猫ならまだしも、豚のくせに」とさげすむ中国人だけでなく、明治日本の百姓・町人さえ「豚の如き」存在とその主著で主張する愚民＝「馬鹿と片輪」観の持ち主であったことは、第Ⅲ章6「福沢の愚民観とアジア蔑視観」においてしっかり確認する。

井田進也に話をもどそう。彼は第五論文に「福沢をして福沢を語らしめよ」という副題をつけただけでなく、国外においても「福沢をして福沢を語らしめよ」の題で講演をしているとのことである（〇五年三月一四日「朝日新聞」）。その意味で、「世界に冠たる」「画期的な方法」と自負している井田の『全集』テクスト認定作業は、井田の主観においては、「福沢をして福沢を語らしめ」るための研究であると換言することができよう。

しかしながら、この井田の研究は、「本来の福沢像」回復の祈念・期待という、研究にとっては致命的な偏向《バイアス》をもっている。以上の第五論文の批判的考察が明らかにしたことは、井田は、①無署名論説の「語彙や表現」や「筆癖」から執筆者を認定するという自らの本来の手法を厳密に貫くことができず、この場合は②「思考法」や思考の「型」から推定したり、③「典型的市民的自由主義者」の福沢がこんなことを言うはずがないという大雑把な「勘」をはたらかせたり、④決定的な欠陥としては、福沢の真筆の「思想・文章」と対比・比較・照合して検討するという基本作業を怠って、結局、「福沢をして福沢を語らしめよ」と言いながら、井田が行なっているのは、牢乎《ろうこ》とした思い込みの「丸山諭吉」をして、福沢諭吉を語らしめようとするおよそ見当外れの作業であった。

言いかえれば、「福沢をして福沢を語らしめ」ようとする井田の研究は、「丸山諭吉」以上の「典型的市民的自由主義者」という架空の視座に立って、結果として、ありのままの、つまり現実の福沢諭吉を、自らの意に反して井田が批判・非難・裁断する作業となっているのである。井田の第五論文が「烟霧《えんむ》の中」から見出したのは、真筆で戦費負担を「国民が真実赤裸《しんじつまるはだか》ニなるまで厭《いと》ひ不申《もうさず》。」「身代を分《わか》ち棄《すつ》るハ当然之《の》事」と滅私奉公を説き、連載社説では石河幹明に「身外の万物愛《お》しむに足るものなし。…家も蔵も衣服諸道具も挙《あ》げて…身は赤裸《まるはだか》になるも心の底より一点の不平」なしと書かせ、さらには、中国兵を「豚尾兵と名《なづ》くる一種の悪獣」呼ばわりすることをも許容した福沢諭吉その人のリアルな姿である。つまり、井田の裁断が正しいとするならば、福沢諭吉という人物は、およそ「現実感覚」をもてない、「安直な思考法」を常とする、「昭和十年代を先取りしたいいい滅私奉公論」者そのものという、いささか矮小化されたイメージの人物となるのである。つまり面白いことに、私よりも井田の方が、思想家福沢諭吉をきびしく否定的に非難・論難・批判・裁断しているのである。

〔追記〕安川『福沢と丸山』が、福沢諭吉を近代日本の最大の保守主義者と結論づけた際に、私はなぜ「最大の」という修飾語をつけたのか。勉強家の福沢は、ことがらの本質や限界、あるいは誤りや正当性をよく見抜き、承知しながら、初期啓蒙期の場合は、「自国の独立」確保という「最後最上の大目的」のために、また保守化した中期以降の場合は、「強兵富国」の達成と資本主義的階級社会の擁護のために、断乎、臆することなくその必要な実践的課題に全力を投入した、その「すごさ」を、私は否応なく認識するからである。

III

日清戦争期の福沢諭吉

——平山洋による「井田メソッド」の欠陥の拡大再生産

1 「福沢と石河のアジア認識は全く異なって」いたか

平山洋によると、第I章1で既述したように、一八九二年秋以降「福沢が毎日の社説に細かく差配していた気配」(177)はなく、日清戦争時には「正真正銘の老人」福沢諭吉と「大ベテラン」記者石河幹明(84)という二人の関係が成立し、「福沢の言うことに石河は聞く耳をもた」ず(178)、社説を「独断で掲載」(151)さえ行なう可能性もあるという関係になっていた(裏付け資料なしに、気軽にこういう大胆なことを勝手に推測・主張できる平山が、ある意味で羨ましい)。また「福沢と石河のアジア認識は全く異なって」(163)おり、福沢が「誠実に朝鮮の独立を支援して」(134)、日清戦争時には「国民に自重を求め」「つとめて平静に振る舞うよう」(106)求めていたのに対し、石河は、「ナチスドイツ軍のポーランド進駐を煽《あお》るような」(174)、もっぱら「全くどうしようもない」(173)「戦争を煽る」(106)社説を書きなぐり、日清戦争時の「時事新報」の民族偏見と戦意高揚論説の「乱造」(101)は、この石河記者によって遂行・創作されたものというのが、『福沢の真実』の中心的な主張点のひとつである。

もちろん、日清戦争時に福沢が「正真正銘の老人」であり、「福沢の言うことに石河は聞く耳をもた」ず、社説の独断掲載さえ行なったなどというのが、平山のつくりあげた架空の〝物語〟であることは、第Ⅰ章1において、すでに事実にもとづいて解明・批判した。ここでは、日清戦争時の二人の思想や行動をおおきく分けた「福沢と石河のアジア認識は全く異なっている」(163)という平山の前提認識そのものの誤りを解明・批判する。本章の以下の内容の全体がそれへの私の回答になるが、この1では、とりあえず格好の考察対象として、別々に執筆されて同じ日の「時事新報」に併載された福沢・石河両人の社説内容の考察によって、二人のアジア認識を対比することにする。一八九四年八月一四日の石河幹明筆E判定の社説(井田『歴史とテクスト』39)「軍資の義捐《ぎえん》を祈る」と、日清戦争時の少なくなった福沢真筆論説として平山が紹介している「私金義捐に就《つい》て」とが、それである(二社説同日併載のもつ意味については、次節2の(1)のコラム参照)。

内容から判断して、前者は石河筆の一般的な国民向けの軍資義捐《ぎえん》金の訴えの社説であり、後者は福沢が全国第二位の巨額な一万円もの軍費拠出をする事実を公表することによって、読者にさらに義捐《ぎえん》をアッピールする福沢諭吉の署名入りの論説である。同じ日の同じ主題の論説でありながら、E評価の前者には「福沢の筆が加えられていない」(同日併載の社説に福沢の差配がないという井田・平山の主張に筆者は疑問をもっている)ことから、二人が文字通り別々に書いたといわれる両論説をとりあえず対比することによって、「アジア認識」の「語彙や表現」の中身において、二人が「全く異なっている」のかどうかを考察することにしよう。

両論説において、まず「国民」の意味で二人の使っている語彙を並べよう。福沢が『全集』における五五行の論説で「国民」四回、「日本国民」二回、「臣民」一回の三種に対して、石河が三三行の論説で「日本国人」一回、「日本国民」一回、「国民」一回、「臣民」一回の四種である。つまり、『尊王論』認定の際に平山が主張した、「臣民」が石河流で、〈福沢は…「国民」か「国人」、または「人民」を用いる〉という平山の分析軸自体が（井田が「日本臣民の覚悟」認定の際に失敗したのと同様に）そもそも成立していないことが、まず確認されよう。

つぎに、平山は「福沢と石河のアジア認識は全く異なっている」と、もっぱら二人の思想の違いを強調しているので、この両稿の内容を対比・分析して、逆の結論を提示することにしよう。

アジア認識については、石河の「老大腐朽《ろうだいふきゅう》の支那国」「億兆の頑民《がんみん》」に対して、福沢の「支那流の陋習《ろうしゅう》」「老大国《ろうたいこく》儒流の腐敗」という共通の蔑視的表現が見られる。くわえて、両論説の対比では、平山が主張するような、石河がとくに「中国人と朝鮮人に対する民族的偏見が非常に強い」（149）という違いは、いささかも確認できない。日清戦争については、石河の「万々一も誤らずして、是非《ぜひ》とも勝たねばならぬとは、是《こ》れ斯《こ》の戦争なり」（『全集』⑭513）に対して、福沢の「全国四千万人の人種《ひとだね》の尽きるまでは一歩も退かずして、是非とも勝たねばならぬと約束の定まりたる此《この》大切なる大戦争」（同515）という位置づけとなっており、その戦争目的については、石河は「東洋の先導者として亜細亜《アジア》の一天に文明の光を耀《かがや》かし、億兆の頑民《がんみん》を光明の中に摂取《せっしゅ》せん」（同513）ためであり、福沢は「東洋文明の先導者」である日本が、「文明開進の為《た》めに戦ふもの」である。

以上を見れば、アジア認識、日清戦争の目的と評価のすべてにおいて、二人が「全く異なっている」どころか、福沢と石河両者の一心同体ぶりがわかるし（「臣民」の語彙の使用回数まで共通）、むしろ「全国四千万人の人種《ひとだね》の尽きるまでは…」という文章に、わずかに福沢の熱狂度の高さを確認できよう。

平山らは日清戦争時の福沢の冷静な対応と石河の熱狂という対照的な違いを一貫して強調しているが、続く福沢の文章「家内相談の上、金一万円を軍資として拠出することに決したり。…献金嫌ひの福沢…、諭吉決して狂するに非《あら》ず、唯日本国民なるが故に国事の前後緩急を思案して此義《このぎ》に及びたるのみ。…本年は馬齢《ばれい》六十一歳…還暦の祝典…伊勢参宮もせんなど色々の胸算もありしかども、今は祝典参宮等の場合にあらず、一切これを思《おもい》止《とど》まり…」（同516）を見れば、彼らの図式の破綻も明らかである。彼らの主張とは逆に、日清戦争時の石河幹明が、アジア蔑視、不遜な「先導者」意識、侵略戦争遂行への熱狂という福沢の「思想と文章」を如何に忠実に模倣・踏襲しているかが明らかであり、息子福沢一太郎をして「文に於《お》いて氏をみること猶《な》ほ父のごとし」と言わしめた理由も再確認できるであろう。

2　日清戦争遂行を鼓舞・激励・支援する福沢諭吉

(1)　石河幹明『福沢諭吉伝』記述を「明白な虚偽」と決めつけた平山説

一八九四年七月二三日の朝鮮王宮占領で日清戦争の軍事行動を始めた日本は、二五日の豊島《ブンド》沖海戦で正規軍の戦闘を開始した（宣戦布告は八月一日）。その「豊島《ブンド》沖海戦の捷報《しょうほう》が達した」七月二九日、「時事新報」紙は、また異例の二つの社説「日清の戦争は文野の戦争なり」と「大に軍費を拠出せん」を併載した。二社説の同日併載の意味を把握するために、前後数年の併載回数とその題目を並べて見よう。

コラム　「時事新報」における二社説の同日併載とその意味

一　前年九三年には社説の同日併載は一度もなく、この日清戦争の九四年が異例の五回、九五年が二回、九六年が一回、九七年が一回である。題目は、九四年六月「衆議院の解散…」「速《すみやか》に出兵す可《べ》し」七月「居留清国人の保護」「支那朝鮮両国に向て直《ただち》に戦を…」と、上記二九日の二社説、開戦の八月（1で考察した）「軍資の義捐《ぎえん》…」「私金義捐…」と、「条約改正の公布」（第Ⅱ章1で考察した）「日本臣民の覚悟」の二回、九五年三月「欧州諸国の忠告」「責、李鴻章にあり」、一一月「朝鮮の近事」「技師の信用」、九六年「歳時の行幸《みゆき》」「離宮の経営」、九七年「台湾の軍政…」「演劇改良」である。

併載九回の一八題目を見ると、天皇制二回を含むその他の題目五回に対して、全体の七割を占める一三題目が日清戦争を中心とするアジア政略関連の題目である。つまり、「時事新報」がこの時期に集中的に取り組んだのは、他紙同様に日清戦争関係の報道であり、異例の同日の社説併載事例の一方は、九六年八月の両方が天皇制題目の日を含めて、すべて歴史的事件としての日清戦争にからむ社説である。

この注目すべき七月二九日の二社説併載について、石河幹明『伝』③は、まず一方の社説「日清の戦争は文野の戦争なり」を、一部要約しながら引用して、全体を終止符なしの17行の長文のワン・センテンスで、次のように綴った。〈先生は其頃《そのころ》「福翁百話」の起草中にて、「時事新報」の論説は著者（石河）等に意を授けて書かしむることが多かつた、朝鮮事件の切迫するや日々出社し非常の意気込《いきごみ》を以て自《みず》から社説の筆を執《と》られ、朝鮮の幣制改革問題並に支那政府の態度に対し曠日弥久《こうじつびきゅう》の不得策なるを論じて政府の勇断果決を促し、前掲の如《ごと》く清韓両国に向つて宣戦すべしと極論せられた…豊島《ブンド》沖海戦の捷報《しょうほう》が達したとき、（社説からの12行の引用文）「…戦争の事実は…文明開化の進歩を謀《はか》る者と其《その》進歩を妨げんとする者との戦争であつて、…即ち日清の戦争は文明と野蛮の戦争なり」と喝破《かっぱ》せられ、時事新報社は当日高く国旗を掲げ社屋《しゃおく》を盛装して祝意を表し、夕刻から社員一同新橋の花月楼に祝宴を開いた。〉（『伝』③713〜714）

『伝』③のこの長い一文の前半の主語（社説の筆者）は福沢「先生」である。つまり、当時の福沢は石河たちに社説を起草させるようになっていたのに、戦争が切迫すると、「先生」は「日々出社し非常の意気込を以て自から社説の筆を執られ」、日清戦争の本質が「「文明と野蛮の戦争なり」と喝破された」。同じ日の「時事新報」社は、国旗掲揚をふくめ「豊島《ブンド》沖海戦」の戦捷《せんしょう》を祝った飾り立てを行い、夕刻から新橋で祝宴を開催した。こんなわかりきった文章に、なぜ私は説明をつけ加えるのか。平山がこの『伝』③の記述をめぐって、『福沢諭吉の真実』の重要な論点として、多くの誤った意見を主張しているからである。以下、そのすべてが誤りであることを順次論証・批判していくが、とりあえず、その彼の意見①〜⑥を列挙しておこう。

①七月二九日の社説「日清の戦争は文野の戦争なり」の筆者は、石河であって福沢ではない（105）。

②清国を「野蛮」とする社説の筆者は石河で、福沢には「清国を野蛮国とみなす表現は見られない」

（105）。③上記併載社説をふくめ、「日清戦争中の論説のほとんどは石河の執筆」（100）である。④上記の石河幹明『伝』③の記述は、「明白な虚偽」であり、福沢が「日々出社し…自《みず》から社説の筆」を執ったという記述そのものが誤り（102）。⑤その記述を根拠とする『全集』⑭の「後記」、つまり日清戦争開戦とともに、福沢が「勇奮活躍、連日紙上に筆を揮《ふる》ひ、国民の士気を鼓舞してやまなかった。」という定説（101）も誤り。⑥稀《まれ》な福沢真筆は、もっぱら「つとめて平静に振る舞うよう国民に求め」「自重を求めた論説」であり、「日清戦争を煽《あお》った福沢像など少しも浮かんでこない。」（106）。

これに対して私は、『福沢の真実』の重要な論点である以上の六点の平山の主張がすべて誤りであることを、以下において、事実にもとづいて具体的に論証する。そのために、面倒ではあるが公平を期して、平山がどういう文脈の中で以上の無理な主張を展開しているのか、あらかじめ大雑把《おおざっぱ》に紹介しておこう。同書「第三章　検証・石河幹明は誠実な仕事をしたのか」（87〜125）の「3　石河が『時事新報』社説で主導権を握った時期はいつか」は、〈九二年春ごろから（九三年にかけて）福沢真筆の論説が稀になる〉と〈日清戦争中の論説のほとんどは石河幹明の執筆〉という二つの小見出しで、九ページの記述となっている。このうち、前者の小見出し分の三ページの記述には基本的に問題がないので論及は省略する。

後者（100〜106）では、九四年二月の「東学党の乱」から八月一日の宣戦布告に至る史実が一ページ記述された後、以下のように論述されている。「福沢が戦争の危機迫る中、時事新報社に毎日出社して戦意高揚論説を乱造（「乱造」は、平山の悪意的表現）していた、というのは今日ではあたかも定説のようになっている。『福沢諭吉伝』に「先生は其頃《そのころ》「福翁百話」の起草中…事件の切迫するや日々出社し…自《みずか》ら社説の筆を執《と》られ、…宣戦すべしと極論せられた」とある部分がその定説の源である」。このあと平山は、「前掲の如く…宣戦すべしと極論」したのは福沢ではないことと、「先生は其頃《そのころ》『福翁百話』の起草中」の記述が誤りであるという二つの理由で、「その定説の源」が「明白な虚偽」であると決めつけているが、その両方が見当違いの批判であることについては、後述する。

つづいて平山は、「先程の伝記にある記述や、現行版『全集』に収められている九四、五年分合わせて二八四編という膨大な論説の数には誰しも幻惑されてしまう。」と書いて、鹿野政直『福沢諭吉と福翁自伝』（朝日選書）の「…開戦直後の六・七・八月になると、みるみる元気が出たとみえて、ほとんど毎日のように、文章を寄せるようになりました。福沢は、この戦争こそ、文明と野蛮の戦争であると振るい立ったのです。」という記述も「無理からぬことではある。」とコメントした後、それが石河の「巧妙な思想犯罪」（平山本の裏表紙）に誑《たぶら》かされた結果であるという意味の主張を、以下のように論述する。

「私を含め今までの研究者の全てが、石河幹明の書いた『福沢諭吉伝』の記述を、石河が編纂した（虚構の）『福沢全集』によって確認してきたのであった。伝記と全集との間に矛盾がないのは当然である。しかしわれわれはもう一歩踏み込んで、それら二八四編が本当に福沢の手になる論説なのかどうかをきちんと確認するべきだったのである。…大正版「時事論集」にはこの両年の論説および演説として…二二編が収録されている。…ところがそのうち朝鮮問題と日清戦争に関係したものは以下の一〇編に過ぎない。」（103〜104）と書いて、平山は「日本臣民の覚悟」など一〇編の論説の掲載日、題名、認定筆者名を列挙して、次のように続けた。

「井田（進也）およびわたしの判定では、…一〇編のうちさらに福沢真筆を絞《しぼ》るならば、残るは僅かに三編…になってしまうわけである。しかもこの三編のうち戦争推進に直接寄与するような言動は、…「私金義捐《ぎえん》に就《つい》て」だけである。…ちなみに本文中に清国を「野蛮国」と見なす記述はなく、「老大国」という表現が使われている。／今日では「日清の戦争は文明と野蛮の戦争なり」というスローガンは、あたかも福沢の口から発せられたかのように受け取られている。しかしこの言葉は同じ題の九四年七月二九日付社説（「日清の戦争は文野の戦争なり」に由来しており、『伝』③714頁で初めて紹介された時には、その出典は明かされていなかった。この社説は石河が執筆し昭和版になってから『全集』にいれられたものである（井田『歴史とテクスト』38）。ほかに清国を「野蛮」とする社説には昭和版所収の「直《ただち》に北京を衝《つ》く可《べ》し」（九四・八・五）があるが、これも石河執筆である。大正版には福沢の…清国を野蛮国とみなす表現は見られないのである。」（104〜105）

最後に平山は、「論を本筋に戻し、…福沢真筆…「私《わたくし》の小義侠《ぎきょう》に酔ふて公の大事を誤る勿《なか》れ」は、講和のために来日した李鴻章がテロに遭遇したことについて、敵国の指導者だからといって憎んではいけない、という、また「唯堪忍す可《べ》し」は、…国民に自重を求めた論説である。これでは日清戦争を煽《あお》った福沢像など少しも浮かんでこない。／もちろん、戦争煽動説とでもいうべき残りの七編が、たとえ石河執筆であろうとも、福沢の思想ではない、と言い切ることはできない。それらが福沢立案石河執筆のカテゴリーⅡ論説である可能性はなおも残されていよう。…しかし、直筆の論説では戦時下にあってもつとめて平静に振る舞うよう国民に求め、一方石河には戦争を煽《あお》るような論説を書かせた、などということが本当にあり得るのであろうか。」（105～106）と書いて、平山は3の論述を結んでいる（最後の文章は、この時期、福沢のいうことに「聞く耳をもたなかった」石河が、戦争煽動論説を無断・「独断で」掲載したという平山の主張を、読者に示唆したもの）。

(2)「日清戦争は文野の戦争なり」の筆者は福沢諭吉

以下では、以上に列挙した平山の六点の主張を順次とりあげ、その誤りを具体的に論証する。

最初は、〈①七月二九日の社説「日清の戦争は文野の戦争なり」の筆者は、石河であって福沢ではない〉の主張である。

前項で引用した石河『福沢諭吉伝』③の長い一文を最小限に短縮すると、「先生は…日々出社し…自から社説の筆を執られ…「日清の戦争は文明と野蛮の戦争なり」と喝破せられ、時事新報社は当日…」（713～714）となる。つまり石河『伝』は、「先生は…社説の筆《ふで》を執《と》られ…「日清の戦争は文明と野蛮の戦争なり」と喝破せられ、」と記述することによって、七月二九日の併載社説の一方である「日清の戦争は文野の戦争なり」の筆者が福沢であると紹介しているのに、平山は、『伝』714ページでは「その出典は明らかにされていなかった。」と理解不能のことを書いたうえで（つまり、自《みずか》らは同論説が福沢執筆でないことの具体的な根拠を提示せず）、井田『歴史とテクスト』の筆者認定だけを根拠にして、「この社説は石河が執筆」という逆の主張をしているのである。

井田は、この社説の「表記」から「石河色が濃厚である。…石河自身の文章と推定される。これといって福沢でなければならぬ特徴もないから、評点は「軍資の義捐《ぎえん》を祈る」とともに、思い切ってEとする。」（38～39）と認定している。これは平山が依拠する「井田メソッド」のいい加減さをあらためて教えてくれる認定である。

第一に、井田は石河『伝』③が紹介する福沢真筆の重要な裏づけ資料の存在に気づかず、それと無関係に、得意の「語彙」認定（だけ）でこう判定しているのである。第二に、E評価は、福沢自身が見ておらず「福沢の筆は入っていない」（80）論説のことである。この節の冒頭で断ったように、二社説の同日併載は「時事新報」紙にとって、年に一回あるかないかの珍しい出来事であり、九四年の五回と九五年の二回の併載は、新聞社にとっても歴史的な事件というべき異例の出来事であった。そしてこの二九日は、「豊島沖海戦《ブンド》」戦捷《せんしょう》記念の日であり、時事新報社は、二社説を併載したうえに社屋を飾り立て、新橋で祝宴を開いた。石河『伝』は、その日の高揚した福沢諭吉の姿と、それ以降の福沢の社会的活動の一端を、さらに次のように伝えていた。

コラム　「豊島《プンド》沖海戦」戦捷の日の福沢諭吉

「先生は晩年料理屋などの会合に臨《のぞ》まれなかつたが、此夕は自《みず》から進んで出席せられ、衆社員と共に祝盃を挙《あ》げて大気焔《きえん》を吐き、其《その》元気壮者《そうしゃ》を凌《しの》ぐの概《おもむき》があつた。思ふに、先生が宿昔《しゅくせき》の願望たる国権皇張実現の手段として唱《とな》へられた東洋政略論は、支那を目標として先づ朝鮮の問題から着手せんとの趣向であつて、政府の向背、世論の賛否如何《いかん》を問はず、飽くまでも此目的を達せんとて、終始一貫、多年間身心の力を此《この》一事に注《そそ》がれつつあつた其熱心努力の効空《むな》しからず、一朝《いっちょう》機会到来して朝鮮問題のためにいよいよ支那と開戦するに至つたのであるから、蓋《けだ》し先生の心中では此《この》戦争を恰《あたか》も自分で開かれたやうな心地せられ、其《その》平生の志の酬《むく》いられたるを愉快とすると共に、又その責任の軽からざることを感ぜられたのであらう。此際《このさい》に於ける先生の意気活躍は目覚ましきばかりで、啻《ただ》に言論文章を以《もっ》て人心を鼓舞《こぶ》し世論を指導せられたばかりでなく、更《さら》に進んで軍国に処する実際の運動を開始せられたのである。其《その》運動とは即《すなわ》ち軍費醵出の計画にして、先生の趣意は今度の軍費は何千万円に上《のぼ》らうとも、国民の愛国心に訴へて大《おおい》に義金を募集し其全部を一時に償却しようといふに在《あ》つて、豊島沖《ブンド》の捷報《しょうほう》の達した当日、いち早くも左の如《ごと》き社説を発表せられた。」（『伝』③714〜715）。

こう書いて石河は、他方の併載社説「大に軍費を醵出せん」の場合は、『全集』二ページ余三四行の論説を全文（『全集』冒頭の「日清開戦、我軍大勝の報告は昨日の号外に記したるが如し。」が『伝』では「日清開戦我軍大勝の報道は新聞の所報の如し。」のように部分的に修正）掲載した。『伝』はこの後、翌七月三〇日に、福沢が「率先発起《そっせんほっき》して」渋沢栄一、岩崎久弥ら四名を発起人とする「軍資醵集」相談の「案内状」を発送し、八月一日の「京浜間の有力者百余名」を集めた会合で、発起人総代として福沢が挨拶したことを演説文とともに伝えている。

つまり、同論説は、「時事新報」社にとっては異例の「豊島沖《ブンド》海戦」戦捷《せんしょう》記念の日の併載社説であり、当夕の祝宴における高揚した福沢の姿を見れば、その祝うべき大事な日の重要な併載社説の内容に福沢がタッチしないなどということがあり得ないことは、素人でも理解できるのに（半月後の八月一四日の併載社説の一方「私金義捐…」も福沢が執筆した事実は、すでに第Ⅲ章1で考察した）、井田は、以上の『伝』③の重要な記載事項を知らないまま（あるいは故意に無視して）、あろうことか「日清の戦争は文野の戦争なり」をE評価としたのである。なお平山は、さらに「日清の戦争は文明と野蛮の戦争」というスローガンそのものに福沢は無縁であると主張しているが、この場合は、井田『歴史とテクスト』があっさりそれを否定している（平山は、そうした自説に不都合な井田の認定部

分は恣意的に無視する）。
井田に確かめなくても、国際関係を文明と野蛮の視点で見るのは『文明論之概略』以来の福沢の持論である。上記社説より一一年も前の八三年九月の真筆の連載社説「外交論」において、欧州在住の友人の書簡も紹介しながら、「古来世界の各国相対峙《あいたいじ》して相貪《あいむさぼ》るの状は禽獣《きんじゅうあい》相接して相食《あいは》むものに異《こと》ならず。…此《この》点より見れば我日本国も禽獣中の一国にして、時として他に食《は》まるる歟《か》、又は自《みず》から奮《ふるっ》て他を食《は》む歟《か》、到底《つまり》我《わ》れも彼《か》れも恃《たの》む所のものは獣力あるのみ。…今日文明国と不文国とは…甲より乙を視《み》るの状は…人にして人を人視せざる者と云《い》ふ可《べ》し。…世界各国の相対峙《あいたいじ》するは禽獣相食《あいは》まんとするの勢《いきおい》にして、食《は》むものは文明の国人にして食《は》まるるものは不文の国とあれば、我日本国は其《その》食む者の列に加はりて文明国人と共に良餌《りょうじ》を求めん歟《か》、数千年来遂《つい》に振《ふる》はざる亜細亜《アジア》の古国と伍《ご》を成し共に古風を守《まもり》て文明国人に食《は》まれん歟《か》、猟者《りょうしゃ》と為《な》りて兎鹿《とろく》を狩《か》る歟《か》、兎鹿《とろく》と為《な》りて猟者《りょうしゃ》に狩《か》らるる歟《か》、二者其一に決せざる可《べか》らず。即《すなわ》ち吾々日本国人が開国以来三十年の今日に至るまで、人々《にんにん》の身の上に引受《ひきうけ》たる一大問題なり。」（『全集』⑨192〜196）と、福沢が主張していたことは、よく知られている事実である。

井田進也も「従来福沢が近代日本を「他に食《は》まるる」よりは「他を食む」側の陣営に導こうとする決意を表明したものとして有名な五回連載の論説である。」と書いて、この論説は、珍しく福沢研究センターに福沢の自筆草稿が残されているので、筆者認定は不要と断っている（97〜98）。

以上によって、平山の主張〈①七月二九日の社説「日清の戦争は文野の戦争なり」の筆者は、石河であって福沢ではない。〉の誤りは明らかである。私は石河『伝』③の記述通り、この社説は福沢の執筆であり、しかもその内容が周知の福沢の日頃の持論であることから、石河の『伝』では、半分以下に短縮・要約して紹介したものと推測している。なお、万々一の確率で起草を石河が担当した場合も、（福沢も異例の参加の）祝宴まで開いた戦捷《せんしょう》記念日の重要な併載社説に、福沢が目を通さない「E判定」はおよそあり得ず、記念日の社説であるからしっかり福沢がチェックした最低限「特上のB」判定となろう。

なお、他方の社説「大に軍費を醵出せん」の場合は、「左の如き社説を発表せられた。」という『伝』③の記述から、私は、「時事新報」としての社説を石河らに起草・発表させたものと推定し、翌日以降の福沢の軍費醵集運動への主導的参加の事実と、福沢が詳しい東本願寺の普請《ふしん》の一千万円の門徒拠出についての記述があることから、内容に対しては、やはりB評価級の福沢の差配があったものと考えている。

平山のつぎの主張〈②清国を「野蛮」とする社説の筆者は石河で、福沢には「清国を野蛮国とみなす表現は見られない」。〉については、すでに第Ⅰ章2で考察した。また、本章6において福沢のアジア蔑視感を重ねて紹介する。一番本音の出ている滞米中の息子宛書簡における「野蛮国」表記を思い出さなくても、いま引用したばかりの論説「外交論」の「数千年来遂に振はざる亜細亜《アジア》の古国」という「食《は》まるる」側の「不文の国」が中国を指すことは自明のことである。日清戦争が「文明と野蛮の戦争」というのは、むしろ年来の福沢の国際関係認識＝アジア認識を集大成する定式といえよう。

平山のために、維新当初の福沢がアジア諸国をどう蔑視し、愚弄《ぐろう》していたのかを、中国の場合について念押し的に紹介しておこう。「人は万物の霊などと大造《たいそう》らしく自《みず》から構《かまえ》て、扨《さて》其知識精心は如何《いかん》と尋《たずね》るに、油断をすれば馬にも等し。実に西洋人の笑資《わらいぐさ》にて、…賤《いやし》むべし、又憐《あわれ》むべし。」（一八六八年『訓蒙窮理図解《きんもうきゅうりづかい》』—『全集』②235）、「陶虞《とうぐ》の時代より年を経《へ》ること四千《しせん》歳《ざい》、…文明開化後退去《あとずさり》風俗次第に衰《おとろえ》て徳を修めず知をみがかず我より外《ほか》に人なしと世間知らずの高枕《たかまくら》、…「英吉利《イギリス》国」と不和を起し唯《ただ》一戦に打負《うちまけ》て…なをも懲《こり》ざる無智の民、理もなきことに兵端《へいたん》を妄《みだり》に開く弱兵は負《まけ》て戦ひまた負て今のすがたに成行《なりゆき》しその有様《ありさま》ぞ憐《あわれ》なり。」（六九年『世界国尽《くにづくし》』—『全集』②594～595）

つづいて、平山の三番目の主張〈③上記併載社説をふくめ、「日清戦争中の論説のほとんどは石河の執筆」である〉を検討しよう。九四、五両年の二八四編の無署名論説が「本当に福沢の手になる論説なのかどうかを」検討するために、大正版「時事論集」に収録された二二編の筆者認定にとり組んだ平山は、そのうち日清戦争関連の一〇編の論説の筆者を判定すると「福沢真筆…は僅かに三編」ということから、上記の結論を出している（つまり、平山の主張は二八四編のうちわずか一〇編を検討・判定して出した結論にすぎない）。しかも、一〇編中真筆はわずか三編という平山の認定そのものが誤りであることは、以下の通りである。

平山が福沢真筆としている論説三編とは、九四年八月「私金義捐《ぎえん》に就《つい》て」、九五年三月「私《わたくし》の小義侠《ぎきょう》に…」、九五年六月「唯《ただ》堪忍す可《べ》し」であり、それ自体に問題はない。くわえて、井田・平山両人の認定と異なり、九四年八月「日本臣民の覚悟」が福沢真筆であることは第Ⅱ章1で確認した。日清戦争時には福沢の影響力が大幅に減退し、石河が福沢の言に「聞く耳をもた」ず、社説の「独断掲載」さえ行なう関係にあったという平山の主張からすれば、戦中論説の「ほとんどは石河の執筆」という場合の「執筆」は、明らかにE判定論説のニュアンスである。

ところが、七月二九日の併載社説「大《おおい》に軍費を醸出せん」については、B評価級の福沢のチェックがあったことを、すでに確認した。また、中国兵を「豚尾兵《とんびへい》…悪獣」と蔑称し、「軍資の必要…身外の万物愛《お》しむに足るものなし。…家も蔵も衣服諸道具も挙《あ》げて国用に供して、身は赤裸《まるはだか》になるも…不平」なしと主張した、九五年二月の六日間連載社説「外戦始末論」については、第Ⅱ章4において、平山が筆者は石河で、その内容は「石河の思想」そのものであると断定していたが、これもじつは福沢のチェックが確定的なB級論説であり、平山もこの論説に「本当に全く福沢が関与していないか、と問われれば答えに窮せざるをえない。」と認めていた社説であることを論証した。

このように九四、五年の一〇編の再検討結果は、平山のA級三編に加え、「日本臣民の覚悟」が真筆、「大に軍費を醵出せん」「外戦始末論」の二編がB級（井田の認定ではA、B級論説が「福沢思想の骨格」88）、つまり一〇編の過半数を占める六編が、真筆四編をふくめ「福沢の思想・文章」を十二分に踏襲・模倣した論説であった。したがって、両年の二八四編の無署名論説中の一〇編についてだけの検討による「福沢真筆…は僅かに三編」という誤った判定から、平山が「日清戦争中の論説のほとんどは石河の執筆」と主張することの無理は明白そのものである。

日清戦争中の無署名論説の筆者認定は始まったばかりであり、このあと6まで考察が続く。しかしここで、先取り的に巻末の［福沢のアジア・天皇制認識と無署名論説筆者認定の一覧表］を、覗《のぞ》くことを許してもらおう。

内容的にみて日清戦争関連の論説・漫言・書簡・演説は、［一覧表］の「漫言・浮世床《うきよどこ》の巻舌談《まきじたばなし》」から「台湾の騒動」にかけての三〇篇となる。このうち、平山の認定が石河の起草や独断掲載と判定しているものは六篇になる。これに対して、平山が存在自体を無視した漫言二篇をふくめた三〇篇のうち、安川の認定が福沢の真筆と判定したものは二四篇（「福沢か特B」の二篇もふくむ）で、残りの六篇はすべて「福沢思想の骨格」をなす「AかB」と判定されている。つまり、日清戦争の一年七ヶ月の期間に、福沢諭吉は、論説など三〇篇の八割の執筆などを自ら担当し、残り二割もA、B級の論説に修正・加筆・校正する差配の責任を果たしているのである。その確認作業はこれからであるが、とりあえずの展望として、やはり「日清戦争中の論説のほとんどは石河の執筆」という平山の主張に明らかに無理のあることを、あらかじめ指摘しておきたい。

(3)「台湾の騒動」の筆者も福沢諭吉

つぎに翌九六年の社説について、検討しよう。日清戦争自体は九五年四月の講和条約調印によって終結し、台湾は日本に割譲されたが、台湾住民は頭越しの一方的な日本の領有に反対し、五月に台湾民主国宣言を行ない、独立運動を始めた。日本は五万の兵士と二万六千の軍夫《ぐんぷ》を投入し、九五年一一月にようやく全島を占領するが、その後もきびしいゲリラ闘争が一〇年近く展開され、その間の日本側の戦死者は、日清戦争中の戦死者を上回り、人口の一％をこす島民が「反乱者」として殺戮《さつりく》される無差別報復討伐の「台湾征服戦争」として、日清戦争は続けられた。

九六年は一月から八月にかけて、「時事新報」の社説が台湾問題について一番多く論及した年である。平山は、台湾住民への徹底的な弾圧と島民の殲滅《せんめつ》を主張する一連の「時事新報」社説から、一月八日「台湾の騒動」と七月二九日「先《ま》づ大方針を定む可《べ》し」の二篇を選んで、この「社説に福沢自身がいささかなりとも関与したという証拠はない。」(174) として、この二篇を石河幹明の執筆と断定した。そのうえで、『福沢の真実』の重要な三点の主張の証左となる典型的な事例として、その社説内容を詳しく紹介している。

同書の三点の主張とは、①上記二篇の筆者もこれまで福沢とされてきたために、「福沢批判者」が、そのひどい内容を、福沢を「おとしめる材料」に使ってきた（10）、②同じ理由で、「日清戦争中の論説のほとんどは石河の執筆」（100）という事実が理解されず、③さらに同じ理由で、福沢の論説には中国（台湾）人への「蔑視表現はほとんどない」のに、「民族蔑視が溢《あふ》れている」二篇の「石河執筆の社説」（171）のために、福沢のアジア認識が誤解されてきた、の三点である。

具体的には、重要な同書冒頭「はじめに」において平山は、いささか論旨不明のあいまいな書き方であるが、「台湾の騒動」について、つぎのように論及していた。八二年一二月「東洋の政略果《はた》して如何《いかん》せん」、八四年一〇月「東洋の波蘭《ポーランド》」、八五年三月「脱亜論」などの「諸編はそれまでの福沢の思想を無為にしかねない侵略賛美の論説として悪名が高い」と書いた後、平山は、「「脱亜論」程には有名ではないにせよ、中国人を「チャンチャン」呼ばわりした多くの「漫言」や、日清戦争後に植民地となった台湾で蜂起した現地人を皆殺しにせよ、と主張する「台湾の騒動」などの論説も、「もっぱら福沢批判者が」、「アジア侵略を後押しする論説」と理解し、「彼をおとしめる材料」として「読んできたといってよい。」（10）と、まとめている。

つづけて「しかし私の考えでは、従来の研究者は重大な見落としをしている。」（10）と書いて、平山は、以上の無署名論説「東洋の政略果《はた》して如何《いかん》せん」、「東洋の波蘭《ポーランド》」、「台湾の騒動」や、「チャンチャン」呼ばわりの「漫言」の筆者は福沢諭吉でないことを示唆して、同書「はじめに」を結んでいるのである（「チャンチャン」呼ばわりの「漫言」の筆者が福沢その人であることは、本章の6で紹介する）。もちろん、同書の本論を見れば、平山は、「台湾の騒動」の起草や内容に「福沢自身がいささかなりとも関与したという証拠はない。」と断定して、〈福沢の署名論説に蔑視表現はほとんどない〉(170)と〈石河執筆の社説には民族蔑視が溢《あふ》れている〉(171)というふたつの対照的な小見出しのもとで、石河筆とする「台湾の騒動」と九六年七月「先《ま》づ大方針を定む可《べ》し」の二篇の内容を紹介しているのである。

これに対して私は、以下において、「台湾の騒動」の筆者が福沢諭吉であること、「先《ま》づ大方針を定む可《べ》し」の「思想・文章」が「台湾の騒動」と基本的に同一であることを確認して、この社説も「福沢の思想」を踏襲した「AかB」級の論説であることを論証する。くわえて本書の読者は、すでに第Ⅱ章の1で「東洋の政略果《はた》して如何《いかん》せん」も福沢の真筆であり、第Ⅱ章の3で「東洋の波蘭《ポーランド》」も「福沢の思想」を反映した「AかB」級論説であることを承知しており、さらに第Ⅲ章の6において「チャンチャン」呼ばわりの「漫言」の筆者が福沢その人であることを確認することになる。

つまり平山は、『福沢の真実』冒頭の「はじめに」において、「東洋の政略果して如何せん」、「東洋の波蘭《ポーランド》」、「台湾の騒動」や、「チャンチャン」呼ばわりの「漫言」（さらに「先《ま》づ大方針を定む可《べ》し」）など、アジア蔑視や侵略志向のとりわけひどい論説を意図的に選んで、それらの論説が「福沢の思想を無為にしかねない侵略賛美の論説」であるという予断を示している。その上で、それらの論説等の実際の筆者は石河幹明であることをあらかじめ強調・示唆することによって、『福沢諭吉の真実』の思想がアジア蔑視や侵略賛美と無縁のものであることを、同書冒頭で読者に印象づけようとしているのである。しかし本書は、そのすべてが的外れの認定にもとづく誤った判断・主張であることを、以下、事実にもとづいて論証する。

コラム 福沢諭吉の壮大な東洋政略論

八二年一二月「東洋の政略果《はた》して如何《いかん》せん」が福沢の真筆である根拠については、第Ⅱ章1で、私は『伝』③の「先生は…「東洋の政略果して…」との題下に具体的の論を述べられた。」を引用しただけで、中身の検討をしていない。そこで内容面からもこの論説が福沢の真筆そのものであるだけでなく、終章5で論及するように、晩年の人生の総括において、福沢が日清戦争の勝利などを「洸《こう》として夢の如し」と喜び感涙にむせびながらも、『福翁自伝』の最後において、「日清戦争何でもない。唯是れ日本の外交の序開《じょびら》き」にすぎないと自らを戒めた場合には、この東洋政略論の壮大な未来展望があったからであるという意味においても、福沢の人生にとって重要な位置を占める論説であった。

この五日間の連載社説（『全集』⑧427〜443）で展開されている福沢のアジア政略論は、第一に、「日本国は東洋に文明の魁《さきがけ》を為《な》したるもの」であり、「隣国の支那を促《うな》がし、又朝鮮に使節を遣《や》り、和親貿易の条約を締盟《ていめい》したるは、即《すなわ》ち三国新交際の発端《ほったん》にして、其着手《そのちゃくしゅ》の誉《ほまれ》は我日本国に帰す可《べ》き」は当然である。「抑《そもそ》も始《はじめ》ある者は其終《そのおわり》の責に任ぜざる可《べか》らず」として、日本が「必ずや其終《そのおわり》の責に任じて三国の文明を謀《はか》り、共《とも》に文明の賜《たまもの》を与《とも》にして、共に自国の独立を固《かた》くし、東方復《ま》た西人の鼾睡《かんすい》を容《い》るるなきこと、我責任の終局なり。」（同427）という、「文明開化」の名とその口実のもとに展開した、身勝手で一方的な福沢の日本＝アジア盟主論であった。

第二に、その「我東洋の政略は支那人の為《ため》に害しられたり」として、一方的に中国にその責任をおしつけながら、福沢は「東洋の政略進取に決するは今日の至要《しよう》」と位置づけ、「結局我が政略と我が武力とに由《より》て、東洋の波濤《はとう》を其未《そのいま》だ起らざるに鎮静《ちんせい》するの一法あるのみ。」（同428〜431）という判断にもとづき、結論として彼は「我《わが》東洋の政略は結局兵力に依頼せざる可《べか》らず」（同440）という八一年一〇月『時事小言』で確立した兵力至上の強兵富国路線を再確認した。

第三に、そのための軍備拡張への協力を、福沢は、国民が「悉皆《しっかい》天皇陛下の臣子《しんし》にして良民たるに相違なしとの一義を抵当」にした「国民たるの義務」「報国の本分」と説明した。「朝鮮の関係に於《おい》ても、…支那人が頻《しき》りに韓廷の内治外交に干渉して、甚《はなはだ》しきは其《その》独立をも危《あやう》くするの勢に至るときは、吾人は日本国人の本分として支那人の干渉を干渉して之《これ》を抑制せざる可《べか》らず。即《すなわ》ち我兵備を要するの一点なり。」（同432）と、まず朝鮮情勢に藉口《しゃこう》して軍備拡張の必要性を説いた。「我輩愚かにも」かつては内治優先に賛成したが、「若《も》しも数年前に此《この》資本と此《この》精神とを費して、之《これ》を兵備の一方に用ひたらば、今日の急を斯《か》くまでには無かる可《べ》きものをと、唯既往《ただきおう》の無見識を独《ひと》り自《みず》から懺悔《ざんげ》」（432～433）と、福沢は軍備拡張への着手の遅れを反省してみせる。そのうえで、「扨《さて》兵備拡張、実際の着手に至り、最第一《さいだいいち》に要用なるものは国財にして、其《その》出処は日本国民の外《ほか》ならず。日本国民たる者が、苟《いやしく》も今の東洋の形勢に眼《まなこ》を着《ちゃく》して、国財徴収は果して焦眉《しょうび》の需要たるを知らば、之《これ》を供給するは当務の職分なりと云はざるを得ず。」（433）として、福沢はその財源の確保に議論を進める。

「軍備の拡張は焦眉の急にして」、八年後の一八九〇年の「国会の開設」時までは待てないと主張する福沢は、「此時《このとき》に当《あた》ては枉《ま》げても鬩牆《げきしょう》争権の熱情を抑制して国民たるの義務を担任し、以《もっ》て我《わが》東洋政略の素志《そし》を達して、文は則《すなわ》ち開明の魁《さきがけ》を為《な》し、武は則《すなわ》ち亜細亜《アジア》の盟主たらんこと、読者諸君と共に希望する所にして、即《すなわ》ち報国の本分と信ずるものなり。」と書いて、軍備拡張への協力を「国民たるの義務」「報国の本分」（434）とした。くわえて、「冷なる道理を以て論ずれば、参政の権と納税の義務と交易せんとの説」がもっともであると断りながら、やはり「燃眉《ねんび》の急」としての軍備拡張は議会開設の時を待てないとして、福沢は

「畢竟《ひっきょう》理論を離れて人情に訴へ、日本国中の人は悉皆《しっかい》天皇陛下の臣子にして良民たるに相違なしとの一義を抵当」にして、つまり自らの天皇制論を根拠にして、「納税の義務」「租税の徴収」を納得・了承するように主張した（440～441）。

最後に福沢は、自身の見聞体験をふまえて、軍備拡張のための増税の「苦痛を忍」んで日本を帝国主義大国に仕立て上げれば、将来どんな「快楽」「愉快」「報酬」が得られるかを、読者に分かりやすく次のように説明した。「我輩十数年前、毎度外国に往来して欧米諸国在留のとき、動《やや》もすれば彼《か》の国人の待遇厚からざるに不愉快を覚へたること多し。」という自身の被差別体験と、「英国の士人が…支那其他の地方に於ても権勢を専《もっぱ》らにして、土人を御《ぎょ》する其《その》情況は傍若無人《ぼうじゃくぶじん》、殆《ほとん》ど同等の人類に接するものと思はれず。」という帝国主義諸国によるアジア蔑視や支配の貴重な目撃情報を紹介しながら、福沢は、「人に制しらるるは人を制するの愉快なるに若《し》かず。」「圧制も我身に受くればこそ悪《にく》む可《べ》しと雖《いえ》ども、我より他を圧制するは甚《はなは》だ愉快なり」（436）と書いて、ひたすら日本の人民に『文明論之概略』第一章冒頭の「鰌《どじょう》を殺して鶴を養ふ」近代化への道のりを啓蒙した。

以上の論の運びから見れば、その展望は「一方を憐《あわれ》むの傍《かたわら》に又一方を羨《うらや》み、吾《わ》れも日本人なり、何《いず》れの時か一度は日本の国威を耀《かがや》かして、印度《インド》支那の土人等を御《ぎょ》すること英人に傚《なら》ふのみならず、其英人をも窘《くるし》めて東洋の権柄《けんぺい》を我一手に握らんものをと、壮年血気の時節、竊《ひそか》に心に約して今尚《いまなお》忘るること能《あた》はず。」という自身の目撃・見聞体験を踏まえた、日本もいつかは帝国主義大国になってみたいという「血気の獣心」（八二年三月「圧制も亦《また》愉快なる哉《かな》」『全集』⑧66）的な夢想であるが、それは、明らかに福沢諭吉その人のものである。この「東洋政略の基礎」を確立するための増税は、「苦痛と云へば随分苦痛なれども、遥《はるか》に前途を想像して我国威の揚《あが》るを画《えが》くときは、又愉快に堪へざるもの多し。」と説いて、福沢は大英帝国に比肩する帝国主義強国日本の壮大な未来像を次のように描き出した。

「陸に幾十万の貔貅《ひきゅう》を備へ、海に幾百艘の軍艦を浮べ、地球上海水の通ずる処に日本艦を見ざるはなし、日章《にっしょう》の国旗以《もっ》て東洋の全面を掩《おお》ふて、其旗風《はたかぜ》は遠く西洋諸国にまでも吹き及ぼすが如きは、亦《また》愉快ならずや。即《すなわ》ち吾人は東洋一強国の人民なり、…亜細亜《アジア》の東辺に一大新英国を出現する、決して難《かた》きに非《あら》ず。之《これ》を想《おも》へば今日些少《さしょう》の苦痛は訴るに足らず。」（437）

つぎに一月八日「台湾の騒動」も右記の諸論説・漫言同様の福沢の真筆であることを確認する前に、平山にならってまず、同論説と七月二九日「先《ま》づ大方針を定む可《べ》し」の二篇の内容を見ることにしよう。

「台湾には草賊《そうぞく》再び蜂起して勢《いきおい》頗《すこぶ》る猖獗《しょうけつ》、北部一帯の地方は殆《ほと》んど賊の巣窟《そうくつ》に化し、…我学校教員等も殺害せられて、去る二日までに兵士工夫《こうふ》等の死傷は凡《およ》そ百五十名に及び、現在の守備兵のみにては到底《とうてい》鎮圧の見込なきより、…更に混成旅団を出発せしむることとなれり。…島民等が我《わが》大兵の引揚げて兵力の薄きを窺《うかが》ひ、再び蜂起して狂暴を逞《たくまし》うするは、野蛮人の常態にして怪《あや》しむに足らず。征服地に有勝《ありがち》の事なれども、去るにても平定匆々《そうそう》、斯《かか》る大騒動とは意外の珍事《ちんじ》と云《い》はざるを得《え》ず。…我輩は曾《かつ》て台湾討平の際に意見を陳じて、苟《いやしく》も我に反抗する島民等は一人も残らず殲滅《せんめつ》して醜類《しゅうるい》を尽《つく》し、土地の如《ごと》きも容赦なく官没して全島掃蕩《そうとう》の功を期《き》せざる可《べか》らずとて再三勧告を試みた…彼等の頑冥不霊《がんめいふれい》は最初より知れ切《きれ》たる事にして到底《とうてい》恩を以て懐《なつ》かしむ可《べ》き輩《やから》に非《あら》ず。…要するに全島を蛮民の巣窟《そうくつ》として認め、威《い》を以《もっ》て之《これ》に臨《のぞ》むの外《ほか》ある可《べか》らず。…既往《きおう》の事は今更ら致方《いたしかた》なしとして、今回の騒動こそ好機会なれ、兵力を以《もっ》て容赦なく掃蕩《そうとう》を行ひ、葉を枯らし根を絶ちて一切の醜類《しゅうるい》を殲滅《せんめつ》し、土地の如《ごと》きは尽《ことごと》く之《これ》を没収して、全島挙《あげ》て官有地と為《な》すの覚悟を以《もっ》て大英断を行ふ可し」（「台湾の騒動」――『全集』⑮354～355）。

「台湾経営の方針は当初その土地を割《さ》かしめたる目的如何《いかん》に由《よっ》て決せざる可《べか》らず。…我国の人口は年々増加の一方にして、近年来は寧《むし》ろ多きに過《すぐ》るに苦しむ有様《ありさま》なれば、…台湾の割譲《かつじょう》は其《その》土地を得て内の人民を移さんとするが為《た》めに外《ほか》ならざる可し。…割譲の目的は全く其《その》土地にして、人民に非《あら》ざること最初よりして既《すで》に明白なれば、…彼の島民の如《ごと》きは断じて眼中に置く可《べか》らず。実際には台湾と名《なづ》くる一《ひとつ》の無人島を手に入れたるものと覚悟して、経営の大方針を定む可《べ》きものなり。…頑冥《がんめい》不逞《ふてい》の徒にして、…苟《いやしく》も事を幇助《ほうじょ》し又は掩蔽《えんぺい》したる疑《うたがい》あるものは容赦なく境外に放逐《ほうちく》して、其《その》土地財産の如《ごと》き悉《ことごとくみな》皆没収して官有に帰《き》せしむ可《べ》きものなり。…凡《およ》そ法律なるものは人智の程度如何《いかん》に由《よ》り寛厳《かんげん》を殊《こと》にするものにして、未開の蛮民に文明の法律を行はんとするは、車夫馬丁《しゃふばてい》の輩《やから》に対して小笠原流の礼式を習はしめんとするに異《こと》ならず。…彼等の如《ごと》き無智頑迷の輩《やから》を御《ぎょ》するに、…財産保護を云々《うんぬん》せんとするが如《ごと》き、他国人に聞かせたらば何と評す可《べ》きや、実に驚き入たる次第…」(「先づ大方針…」——『全集』⑮472〜473)。

平山は、前者について「全くどうしようもない、としか言いようのない論説」(173)であるとコメントし、後者については「まるでポーランドに進駐したナチスドイツ軍である。私はこのような論説が現行版『全集』に収められていることを恥ずかしく思う。」(174)と罵倒《ばとう》するとともに、従来、二篇が福沢諭吉の論説として読まれてきたことに、ひとり怒り嘆き悲しんでいる。たとえば、後者社説について平山は、「同年七月二五日には末娘みつの婚礼があったので、福沢もその前後はどの家庭にもある慌《あわ》ただしい日々」のはずだった、「結婚式が無事すんだのもつかの間、二九日の紙面にこのような社説が掲載されているのを知って一番驚いたのは福沢本人ではなかったろうか。」(174)と、もっともらしい想像をめぐらすことにより、両論説が福沢とはおよそ無縁のものと勝手に断定しているのである。

くわえて、『『実業論』(九三・五)などの署名著作やカテゴリーIの無署名論説」において福沢が「国権皇張」という場合は「領土拡大のことではなく貿易振興による国益の増加のことである」(174)

と、勝手に好意的な解釈を提示しながら、平山は、両論説が福沢と「福沢の思想」におよそ無縁のものと勝手に断定し、これらをも福沢を「おとしめる材料」として読みこんできた従来の福沢研究への怒りを露《あら》わにしているのである。しかしながら、この場合もすぐ後で紹介するように、福沢自身は、「台湾の騒動」(101)の一週前の真筆社説「明治二十九年一月一日」において、「外国の土地を併せて日本の版図《はんと》を拡大」した事実を「金甌《きんおう》膨張もしくは増大」という造語まで提示して、手放しで喜んだばかりなのである。

肝心の「台湾の騒動」の筆者認定に戻ろう。福沢諭吉協会『福沢諭吉年鑑』31号(二〇〇四年)を見ると、慶応義塾福沢研究センター顧問の桑原三郎が、『年鑑』19号以来の連載の〈管見《かんけん》　時事新報―「福沢先生年譜」補遺の試み〉(十)において、〈1月8日　水曜　社説「台湾の騒動」社説は福沢先生の執筆である。〉(87)と、明記しているのである。この桑原の連載は、『復刻時事新報』を「丹念《たんねん》に繰《く》っていったら、更に新しい発見があるかも知れない」という『福沢諭吉全集』編纂者の土橋俊一の助言で、彼が一〇年以上とり組んでいる『全集』第㉑巻の膨大な「福沢諭吉年譜」を補遺する貴重な作業である(『年鑑』19号、65)。

ところで、安川寿之輔の「普通会員」としての入会を拒んだ福沢諭吉協会(安川『福沢と丸山』63~65参照)は、『年鑑』28号の山田博雄(福沢諭吉協会編集委員)の「研究文献案内」において、安川『福沢諭吉のアジア認識』を批判的に紹介したのと対照的に、『年鑑』29号の同じ「研究文献案内」

において、井田進也『歴史とテクスト』（光芒社）については、「従来福沢筆とされてきたテクスト自体に根本的な疑問を突きつけた、井田氏の一連の論稿は、ある意味で福沢研究のひとつの期を画する可能性を孕《はら》む。」とたかく評価した。これまで「福沢筆と信じられてきた『新報』論説の「侵略主義的・皇室中心主義的色彩の濃いものほど」、実は門下の少壮記者、渡辺治・高橋義雄の筆になる比率が高く…」という、福沢の「名誉回復」につながる部分の紹介をはじめとして、同書の内容が詳しく好意的に紹介されていた。つまり「福沢協会」は、井田の無署名論説筆者認定研究を画期的なものと評価しているのである。

したがって、その井田進也を全面的に踏襲する平山洋の仕事に対しても「福沢諭吉協会」はたいへん好意的である。「協会」は、上記の「台湾の騒動」は「福沢先生の執筆」と指摘する桑原〈管見時事新報〉（十）が掲載されている同じ『年鑑』31号の「研究文献案内」において、平山洋『福沢諭吉の真実』を紹介しているだけでなく、同号には平山の無署名論説筆者認定にかかわる三篇の論文の要約を、平山自身に執筆させているのである。

平山は、その要約においても「一大英断を要す」「大に軍費を醵出せん」「日本臣民の覚悟」などを「福沢が関与した証拠のない」論説と指摘して、「これらが福沢の作でないとするなら、第二次世界大戦後に一般化した「日清戦争の扇動者」という福沢像は修正されなければならなくなろう。」(149) という主張を繰り返している。しかし、本書の読者は、「一大英断…」が第Ⅱ

章1において福沢の真筆、「大に軍費…」が第Ⅲ章2の⑵において「福沢の思想」そのもののB級認定、「日本臣民の覚悟」が第Ⅱ章1において福沢の真筆そのものであることを、すでに確認している。

以上のように、「福沢諭吉協会」はこの三年来（安川『福沢のアジア認識』の成果と真っ向から対立する）井田進也・平山洋両人の無署名論説筆者認定の作業を画期的な成果として前向きに評価しており、福沢研究センター顧問の桑原三郎がその研究動向を承知し、意識していることはじゅうぶん推定できよう（同時期に『福沢諭吉書簡集』九巻を刊行した編集委員会「解題」担当者の西川俊作らが同様であることについては、本章3の最後で論及する）。その桑原が、「台湾の騒動」に「福沢自身がいささかなりとも関与したという証拠はない。」と断定している平山洋の論文要約と『福沢の真実』の文献案内を掲載している同じ号の『年鑑』の「福沢先生年譜」補遺において、既述したように、「社説「台湾の騒動」は福沢先生の執筆である。」と明記しているのである。

あわせて、桑原が同稿において「明治二十九年（一八九六）」の年譜をどう補遺しているのかを見ておこう（曜日の引用は省略）。「1月1日　二頁社説「明治二十九年一月一日」があり、これは福沢諭吉先生の執筆である。…」「1月3日　社説「人口の繁殖」…」「1月4日　二頁社説「人民の移植」。」「1月7日　二頁に社説「日本人は移植に適するや否《いな》や」がのる。」「1月8日　社説「台湾の騒動」社説は福沢諭吉先生の執筆である。」「1月9日　社説「教育費」。」「1月17日　社説「移民と

宗教」福沢先生執筆。」「1月18日　三面社説「人民の移住と娼婦《しょうふ》の出稼《でかせぎ》」福沢先生執筆。」「1月19日　二面「増税法案」福沢先生執筆。…」。

以上を見れば、九六年一月の1、8、17、18、19日の社説は福沢が執筆し、他の3、4、7、9日の社説は石河ら他記者が起草・執筆したものと理解できよう（平山は「日清戦争中の論説のほとんどは石河の執筆」というのに、この九六年一月一九日までの半月余の場合は、福沢の執筆の方が多いことに注目）。

この桑原三郎の記述は、社説内容からもうなずけるものである。たとえば、一日「明治二十九年一月一日」の「古来国運の隆盛を祝するに金甌《きんおう》無欠《むけつ》の語を用ふるの常なりしかども、…今や（消極の）無欠の字は実際に当てはまらずして、今年の国運を祝するには金甌膨張もしくは増大の語を以《もっ》てせざる可《べか》らざるに至《いた》りしこそ愉快極《きわ》まる次第なれ。…兎《と》に角《かく》に外国の土地を併《あわ》せて日本の版図《はんと》を拡張するが如《ごと》きは、古来我《わが》国人の思ひ至らざる所なりしに、…吾々今代《こんだい》の日本国民は何等《なんら》の幸福ぞ、建国以来未曾《みぞう》有の愉快を懐《いだ》いて建国以来未曾《みぞう》有の新年に逢《あ》ふ。…金甌《きんおう》の膨張増大、誠に目出度《めでた》き次第のみならず、…」（『全集』⑮345）という主張は、（すぐ後で紹介する）半月前の「還暦寿莚《じゅえん》の演説」において「大戦争に国光を世界に耀《かがや》かして大日本帝国の重きを成《な》したるが如《ごと》きは、…前後を思へば洸《こう》として夢の如《ごと》く、感極《きわ》まりて独《ひと》り自《みず》から泣くの外《ほか》なし。」と、日清戦争の勝利に手放しで感激していた福沢の文章そのものと言えよう。

また、一七日「移民と宗教」は、「馬鹿と片輪《かたわ》に宗教、丁度《ちょうど》よき取合せならん」と嘯《うそぶ》いて、百篇をこす経世論としての宗教振興論を書いた福沢の宗教論そのものである。同様に、公娼制度の熱心な賛成・擁護論者であった福沢が「人民の海外移植を奨励するに就《つい》て、特に娼婦外出の必要」性、「其《その》出稼」の「自由」を主張した一八日「人民の移住と娼婦の出稼」（『全集』⑮363〜364）も、福沢の女性論そのもの（次著『福沢諭吉の女性論と教育論』で詳しく紹介・論及の予定）である。さらに、「戦後膨張の国務を処理するに増税の必要は勿論」（同上、365）と主張した一九日「増税法案」の内容も、これまで軍備拡張のために一貫して「地租の増率」と「酒造税の増加」を主張してきた福沢の「年来主張したる」持論そのものである。

なお、この機会に、自紙を海軍の御用新聞と世評されていた福沢の軍備拡張論の一端を見ておこう。「軍艦の製造は我国年来の宿望《しゅくもう》にして、…わが国民は終始《しゅうし》海軍に対して危惧《きぐ》の念を去る能《あた》はず。是れぞ全く足らざるものがあるが為《た》めにして、…。然《しか》るに今回戦争の結果として我国は清国より三億円の償金を得る事となりたるこそ幸《さいわい》なれ、之《これ》を濫用せずして何は扨《さ》て措《お》き先《ま》づ其《その》大部分を挙《あげ》て製艦の費に供するは輿論《よろん》の命ずる所なり。…封建の武士…の大小は…武士の魂…唯《ただ》海国の体面又必要に於て封建武士の為に倣《まね》ひ、偶々《たまたま》国家に生じたる余財を抛《なげうち》て国の魂たる軍艦を新調せんと欲するに外《ほか》ならず。亦是《またこれ》文明立国の嗜《たしな》みなればなり。」（九五年七月「軍艦製造の目的」——『全集』⑮235〜237）

コラム　福沢諭吉は融通無碍の「思想家」（1）

人は変れば変わるものである。かつて『文明論之概略』において福沢は、「文明には外に見《あら》はるる事物と内に存する精神と二様の区別あり。外の文明はこれを取るに易《やす》く、内の文明はこれを求るに難《かた》し。国の文明を謀《はか》るには其《その》難を先にして易を後にし」（『全集』④19）と書いて、「文明の精神」導入の重要性とその優先性の主張を丸山眞男らから激賞された。その福沢諭吉が、いまや有形の巨大な「事物」の軍艦を「国の魂」と評価しているのである。また、「武士の魂」、「武士の嗜《たしな》み」としての刀を「難有《ありがた》さうに凶器を腰にして居《ゐ》る奴《やつ》は馬鹿だ其《その》刀の長いほど大馬鹿であるから武家の刀は…馬鹿《ばか》メートル」（和田日出吉『福沢諭吉と弟子達』140）などと散々《さんざん》コケにして、はやばやと「刀は要《い》らない、馬鹿々々しい、刀は売て仕舞《しま》へと決断」したことを『福翁自伝』において自負していた福沢が、侵略戦争に不可欠の軍艦を、いまや「国の魂」「文明立国の嗜《たしな》み」と主張するように変わっているのである。

しかし福沢のこの変貌に驚く読者は、『概略』が福沢の「唯一の原理論」「唯一の体系的原論」と主張した丸山眞男『「文明論之概略」を読む』（岩波新書）を素直に読みすぎた丸山の信奉者である。福沢は、「日清戦争の興奮によって」（羽仁五郎）突然「内の文明」＝文明の精神の重要性を忘却したわけではない。日清戦争より遥《はる》か昔の八六年の真筆論説「文明を買ふには銭《ぜに》を要す」において、「文明開化…無形のものは、其《その》進歩改良、案外に易《やす》く且《か》つ速《すみやか》なりといへども、…有形のものは、其《その》進歩実に遅々《ちち》として…」と、すでに『概略』と丁度逆の主張を提示しており、福沢は、八〇年代半ばのこの段階で日本人の精神については、早々と「其《その》心を見れば完全なる文明開化人なり」（『全集』⑩569〜570）と断言していたのである。

　福沢が「独創的な、原理原則ある哲学をもつ思想家」（丸山眞男）、「原則ある根本的体系的思想家」（羽仁五郎）などというのは、「戦後民主主義」時代の福沢美化論者たちが提示したお目出度い評価である。徳富蘇峰、陸羯南《くがかつなん》、内村鑑三、鳥谷部《とやべ》春汀《しゅんてい》など福沢の同時代人は、むしろ福沢には原理原則、哲学がなかったという評価で共通している（陸羯南「毫《ごう》も抽象的原則又は高尚の理想を有するあらず」）。福沢自身が「説は事勢に由《よっ》て改めざる可らず。今吾古吾《こんごこご》恰《あたか》も二人の如くなるこそ世事の進歩なれ。」（『全集』⑦658）と覚書していたように、福沢は、むしろおよそ原理原則にこだわることなく（徳富蘇峰の表現では「能《よ》く世と推《お》し移り、物に凝滞《ぎょうたい》せざる」）、融通無碍《ゆうずうむげ》に自説を開陳し、むしろなりふりかまわぬ思想の無節操性を築きあげた人物であった（安川『福沢と丸山』Ⅳ4B参照）。

桑原三郎「福沢先生年譜」補遺にもどろう。九六年一月二一日以降は、もっぱら慶応義塾の幼稚舎卒業式、義塾卒業証書授与式、同窓会、大学部懇親会、交詢社随意懇親会などへの福沢の出席・

関与について記載されている。二月二五日〜二九日に「福翁百話」と「福翁百話序言」の紹介が重ねて掲載された後、三月一日からは「福翁百話（一）宇宙」から順次連日の『百話』各篇の題目が、一二月一三日の「福翁百話（七十四）教育の価《あたい》必ずしも高からず」まで紹介されており、ほかには慶応義塾同窓会や「福沢先生の茶話会」への福沢の関与、善光寺参詣をふくむ旅先での師範学校の演説や懇親会での活躍ぶりがもっぱら紹介されている。

このように、九六年三月一日から一二月一三日までは、福沢の文章は『福翁百話』諸話が平均して約四日に一回の割合で七四話まで断続的に連載されているので、桑原〈管見《かんけん》　時事新報〉から推測されることは、三月以降は、福沢はもっぱら『百話』の執筆に専念して、社説の起草・執筆は石河らに任せていたと考えられよう。しかしながら、その時期にも社説の差配は依然として続けていたことは、第I章1のコラム「書簡による石河宛の差配」の同年二月一八日、二二日、三月六日、二五日、四月一四日などの記録で確認済みである。

以上の諸事実をふまえて、(石河筆と断定しての)「台湾の騒動」と「先《ま》づ大方針を定む可《べ》し」の二篇についての2の⑶冒頭の平山の三点①②③の主張の当否を、私が判断・評価する条件は、ようやくそろった。

第①点の、二篇の「社説に福沢自身がいささかなりとも関与」していないという平山の主張は、「台湾の騒動」に関するかぎり、(井田・平山の認定研究を評価する) 福沢諭吉協会理事の桑原三郎の

〈社説「台湾の騒動」は福沢諭吉先生の執筆。〉という『福沢諭吉年鑑』31号の年譜補遺によって明らかな誤りであることが明白となった。したがって、従来の研究が同論説を福沢評価の対象としてきたことに、なんら問題はない。ただし、「先《ま》づ大方針を定む可《べ》し」の掲載された七月二九日についての桑原の「年譜」補遺はない（福沢は『福翁百話』に専念）ので、この論説の筆者は、石河筆（福沢は差配のみ）という平山の判断通りであるとうけとめて、以下の議論を進めよう。

ここで、さきに引用した「台湾の騒動」と「先《ま》づ大方針を定む可《べ》し」の内容を対比して見よう。両論説の台湾人への蔑視表現を列挙すると、前者の福沢は「草賊《そうぞく》」、「野蛮人」、「蛮民」、「彼等の頑冥不霊《がんめいふれい》」、「醜類《しゅうるい》」二回、後者の石河は「未開の蛮民」、「頑冥不逞《がんめいふてい》の徒」、「無智頑迷《がんめい》の輩《やから》」と基本的に変わらない（文章の長さに対比すると、蔑視表現使用の頻度は福沢が二倍以上）。また、台湾支配の「大英断」「大方針」についても、福沢の「反抗する島民等は一人も残らず殲滅《せんめつ》して醜類《しゅうるい》を尽《つく》し」「兵力を以《もっ》て容赦なく掃蕩《そうとう》を行ひ、葉を枯らし根を絶ちて一切の醜類《しゅうるい》を殲滅《せんめつ》し、土地の如《ごと》きは盡《ことごと》く之《これ》を没収して、全島挙《ぜんとうあげ》て官有地と為《な》す」、と石河の「苟《いやしく》も事を幇助《ほうじょ》し又は掩蔽《えんぺい》したる疑《うたがい》あるものは容赦なく境外に放逐《ほうちく》して、其《その》土地財産の如き悉皆《ことごとくみな》没収して官有に帰《き》せしむ可《べ》きものなり。」は、どちらも「全島挙《あげ》て官有地」「悉皆《ことごとくみな》没収して官有」の基本方針は変わらず、抵抗者へのきびしい対応策も同様である。

ただ、石河の「容赦なく境外に放逐《ほうちく》」に対比すると、福沢の「一人も残らず殲滅《せんめつ》して醜類《しゅうるい》を尽《つく》し」

「兵力を以《もっ》て…葉を枯らし根を絶ちて一切の醜類《しゅうるい》を殲滅《せんめつ》」という蔑視表現の多さには、むしろ福沢の抵抗者への憎悪と無理解の度合いの高さを感じとることもできよう。少なくとも、平山のいうように、石河の論説の方が「中国人…に対する民族的偏見が非常に強い」とか、福沢に対比して石河の論説が「全くどうしようもない」「ナチスドイツ軍」なみのひどい内容であるとは判別できない。つまり、二人の台湾人への蔑視観、台湾支配の基本方針、抵抗者への処遇策に基本的な違いは見られないのである。ということは、石河の「先《ま》づ大方針を…」は、福沢「台湾の騒動」の現地民への徹底的な弾圧・支配策を踏襲した「AかB」級の論説であることを意味する。

したがって、本章1で確認したように、「福沢と石河のアジア認識は全く異なっている」(163)という平山の認識の誤りは重ねて明白そのものであり、同様にして論説二篇についての平山の主張第③点の、福沢には中国人への「蔑視表現はほとんどない」のに「石河執筆の社説には民族蔑視が溢《あふ》れている」という対比もおよそ見当外れである。また、七月二四日の「末娘みつの婚礼」で「慌《あわ》ただし」かった(一月初旬に「台湾の騒動」を執筆掲載した)福沢が、結婚式の後の七月「二九日の紙面にこのような(福沢先生の台湾政略策「台湾の騒動」をそのまま踏襲した石河の)社説が掲載されているのを知って一番驚いたのは福沢本人ではなかったろうか。」と平山は書いていたが、これも彼の創作した妄想に過ぎないことは明らかである。

以上で「台湾の騒動」、「先《ま》づ大方針を…」二篇についての検討は終わりにして、2の(1)で詳しく紹介した、平山の誤った⑥点の主張（218～219ページ）のうちの第③点の「日清戦争中の論説のほとんどは石河の執筆」という主張の検討に戻《もど》ろう（上記二篇についての平山の主張②も同じ主旨である）。

桑原三郎〈管見《かんけん》　時事新報〉によると、台湾征服戦争継続中の九六年一月の半月余の期間に福沢は五回も（他記者は四回）社説を執筆しており、また、三月以降は一二月までに「福翁百話」の七四話もの連載を掲載し、さらに、書簡による非日常的な差配を含めて、福沢の石河らの社説原稿への差配が継続していたことも確認した。したがって、本章1の冒頭で紹介した日清戦争時には、福沢は「正真正銘の老人」であるため、「時事新報」への影響力は低下し、「大ベテラン」石河幹明記者が「福沢の言うことに聞く耳をもた」ず、自筆社説を「独断で掲載」することさえ行なって、「時事新報」の民族偏見と戦意高揚論説を独りで「乱造」していた、という平山の創作した福沢の「名誉回復」のための「夢物語」の破綻は、以上の「台湾の騒動」「先《ま》づ大方針を定む可《べ》し」二篇の論説の考察からも、重ねて確認できよう。

さらに、井田とならぶ平山の認定「研究」の罪深さは、この後もしばしば確認するように、平山がその誤った認定によって、失礼にも福沢「先生」真筆の社説「台湾の騒動」を「全くどうしようもない、としか言いようのない論説」と決めつけ、それと一心同体の内容の石河の社説を「まるでポーランドに進駐したナチスドイツ軍である。私はこのような論説が現行版『全集』に収められていることを恥ずかしく思う。」と勝手にコメントすることによって、せっかく福沢美化を目指したはずの認定「研究」が、「全くどうしようもない、としか言いようのない論説」しか書けない論説主幹として、またもや福沢「先生」を「おとしめる」贔屓《ひいき》の引き倒しの作業になっていることである。

(4) 福沢諭吉は日清戦争にどう向き合ったか

つづいて、平山の誤った六点の他の主張の考察に戻り、〈④石河幹明『福沢諭吉伝』の記述は「明白な虚偽」であり、福沢が「日々出社し…自《みず》から社説の筆」を執ったという記述そのものが誤り。〉以下の平山の主張の誤りを検証するために、日清戦争中の福沢がそもそもこの戦争とどう向き合い、その熱烈な戦争支援の行動とともに、なにをどう発言していったのかを考察しよう。最初に戦争の優勢が見えてきた段階と戦勝後における福沢の四点にわたる結論的な認識をあらかじめ紹介・確認した後、開戦以来の福沢の姿をさらに掘り下げて考察しよう。

「実ニ今度之《の》師《いくさ》ハ空前之一大快事、…今や隣国之《の》支那朝鮮をも我《わが》文明之中ニ包羅《ほうら》せんとす、畢生《ひっせい》之愉快、実以《じつもっ》て望外之仕合《しあわせ》ニ存《ぞんじ》候《そうろう》。…軍費之《の》如きハ、国民が真実赤裸《まるはだか》ニなるまで厭《いと》ひ不申《もうさず》。弊家《へいか》などにてハ疾《はや》くより其《その》覚悟ニ罷在《まかりあり》候《そうろう》。」（一八九五年一月山口広江宛書簡、『書簡集』⑧13）

「この一年は…空前の大功名を成《な》し遂《と》げ…我《わが》日本国の名声を世界に轟《とどろか》し、文明諸国の人をして我《わが》実力の如何《いかん》を知らしめたるを喜ぶのみ。…隣国を取て我《わが》領地とせんなどは、青年の頃より時として口に言ふも唯《ただ》一場の書生論にして、…今や前年の書生論を実にして俄《にわか》に帝国の膨張を致したり。…前途の望、洋々として春の海の如《ごと》く、正《まさ》に是《こ》れ千載一遇《せんざいいちぐう》の好時機…」（九五年「明治二十八年四月二十一日交詢社大会演説大意」『全集』⑮141〜142）

「就中《なかんずく》去年来の大戦争に国光を世界に耀《かがや》かして大日本帝国の重きを成《な》したる…扨《さて》も扨《さて》も不思議の幸福、前後を思へば洸《こう》として夢の如《ごと》く、感極まりて独《ひと》り自《みず》から泣くの外《ほか》なし。」（九五年一二月「還暦寿筵《じゅえん》の演説」『全集』⑮336）

「日清戦争など官民一致の勝利、愉快とも難有《ありがた》いとも云《い》ひやうがない。命あればこそコンナ事を見聞するのだ、前《さき》に死んだ同志の朋友が不幸だ、アア見せて遣《や》りたいと、毎度私は泣きました。」（九九年六月『福翁自伝』『全集』⑦259）。

これら一連の福沢の真筆発言（書簡、演説、『自伝』）を見れば、日本が「支那朝鮮をも我文明之中ニ包羅《ほうら》せんと」する勢いを喜び、正月元旦（九六年）の社説に「金甌無欠《きんおうむけつ》」ではなく「金甌膨張もしくは増大」を「愉快極まる次第」と書き、交詢社の演説では「隣国を取て我領地」とする「帝国の膨張」を「前途の望、洋々として春の海の如く」と表現し、『自伝』などにおいても、戦勝に「洸《こう》として夢の如く、感極まり」「毎度私は泣きました」と熱狂・興奮する福沢の姿はあっても、平山の主張〈⑥「つとめて平静に振る舞うよう国民に求め」「自重を求め」〉、「日清戦争を煽《あお》った福沢像など少しも浮かんでこない。」〉とか、福沢の〈国権皇張とは領土の拡大のことではなく貿易振興による国益の増加のことである、と彼自身つとに主張し続けてきた〉(174)などという福沢の姿などは、およそ見出すことができない。具体的に考察しよう。

九四年六月二日、甲午農民戦争の進展で全羅道の首邑《しゅゆう》全州《チョンジュ》が農民軍の手中に帰すると同時に、日本政府が派兵の閣議決定をする以前から、「居留民保護」を名目の派兵を要求していた福沢は、『全集』⑭後記によると、六月五日の社説「「速《すみやか》に出兵す可《べ》し」以下連日の社説漫言」を書き連ね、「政府を鼓舞《こぶ》し、終始一貫して強硬論を主張してやま」ず、とりわけ八月一日の宣戦布告後の福沢は、「(年来の)東洋政略の論旨が遂《つい》に実現の機会に立至つたかの感を覚えたのであらう、勇奮《ゆうふん》活躍、連日紙上に筆を揮《ふる》ひ、国民の士気を鼓舞してやまなかつた。殊に前年…一旦緩急《かんきゅう》の時はみづから奮《ふる》つて国民の魁《さきがけ》たらんと約束した通り(三月二六日の社説「献金に就て」)、みづから発起人となつて報国会なるものを組織し、富豪貴族等を糾合《きゅうごう》して軍費醵集《きょしゅう》の運動を始めた。」(『全集』⑭687〜688)。

本章の2の(1)でも論及したが、平山の主張⑤は、〈日清戦争開戦とともに、福沢が「勇奮活躍、連日紙上に筆を揮《ふる》ひ、国民の士気を鼓舞《こぶ》してやまなかった。」〉というこの『全集』⑭「後記」の「定説」を真正面から否定するものであった。平山は、日清戦争時の石河が、「正直正銘の老人」の福沢のいうことにもはや「聞く耳をもた」ず、社説の「独断掲載」を行なうなどと、福沢の「時事新報」紙面への影響力の低下をもっぱら強調していた。

この平山説に対して私は、ひとつひとつ反証をくわえ、開戦直後に一時期「連日紙上に筆を揮《ふる》ひ、国民の士気を鼓舞《こぶ》」した福沢が、発起人総代として戦争支援の「報国会」組織の先頭に立ち、率先して軍事献金キャンペーンを行ない、自宅で時事談話会も主催するなどの戦争遂行・支援の社会的活動に大活躍するようになり、まもなく多くの社説の起草を、ふたたび石河たちに委《ゆだ》ねるようになったこと（ただし九六年一月の半月余の場合は、福沢の社説執筆の機会がむしろ増加）、しかし戦争遂行キャンペーンの先頭に立っていた福沢ゆえに、その有力な媒体の社説に（旅先からの場合をふくめ）相変わらず熱心に差配していたことも事実にもとづいて論証した。

そのことをあらためて確認するために、平山・井田の二人も真筆と認定する文献のみにもとづいて、日清戦争期の福沢の戦争に向き合う姿勢をいま少し考察しよう。

九四年八月一日、福沢は「軍資醵集《きょしゅう》相談会」の発起人として、「京浜の有力者百余名」を前に次の演説を行なった。「我日本国民の愛国心如何《いかん》を発揚する為めに、全国八百万戸四千万人の貧富に応じ多少の金を醵出《きょしゅつ》…目的は唯戦勝に在るのみ。戦に勝利を得て国光を世界に輝《かがやか》さんとするに在《あ》るのみ。…内に在る吾々は家計の許す限りを揮《ふる》ふて戦資に供し、内外相《あい》応じて其《その》負担に軽重なからしめ、国民の力を以《もっ》て国を維持せんとするの精神にして、眼中物なし、唯日本国あるのみ。…若《も》しも強《し》ひて適とする所を求れば、社会の高処、物外の辺《あたり》に我天皇陛下の在《おわ》しますあるのみにして、下界臣子《しんし》の微意《びい》、仄《ほのか》に上聞《じょうぶん》に達することもあらんには、或は宸襟《しんきん》を慰《なぐさ》め奉《たてまつ》るの一助にも成《な》る可《べ》きか。

是れは望外の事として…唯《ただ》一心に国権の皇張を祈て他念なき其有様《そのありさま》は、恰《あたか》も身躬《みず》から従軍せざるを憾《うら》むものの如《ごと》し」（『全集』⑲718〜719）。

この「演説」の中に、第Ⅱ章1で解明した中期保守思想確立以降の福沢の政治的持論となっていた、国「内に如何《いか》なる不平不条理あるも…」の「国権皇張」至上主義が確認できよう。なお、この軍資醵集《きょしゅう》の「報国会」の計画段階で発起人の一人になった渋沢栄一は、この「国権皇張」至上を訴える福沢の印象について、「先生とは余り御懇意でなかつた。然《しか》るに日清戦争の際膝《ひざ》を交えて親しく御説を伺つて見ると、福沢先生といふ方は国家観念の熾烈《しれつ》なる人格者である、決して学究的の御人ではないと深く敬服して、其《その》人となりを徹底的に理解した。」と語っている（『伝』③728）。

八月八日の「滅私奉公」を訴える福沢の旧中津藩士宛の書簡「近来ハ日清交戦之《の》沙汰《さた》ニ而《て》、都下《とか》も唯《ただ》その話のみ。先《ま》ツ今日まで之《の》処ニ而《て》は、我勝利なれとも、この上如何可相成哉《いかがあいなるべきや》。最早《もはや》斯くなる上ハ唯《ただ》進むの一法あるのみ。国民一般、都《すべ》て私《わたくし》を忘れて国に報するの時と被存《ぞんぜられ》、人事ニ淡白なる老生ニ而《て》も、今度ハ黙々ニ不忍《しのびず》、身分相応ニ力を尽す覚悟ニ御座候《ござそうろう》。」（『書簡集』⑦333）の内容は、約一週間後の既述論説「私金義捐《ぎえん》に就《つい》て」において公表する、一万円の軍事献金醵出の意向を示唆したものであろう。

時事新報社の「表誠義金」への応募を呼びかけた八月二三日の社説「義金の醵出に就《つい》て」には、一四日に義捐《ぎえん》金について石河と共同で併載論説を発表したばかりの福沢のB級チェックのあったことがじゅうぶん想定できよう。「抑《そもそ》も華族諸君は一般人民の儀表《ぎひょう》にして、帝室の藩屏《はんぺい》…一旦緩急《かんきゅう》の日には天皇陛下の御馬前に討死す可《べ》き身分の者なり。…此際《このさい》大《おおい》に奮発して仮令《たと》ひ一家の資産を傾けても国家の為《た》めに力を致して平生の殊恩《しゅおん》特典に答ふる所なきを得《え》ず。」という内容は、福沢の「伝家の宝刀」的な天皇制論にくわえて、（脅迫まがいの）華族制度論と『すすめ』以来の「国のためには財を失ふのみならず、…」の「報国の大義」論の思想を表明したものといえよう。

なお、八月一六日の社説「国民一致の実《じつ》を表す可《べ》し」は、井田によると「北川礼弼《れいすけ》が起稿したものに福沢が大鉈《おおなた》を振るって仕上げた…Cくらいが妥当」との認定である。「所謂兄弟牆《いわゆるけいていかき》に鬩《せめ》ぐも外その侮《あなどり》を防ぐとは即ち今日の事にして、従来我官民の間は兎角《とかく》不調和にして議会と政府との関係の如《ごと》き、恰《あたか》も仇敵《きゅうてき》の如《ごと》くにして到底《とうてい》両立す可《べか》らざるの観なきに非《あら》ざりしが、今回の事件以来官民の風波は全く其跡《そのあと》を絶《たち》て一点の痕《あと》を留《とど》めず、…政党首領の地位に在る大隈伯（爵）、板垣伯、もしくは品川子（爵）の如《ごと》き、又目下政府の外に在る後藤伯、松方伯、其他の諸功臣の如《ごと》きは、此際《このさい》悉《ことごと》く内閣に入れて事を共にし功名を共にするは、国民一致の情を体するに於《おい》て事の当を得たるものなる可《べ》し」（『全集』⑭520〜521）。

この場合には、「内に如何《いか》なる不平不条理あるも…」の国権至上主義と並ぶ福沢のもう一つの政治的持論、「敵国外患は内の人心を結合」「朝鮮の事変こそ幸なれ、何卒《なにとぞ》此一挙に乗じて不調和の宿弊を一洗《いっせん》」という「外に対して事端を開く」権謀術数の応用編そのものが表明されているといえよう。

つまり、日清戦争開戦が持論の「官民調和」の端緒《たんしょ》となったことを喜ぶとともに、その好機に諸党派の「重《おも》なる元老の人物は一人も余《あま》さず」入閣させて「国民一致の情」「官民調和」をさらに促進するよう進言したものである。これを読むと、北川礼弼記者も石河幹明同様に、福沢先生の持論の政治思想を忠実に踏襲していることを確認できよう（例外的に「井田メソッド」に参加するなら、私はCよりも断然B評価）。あわせて私は、福沢諭吉の官民調和論を、およそ原理原則にこだわることのない「浅薄《せんぱく》」で融通無碍《ゆうずうむげ》の「無主義の天国」と批判した、徳富蘇峰の下記の適切な福沢諭吉批判を思い出す。

「是《こ》れ殆《ほとん》ど鍋《なべ》に物を入れ、釜にさへ架《か》すれば、物は煮《に》ゆるものと思ふが如《ごと》し。…若《もし》それ自由、改進両党の首領さへ政府に入るれば天下太平と思ふが如《ごと》き事あらば、是実《これじつ》に浅薄も亦《また》甚しと云はざる可《べか》らず。…蓋《けだ》し調和なる者は、進歩の敵なり。主義の敵なり。主義ある者は漫《みだ》りに調和を説かず。進歩を欲する者は漫りに調和を説かず。調和は無主義の天国なり。」（伊藤正雄『明治人の観た福沢諭吉』23～25）

『伝』③によると、「先生は「時事新報」に於《おい》て其《その》意見を発表せられたばかりでなく、…知人との書信の往復にも軍国の事に言及せざるなく、或は戦死者があると聞けば未知の人に対しても弔意《ちょうい》を表せられる等、人心を鼓舞奨励するの一事は常住座臥《じょうじゅうざが》念頭から離れられなかつた。其《その》二三の事実を記せば、偶《たまた》ま関西を旅行して名古屋の秋琴楼に泊られたとき、第三師団に従軍して戦死した（一面識もない）陸軍大尉石黒某といふ人の遺族のことを宿の主人から聞かれ、金一封（金拾円）に直筆の書面を託してこれを贈られた。」（『伝』③742、『伝』では、このあと次の沼津静浦《しずうら》の件を記述）。

　同様の戦争支援に熱狂する福沢の姿を伝えているのが、静岡県駿東郡静浦《しずうら》村の保養館に滞在中に志下《しげ》地区の若者達宛に託した九月八日の福沢の次の書簡である。「毎夜村の若者等が打揃《うちそろ》ふて手々ニ提灯《ちょうちん》を携《たずさ》へ、…疾走して村社八幡宮へ徒跣参《はだしまいり》の勇ましき様…其《その》祈願の趣意を聞けバ、…従軍したる者少なからざるゆゑ、其《その》者等が戦場ニ於て武運長久《ぶうんちょうきゅう》、天晴《あっぱれ》の功名手柄を耀《かがや》かし、日本国の大勝利を以て目出度凱陣《めでたくがいじん》するやうにと、…氏神ニ祈るものなりと云《い》ふ。其《その》友情誠意の厚き、実ニ世の中の手本ともなる可《べ》き挙動なり。抑《そもそ》も今度《こたび》日清の戦ハ…大事件にして、事いよいよ切迫の場合ニ至れバ、国民軍の催《もよ》ほしもある可《べ》し。其《その》時にハ今の若者等ハ徒跣参《はだしまいり》の勇気を移して支那ニ討入《うちい》ることとならん。誠ニ頼母《たのも》しき次第《しだい》にして、之を思へバ唯感涙の外なく、余も参詣《さんけい》の仲間ニ入り度《た》きほどのことなれども、年老して身ニ叶《かな》はず。就《つい》てハ、軽少ながら蝋燭《ろうそく》の料《あてがい》として金五円寄附致《いた》し度《たく》、参詣のとき、提灯《ちょうちん》を照らすの一助にもならバ本懐《ほんかい》の至《いたり》…」（『書簡集』⑦347〜348。『伝』③によると、「先生は毎夜門前に出てこれを見物し、涙を浮べて喜んでゐられたといふことである。」744。また、八月八日の官報で義勇兵は不要との詔勅《しょうちょく》が出ているにもかかわらず、福沢が「国民軍」云々と書いているのは、彼の戦争協力への意気込みを示すものであろう）。

また、慶応義塾の卒業生または知人で海軍大尉として従軍中の人物に宛てた一〇月五日の書簡二通を見よう。「我邦栄辱《えいじょく》之《の》分《わか》る所、抜群之御働《おはたらき》、呉々《くれぐれ》も奉待候《まちたてまつりそうろう》。将又《はたまた》御留守《りゅうしゅ》宅之《の》義ハ、及はずながら御心添仕候《おこころぞえつかまつりそうろう》積《つも》り、万々一御討死《うちじに》も被成候《なされそうら》ハ《ば》、御両親様之《の》処ハ、老生之《の》生涯中屹度《きっと》御引受申上《おひきうけもうしあげ》、御不自由なきやう可致《いたすべく》、兼而《かねて》覚悟ニ付《つき》、其辺《そのあたり》心安く思召可被下候《おぼしめしくださるべくそうろう》。…」(『書簡集』⑦358)、「国内の人心ハ一致協同、四千万之人民ハ四千万之骨肉ニ異《こと》ならず、日夜戦地を望《のぞ》んで、軍人之《の》労を謝するのみ。…つくだにと甘名《(ママ)》納豆、少々差上げ候…余ハ凱陣《がいじん》万歳之《の》時を期《き》し候《そうろう》。」(同、357)。

以上のような当時の書簡と、報国会・義捐《ぎえん》金集め・時事談話会などの率先的活躍を見れば、福沢は、「つとめて平静に振る舞うよう国民に求め」るどころか、つねに「国民の士気を鼓舞《こぶ》してやま」ず、むしろ民間人の中でも彼は、もっとも熱心に戦争遂行と勝利のために率先活躍していたといえよう。そうした福沢の姿を伝える資料をさらに紹介しよう。

「慶応義塾の名物なる学生の炬火《たいまつ》行列即ち世間にていふカンテラ行列も、二十七年十一月旅順陥落《かんらく》のときから始つたものである。先生は学生に対しても毎度激励的演説をせられたので、満校の学生いづれも敵愾心《てきがいしん》に燃えつつあつた折柄《おりから》、旅順大勝利の報に接し、大《おおい》に祝意を表し且《か》つ其《その》意気を示さんとて炬火行列を催し、壮幼幾千の学生が手に手にカンテラを捧《ささ》げ、小幡塾長並に教職員がこれを引率し、蜿蜒《えんえん》たる長蛇《ちょうだ》火龍の陣列をなし、宮城前に到つて万歳を三呼《さんこ》し、日本橋京橋等の大通りを経《へ》て三田に帰つたが、先生は満面に喜色を湛《たた》へてこれを送迎し、行列が帰塾して全員一同塾の広庭に集つたとき一場の挨拶を述べ、酒肉茶菓を供して其《その》労を犒《ねぎら》はれた。…翌年二月威海衛《いかいえい》陥落の際にも炬火《たいまつ》行列を挙行し、爾来《じらい》皇室又は国家の慶事ある毎《ごと》に義塾ではこれを挙行することになつてゐる。」（『伝』③761～763）

なお、この炬火《たいまつ》行列の際に学生たちの歌った小幡塾長作の「慶応義塾炬火《たいまつ》行列の軍歌」には、福沢の日清戦争は「文明と野蛮の戦争」観とアジアの盟主意識が色濃く反映されているので、二番の歌詞を紹介しておこう。「文と不文は雪と炭／長き和合の望《のぞみ》無し／早晩《いつか》一度は血と雨を／降らして晴るる時ありと／思ひし機会廻《めぐ》り来て／野蛮を懲《こ》らす文明の／軍《いくさ》の前に敵はなし／陸《くが》も海原《うばら》も伐《う》ち靡《なび》け／文明軍の旗陰《かげ》に／頼《よ》り来る人を愛《いつく》しめ／頼り来る人を愛しめ」。

さらに、前掲の桑原三郎〈「福沢先生年譜」補遺〉（『福沢諭吉年鑑』29号）によって、「慶応義塾の炬火《たいまつ》行列」の詳細を補足しておこう。「五時三十分迄《まで》に運動場に参集、六時を合図に列をなして三田通りに繰《く》り出し…皇城前にて天皇皇后陛下万歳、大日本帝国万歳、帝国海陸軍万歳を各三唱し、…時事新報其他新聞社前にて万歳を祝し…」「幼稚舎生と、本塾兵式部生徒、大学部次に本塾生、次に商業部次に塾員、総勢凡《およ》そ二千三百名。…二重橋門外に達すると、慶応義塾体育会長（次男）福沢捨次郎氏が総指揮官を勤め、君が代の一曲を奏し、塾長が天皇皇后陛下と唱え…帰塾して福沢諭吉先生万歳慶応義塾万歳を三呼…」。同じ福沢捨次郎が総指揮官を務めた翌年二月の威海衛《いかいえい》陥落の際の炬火《たいまつ》行列では、参加者が三千五百名とのことである。

後述するように、平山は石河『論吉伝』の記述を、およそ薄弱な論拠によって、数々の「明白な虚偽」記載の書と勝手気楽に批判しているが、こうした義塾の行事記述までを、石河の捏造《ねつぞう》とはいえないであろう。毎度激励演説をするなど、この戦勝祝賀行事の先頭に率先立っている福沢に、平山はどうして「国民に自重を求め」「つとめて平静に振る舞うよう」求めていた教育者の姿を読みとれるのであろうか。最後に、平山がそうした福沢の平静自重の姿勢を直接読み取っている九五年三月二八日の福沢真筆社説「私《わたくし》の小義《ぎ》侠《きょう》に酔ふて公《おおやけ》の大事を誤る勿《なか》れ」と九五年六月「唯《ただ》堪忍す可《べ》し」の場合に即して、平山流の論説の勝手な読み方を確認しておこう。

平山は、この論説が「講和のために来日した李《り》鴻《こう》章《しょう》がテロに遭遇したことについて、敵国の指導者だからといって憎んではいけない、と」(105)国民を諭《さと》しているもの、つまり両論説は「国民に自重を求めた論説である。これでは日清戦争を煽った福沢像など少しも浮かんでこない。」として、福沢は、このように「直筆の論説では戦時下にあってもつとめて平静に振る舞うよう国民に求め」(106)ていたと結論し、それなのに一方で、「石河には戦争を煽《あお》るような論説を書かせた、などということが本当にあり得るのであろうか。」と問いかけている(最後の文章は、この時期、福沢のいうことに「聞く耳をもたなかった」石河が、煽動論説を無断で掲載したという平山の独断的な主張の正当性を、読者に示唆しようとしたものである)。

ところが両論説は、平山の把握とは対照的な内容である。李鴻章講和全権が狙撃《そげき》された「其《その》怪我は天災に等しき怪我にして、我軍国の関する所に非《あら》ず」であるのに、「世上の俗物が公私を混同して、「敵国ながらも聊《いささ》か気の毒なりとの情」をもったり、「兼《かね》て彼れの冀望《きぼう》する休戦を許し、又は償金割地の条件に就《つい》て多少の手心を催《もよ》ほす」などということは、「実に驚入りたる」「人情と道理とを分《わか》たざるの妄説《もうせつ》」として「根底より之《これ》を排撃する」ことが論説の主題の主張であった。

論説は同じ趣旨をくり返し、「此《この》不幸の一事を以《もっ》て日清の大関係を軽重せんとは無稽《むけい》も亦甚《また》だし」、「李氏遭難の事などを酌量《しゃくりょう》して手を弛《ゆるめ》るが如《ごと》きあらんには、是《こ》れぞ紛《まぎ》れもなき宋襄《そうじょう》の仁」、「国民の義侠《ぎきょう》心…を拡めて…利す可《べ》きの利を空《むなし》ふせんとするが如《ごと》き、事物の軽重を知らざるも亦甚《また》だし」、「一人に対するの小義侠に狂して万人に酬《むく》ゆるの大義侠を忘るる者」と、福沢はくり返し決めつけていた。つまり、「天下の俗論、取るに足らざる」ことを念押ししたうえで、最後に、およそ平山の評価と異なり、政府当局者に「強硬一偏、以て終局を全《まっと》ふせんことを」要求した（『全集』⑮110〜112）のが、この論説である（『全集』⑭「後記」688によれば、「和平説に対するわが態度の儼然《げんぜん》たるべきことを主張する論説」）。

しかも、その主張の正当性を強調するために、アジア蔑視を常套《じょうとう》手段とする福沢は、この社説の中でも、国民の憎しみを煽《あお》るように、中国を「無礼の老大国」、中国政府を「頑陋《がんろう》政府」、中国人を「無神経の頑物《がんぶつ》」と蔑《さげす》んでいるのである。平山の論説理解の身勝手な誤りは明らかである。なお、

「三国干渉」後の「臥薪嘗胆《がしんしょうたん》」は、明治天皇の認識をふくむ時代のスローガンであるから、福沢の他方の「唯《ただ》堪忍す可《べ》し」に彼の独自の姿勢を見る必要はない。福沢の独自性を見るなら、第Ⅱ章1のコラム「福沢の「忠勇義烈」「滅私奉公」論」で紹介したように、その論説の中でも彼が「国民たる者が一旦事あるに臨んで粉骨砕身、国の為《た》めに一命《いちめい》を棄《すつ》るは勿論」と念押ししていたことに注目すべきであろう。

3 『福沢諭吉全集』⑭「後記」は正しい

以上、第Ⅱ章1の「日本臣民の覚悟」再認定に加えて、真筆に即した当時の福沢の戦争に向き合う姿勢の解明と、その姿勢を支えていた当時の「福沢の思想」の考察を行なった。つぎの課題は、平山の主張⑤〈『全集』⑭「後記」、つまり日清戦争開戦とともに、福沢が「勇奮活躍、連日紙上に筆を揮《ふる》ひ、国民の士気を鼓舞してやまなかった。」という定説も誤り。〉の批判である。ただしそのためには、その『全集』⑭「後記」の前提・論拠になっている〈石河幹明『伝』の記述は「明白な虚偽」であり、福沢が「日々出社し…自《みず》から社説の筆を執《と》られ」た事実そのものが誤りである。〉という平山の主張④を批判しておくことが必要となる。

まず、『全集』⑭「後記」の福沢像を再確認しよう。「福沢は多年、人の顧《かえり》みるところとならなかつた東洋政略の論旨が遂《つい》に実現の機会に立至つたかの感を覚えたのであらう、勇奮《ゆうふん》活躍、連日紙上に筆を揮《ふる》ひ、国民の士気を鼓舞《こぶ》してやまなかつた。殊《こと》に前年建艦費寄附に関する反対の論説の末尾に、一旦緩急《かんきゅう》の時はみづから奮《ふる》つて国民の魁《さきがけ》たらんと約束した通り、みづから発起人となつて報国会なるものを組織し、富豪貴族等を糾合《きゅうごう》して軍費醵集の運動を始めた。」「政府を鼓舞《こぶ》し、終始一貫して強硬論を主張してやまなかつた」(687〜688)。

平山は、この『全集』後記の定説は、石河『伝』が創作した虚構、架空の事実に欺かれたものであると、主張するのである(102)。そこで今度は、平山が創作・虚構・虚偽と決めつけている『伝』の記述を、一部重複を気にせず、並べてみよう。

①「先生は其頃《そのころ》「福翁百話」の起草中にて、「時事新報」の論説は著者等に意を授けて書かしむることが多かつたが、朝鮮事件の切迫するや日々出社し非常の意気込を以て自《みず》から社説の筆を執られ、朝鮮の弊政《へいせい》改革問題並に支那政府の態度に対し曠日弥久《こうじつびきゅう》の不得策《ふとくさく》なるを論じて政府の勇断果決を促し、前掲の如く清韓両国に向つて宣戦すべしと極論せられた」(『伝』③713)。

②「思ふに、先生の持論なる国権皇張論は、世間に耳を傾くる者なきに拘《かかわ》らず、終始一貫多年来これを主張して止《や》まず、遂《つい》に朝鮮問題より日清開戦となつたに就《つい》ては、…先生の心中には此《この》戦は恰《あたか》

も自《みず》から開かれたる如《ごと》き心地せられ、愉快自《おのず》から禁ぜざると共に其《その》責任の極めて重大なるを感ぜられたであらう。されば開戦と同時に平生の態度に似ず非常の奮発を以て大に活躍せられた」（同795）。

③「先生が宿昔《しゅくせき》の願望たる国権皇張実現の手段として唱《とな》へられた東洋政略論…終始一貫、多年間身心の力を此一事《このいちじ》に注《そそ》がれつつあつた其《その》熱心努力の効空《むな》しからず、一朝機会到来して…、蓋《けだ》し先生の心中では此《この》戦争を恰《あたか》も自分で開かれたやうな心地せられ、其《その》平生の志の酬《むく》いられたるを愉快とすると共に、又その責任の軽からざることを感ぜられたのであらう。此際《このさい》に於ける先生の意気活躍は目覚ましきばかりで、啻《ただ》に言論文章を以て人心を鼓舞《こぶ》し世論を指導せられたばかりでなく、更に進んで軍国に処する実際の運動を開始せられたのである。」（同714〜715）。

④「先生の戦時に於ける言動は満身すべて熱誠《ねっせい》のみなる愛国一偏の精神から出て、…新聞に演説に士気を鼓舞《こぶ》し人心を奨励するために余力を残さず、…漫言狂詩にも其気分が自《おのず》から現はれてゐる」（同748）。

平山は、日清戦争開戦期の福沢の思想・行動を記した『全集』⑭「後記」は、以上の『伝』③記述の引用文①の「明白な虚偽」（102）に欺かれたものであり、引用文②の「先生の持論なる国権皇張論」「愉快自から禁ぜざる」「非常の奮発を以て」の「記述も、結局は石河の考えに過ぎず、書簡や同時代の記録による一切の証拠を欠いている」（158）と断定し、「後記」全体が誤りであると決め付けているのである。そのうえで平山は、くり返し紹介したように、日清戦争期の福沢は、「正真正銘の老人」で紙面への影響力は低下しており、そのため「時事新報」の民族偏見と戦意高揚論説の「乱造」は、国民に「自重」「平静」を求める福沢の意に反して、もはや福沢のいうことに「聞く耳をもた」ず、社説の「独断掲載」さえ行なう「大ベテラン」石河記者によって遂行されたという自分の主張・創作の物語を対置しているのである。

『全集』⑭「後記」が誤りという平山の主張の成り立たないことは、第Ⅱ章1の「日本臣民の覚悟」の再認定と、第Ⅲ章2の「日清戦争遂行を鼓舞・激励・支援する福沢諭吉」に見た福沢の八面六臂《はちめんろっぴ》の行動・活躍と国権皇張至上の思想によってすでに明白そのものであるが、平山が一体なにをどう誤っているのか、念のために注記しておこう。

コラム　平山の断定「明白な虚偽」は明白な誤り

まず、引用文①の「伝記が明白な虚偽」だという平山の断定の論拠の一つは、「先生は…前掲の如《ごと》く清韓両国に向って宣戦すべしと極論せられた」と書いているのは七月二四日の社説「支那朝鮮両国に向て直《ただち》に戦を開く可《べ》し」を指しているのに、『伝』でその社説を引用している場合は、石河は「此時「時事新報」は左の如く論じた。」（『伝』③709）と書いているだけで、「執筆者の名は明かされていない。」のだから、これでは「読者は文脈から当然福沢が書いたと考える」ことになるから「明白な虚偽」であるという主張である。

しかし、第Ⅱ章1で紹介したように、石河『伝』③は、論述に引用した社説・漫言などについて、その筆者が誰であるかを、以下のようにかなり厳密に断っていた。日清戦争期についての記述を重ねて引用しよう。

九四年六月二八日「漫言」は「事件発生以来先生は日々の社説に正々堂々の論を記さるる傍《かたわ》ら、頻々《ひんぴん》漫言の筆をも執《と》られた其一二の例を記すと、…」(749)、七月二四日社説は「此時「時事新報」は左の如《ごと》く論じた。」(709)、同二九日社説「先生は其頃…著者等に意を授けて書かしむることが多かつたが、朝鮮事件の切迫するや…自《みず》から社説の筆を執《と》られ、…前掲の如《ごと》く…宣戦すべしと極論せられた」(713)、八月一四日社説「先生は…「時事新報」に左の如く書かれた。」(731)、同二九日社説「先生は…宣戦後間もなく「日本臣民の覚悟」と題して、官民に対して全国一致の必要を勧説せられた。」(737)、一二月一四日社説「著者(石河)をして左の一文を草して「時事新報」に掲載せしめられた。」(754)、九五年五月七日と六月一日社説は「先生は…努められた。左の二編は其一斑《いっぱん》を見るべきものである」(768)。

平山は「読者は…当然福沢が書いたと考える」と勝手に断定しているが、七月二四日「支那朝鮮両国に…」の709ページの場合は「此時「時事新報」は左の如く論じた。」と書いてあり、『伝』を普通に読む読者なら、福沢筆でないことに気づくようになっている。問題の713ページでは「先生は其頃《そのころ》…「時事新報」の論説は著者等に意を授けて書かしむることが多かつたが、…」と書いた二行後に「宣戦すべしと極論せられた」とあるから、たしかに混乱を招きかねない文章ではある。しかし、709ページの記述からそれが福沢筆でないことが分かるうえに、二行前の文章「著者等に意を授けて書かしむる…」の記述から、七月二四日の社説は「著者等に意を授けて書か」せたものであろうと判読できる「文脈」になっている。少なくとも、この記述から『福沢諭吉伝』の「明白な虚偽」を速断することが無理なことだけは明らかである。

平山の「虚偽」断定のもうひとつの理由は、もっと簡単な話である。引用文①の冒頭に「先生は其頃《そのころ》「福翁百話」の起草中にて」とあるが、「しかし『福翁百話』を書いたのが戦争中の九五年であったということは、…明らかである。」(102)から、「明白な虚偽」であるというのが平山の主張である。石河『伝』は「其頃『福翁百話』の起草中」と書いているのに、平山は「日清戦争直前に執筆中」(102)と、自分で勝手に引用文を「改竄《かいざん》」しているのである。「起草」は「草稿を書き起こすこと。文案をつくること」「草案や草稿を書きはじめること」の意であり、原稿の「執筆」と異なることは明らかである。日清戦争が始まって福沢が社会的に大活躍をしたことはよく知られているから、読者は、戦前に『福翁百話』の草案、文案つくりに着手していた福沢が、開戦のために執筆を翌年に先送りしたことくらいは簡単に理解できる話である。これはやはり、丸山眞男が戒《いまし》めた、(石河幹明を「真実の隠蔽《いんぺい》」「巧妙なトリック」「計略」「策略」を弄《ろう》する人物として描き出したいという）平山の「希望や意欲による認識のくもり」の典型事例である。

つぎに引用文②の「思ふに、先生の持論なる国権皇張論は、世間に耳を傾くる者なきに拘《かかわ》らず、…愉快自から禁ぜざる…非常の奮発を以て大に活躍せられた」という「記述も、結局は石河の考えに過ぎず、書簡や同時代の記録による一切の証拠を欠いている」から『全集』「後記」が誤りという平山の主張も、文字通りの誤りである。そのことは、先の〈2　日清戦争遂行を鼓舞・激励・支援する福沢諭吉〉で紹介した六通の福沢書簡、三件の演説記録、渋沢栄一の談話などの、有り余る「証拠」によって明らかである。また、福沢の国権拡張至上の思想は、第Ⅱ章1の二つのコラム［福沢の「忠勇義烈」「滅私奉公」論］［福沢の権謀術数的発言］でまとめて考察した。このように、逆に自分自身の方の「明白な虚偽」が簡単に露呈するのに、平山は、なぜ平然と「一切の証拠を欠いている」と書けるのであろうか。

「記述も、結局は石河の考えに過ぎず」という見当外れの批判が、結局は（「丸山諭吉」神話に呪縛《じゅばく》されている）平山の勝手な「考え」に過ぎないことも確認しておこう。平山は、「先生の持論なる国権皇張論」という妥当そのものの「石河の考え」を、なぜ誤りと誤解するのか。「丸山諭吉」像を信奉する平山は、丸山同様に『すすめ』の定式「一身独立して一国独立する事」における「一身独立」の意味を明らかに誤読しており、本章の1で既述したように、初期啓蒙期の福沢を「国家平等論」的な国際関係認識と誤読したまま思考停止の状態で、福沢は「晩年に至るまで、…『学問のすすめ』と見解を異にする著作を発表してはいない」と理解しているのである。

しかしながら、第Ⅰ章2の「脱亜論」にいたる福沢の思想の道のりで紹介したように、まず、『すすめ』の定式における「一身独立」は、もともと「国のためには財を失ふのみならず、一命《いちめい》をも抛《なげうち》て惜むに足ら」ない一方的な「報国の大義」の意味であった。くわえて『概略』終章においても、「一身独立」の課題追求については「之《これ》を第二歩に遺《のこ》して、他日為《な》す所あらん」と、福沢は明確に先送りしていた。自由民権運動との遭遇を転機として、八一年『時事小言』で「国権を振起《しんき》…我輩畢生《ひっせい》の目的は唯《ただ》この一点に在《あ》るのみ」と表明して以来、「畢生《ひっせい》の目的は唯国権皇張の一点」（八二年「藩閥寡人《かじん》政府論」）は、石河の記述どおり、福沢の不動の持論となった。八二年三月一日に創刊された「時事新報」も、「本紙発兌《はつだ》之趣旨」を「畢生《ひっせい》の目的、唯《ただ》国権の一点に在《あ》る…是非《ぜひ》するの標準は、他なし、…唯《ただ》国権の一点あるのみ。」（『全集』⑧8）とくり返した。

そのことを福沢の真筆でさらに確認しよう。八三年七月に民権運動陣営から福沢が「国は同等なる事、一身独立して一国独立する事」の『すすめ』の時代の主張から変節したと批判された時に、福沢本人が「五九楼仙蛮《ごくろうせんばん》」の名前で発表した「世態論時事新報に呈す」において、「先生十年前の論も其《その》帰する所は国権拡張に在《あ》り、今日新報の主義も同様…先生畢生《ひっせい》の心事《しんじ》は国権拡張の一点に帰《き》して、其《その》著書幾十百部、其《その》論幾千万言は、書名を何と題し議論を何《いず》れの方向に立《たつ》るも、結局の目的は唯《ただ》国権の一点に在《あ》るのみ。即《すなわ》ち今の時事新報にて国権拡張の事を論ずるは正《まさ》しく主義を一《いつ》にするものに非《あら》ずや。」（『全集』⑨101）と反論したことはよく知られた事実である。この場合は、民権陣営が丸山眞男同様に、福沢の定式「一身・一国独立」論が「報国の大義」論であることを、誤読・誤解していたものであり、福沢の弁明の方が明らかに正しいのである。

つぎに、その国権皇張論についての引用文②の「世間に耳を傾くる者なき」という石河の記述の正しさは、民権陣営が「法螺《ほら》を福沢、嘘《うそ》を論吉」「我日本帝国ヲシテ強盗国ニ変ゼシメント謀《はか》ル」「略奪主義」と批判しただけでなく、福沢の強硬な武力介入論が「時事新報」の発行停止処分を招いた事実や、明治政府内の外交政略に、福沢の構想と異なる朝鮮の永世中立化案が存在していたこと（安川『福沢のアジア認識』第二章5参照）などによって、簡単に確認できる事実である。

また、「日清開戦となつたに就《つい》ては、…先生の心中に…愉快自《おのず》から禁ぜざる」という石河の記述は、九五年一月の「畢生《ひっせい》の愉快、実以《じつもっ》て望外の仕合《しあわせ》」という書簡、戦勝後の福沢の「洸《こう》として夢の如《ごと》く、感極《きわ》まりて…」演説、『福翁自伝』の記述「愉快とも難有《ありがた》いとも云《い》ひやうがない。」などで十二分に裏付けられていた。さらに、「其責任《そのせきにん》」を感じて「非常の奮発を以《もっ》て大《おおい》に活躍」という記述は、「時事新報」社説の差配を続けながらの、「報国会」筆頭発起人、巨額の軍事献金、自宅での「時事談話会」の開催などの八面六臂《はちめんろっぴ》の活躍を思い出せばよい。

以上の考察によって、日清戦争期の福沢の思想と行動についての石河幹明『伝』の記述（＝『全集』⑭「後記」）は、平山洋が決めつけるような「虚偽」や勝手な「石河の考え」などではさらさらなく、多数の「書簡や同時代の記録」によって十二分に裏付けられる客観的な歴史的事実そのものであることが確認できた。これは、たんなる私個人の見解ではない。たとえば、日清戦争期の無署名論説「の多くは、石河幹明のものか、北川礼弼の文章に福沢が加筆した可能性が高い」と主張する井田進也『歴史とテクスト』の問題提起を、無批判に受けとめている傾向にある慶応義塾関係者（川崎勝・西川俊作）自身が、「このような（井田の）研究成果をうけて、本稿では書簡を軸に、福沢の署名論文のみを取り上げながら記述し」（417）たと断ったうえで執筆した『福沢書簡集』⑦（二〇〇二年三月）の「解題」内容は注目に値する。

もちろん、安川『福沢と丸山』刊行以前の「解題」であるから、川崎・西川の二人は、「丸山諭吉」神話に呪縛《じゅばく》されて、相変わらず「大日本帝国憲法」と「教育勅語」について、「福沢は、直截《ちょくせつ》的批判は行わなかったが、この二つに対してきわめて冷やかで、距離を置いた姿勢を貫き通した。」(405)という誤った解説をしている。しかし、日清戦争を迎えた時期の福沢については、二人が平山と異なり、『全集』⑭「後記」を前提にして、「この数年、政治問題から経済問題に傾斜していた福沢は、明治二十七年七月末から、きわめて精力的に政治社会への発言を再開した。それは、日清戦争の勃発を機にしてのこと」(412)と書いて、日清戦争期の福沢の「戦意高揚」の推進、「「文明開化」国の武力行使」容認について次のように把握していることは、基本的に正しい「解題」であると、私は評価する。

二人は、私同様に真筆にもとづく福沢の熱烈な戦争協力・鼓舞・激励の事実として、たとえば、既述した若者の戦勝祈願の徒跣参《はだしまいり》に対して福沢が「「之《これ》を思へば唯《ただ》感涙の外《ほか》なく」と感情露わに激励し、出征軍人には、「勇を鼓《こ》して御奮戦」「抜群之《の》御功名」を祈るのみとして、「つくだにと甘名納《ママ》豆」を送った」(416〜417)事実を明らかにした後、総括として次のように結んでいる。「こうした福沢の戦意高揚を推進する文章には、『文明論之概略』『時事小言』『兵論』「脱亜論」に一貫して流れる、「華夷秩序」からの離脱への志向と、国際関係の中での「文明開化」国の武力行使によるその実行の容認を読みとることができよう。そしてそれが、開戦の前夜から、朝鮮改革、清国との「文野の戦争」などを主張し続けた『時事新報』の論調となったことは否《いな》めない」(417)、と。

つまり、この「解題」論文で評価できるのは、二人が福沢の一連の戦意高揚論説を、不十分ながらも『概略』から「脱亜論」にいたる福沢の思想の「流れ」に即して把握しようとしていることである。それに対して、井田進也『テクスト』＝平山洋『福沢の真実』の致命的な欠陥は、「福沢をして福沢を語らしめよ」と嘯《うそぶ》きながら、『すすめ』＝「国家平等論」などという初期啓蒙期の福沢思想への誤読のレベルで思考停止したまま、（飯田泰三が「丸山先生」を痛恨の思いで批判した）一貫して『概略』終章を転機とするアジア侵略に傾く福沢の具体的な思想の歩みに即して、福沢の個々の（とりわけ署名）著作を内在的に理解・把握しようとしないことである。

もちろん私ならば、上記「解題」の文章については、次のように括弧内の署名著作や真筆を補って、「こうした福沢の戦意高揚を推進する文章には、『文明論之概略』（『通俗国権論』『民情一新』『時事小言』（『帝室論』）『兵論』「脱亜論」（『尊王論』「日本国会縁起」「私金義捐《ぎえん》に就《つい》て」『福翁自伝』「瘦我慢《やせがまん》の説」）に一貫して流れる、…」と構成を変えるだろう。また、こうした福沢の具体的な思想の流れに即して、無署名論説の「福沢をして福沢を語らしめ」たならば、西川俊作ら慶応関係者も認識しているように、福沢が「戦意高揚を推進する文章」を書いたこと、「「文明開化」国（日本）の武力行使」実行を「容認」していたこと、彼が（『時事新報』が）その（侵略）戦争を「文（明と）野（蛮）の戦争」と「主張し続けた」ことなどは、明白そのものである。

『時事小言』以降、日清戦争にいたる時期の福沢の発言、行動、思想の歩みをふまえれば、井田進也のように、福沢の「脱亜論」への道のりを「対中国不干渉論」、対中国「慎重論」、「対中国消極論」

などと把握することもありえないし、また、平山洋の作業のように、日清戦争期の彼が「自重を求め」「つとめて平静に振る舞うよう国民に求め」「誠実に朝鮮の独立を支援していた」(134) などという「福沢の姿」も、およそ浮かび上がることはなかったであろう。

最後の「誠実に朝鮮の独立を支援していた」(134) という平山の評価は、八二年八月の論説「朝鮮政略」と八三年一月の「牛場卓造〔蔵〕君朝鮮に行く」に即しての評価であり、日清戦争期のものではない。しかし、「宇内《うだい》文明の保護のため」の「朝鮮政略…を施行するに最第一の要は兵力に在る」と主張する八二年「朝鮮政略」(『全集』⑧255〜256) が「誠実に朝鮮の独立を支援していた」という平山の評価は、八二・三年当時の福沢の他の発言に照らし合わせても無理なものであることを、見ておくことにしよう。

兵力至上・国権拡張の強兵富国路線を確立した八一年一〇月の『時事小言』における「亜細亜《アジア》東方の保護は我《わが》責任」という福沢の盟主論は、「事情切迫《せっぱく》に及ぶときは、無遠慮に其地面を押領して、我手を以《もっ》て新築するも可《か》なり。蓋《けだ》し真実隣家を愛するに非ず、…唯自家の類焼を恐るればなり。…我日本の武力を以て之に応援するは、単に他の為に非ずして自から為にするものと知る可《べ》し。」(『全集』⑤186〜187) であった。直接朝鮮政略を論じた翌八二年三月の論説「朝鮮の交際を論ず」の場合も、「我輩が斯《か》く朝鮮の事を憂て其《その》国の文明ならんことを冀望《きぼう》し、遂に武力を用ひても其進歩を助けんとまでに切論するものは、…我日本の為に止《や》むを得ざるものあればなり。…朝鮮の国事に干渉するは、…日本自国の類焼を予防するものと知る可し。」（同⑧30〜31）もまったく同じ論理であった。

八三年一〇月の「外交論」の「我日本国は其《その》食《は》む者の列に加はりて文明国人と共に良餌を求めん」には論及した。福沢が「誠実に朝鮮の独立を支援していた」という評価がおよそ無理であることは、その朝鮮の独立の危機に際して、「英人は既に巨文島を占領…露人は…朝鮮国独立の運命も旦夕《たんせき》に迫り…。…人民一般の利害如何《いかん》を論ずるときは、滅亡こそ寧《むし》ろ其《その》幸福を大にするの方便なり…露英の人民たるこそ其幸福は大なる可《べ》し。」（同⑩379〜381）という八五年三月の真筆論説「朝鮮人民のために其国の滅亡を賀《が》す」の存在を想起すればよい。

以上の福沢の朝鮮政略論が一貫していたことは、九二年八月の論説「朝鮮政略は他国と共にす可《べか》らず」の「本来朝鮮政略…に着手するは、即ち我国の利益を保護するが為《た》めにして、止《や》むを得ざるの必要と云はざるを得ず。果して然らば朝鮮政略の目的は我利益を保護するに在り、人の為《た》めにあらず、自から為めにするものなり。」（同⑬465）という主張が、十年以上前の『時事小言』の政略論と同一の論理を再確認していることによっても、明らかである。つまり、朝鮮「開化派の収攬《しゅうらん》・育成も、日本の影響力と独占的な国家利益の拡大・深化のため」（日本近代思想大系⑫『対外観』岩波書店478）という枠組みのなかのものであり、したがって、八三年当時の「牛場卓造〔蔵〕君朝鮮に行く」における牛場、井上角五郎らの任務であった朝鮮の「文明開化」

援助も「福沢にとっては、侵略のための文化工作にしか過ぎなかった。」（尹健次《ユン・コンチャ》『朝鮮近代教育の思想と運動』東京大学出版会55）というきびしい評価を免《まぬが》れることはできない。

福沢は一貫して金玉均《キム・オッキュン》ら朝鮮の「開化派」の支持を続けたように理解されているが、朝鮮王宮の武力占領によって閔妃《ミンビ》政権に代わる大院君《テウオングン》を執政とする親日政権が樹立されたときは、彼が指導・支持した「開化派」に敵対するこの「守旧派」の首領の側に福沢は立った。つまり福沢は、親日政権の樹立と朝鮮支配のためなら、悪魔とも手をつなぐ政治家に変貌しており、そういう自身の転身にあわせて、「開化派」に対しても、いつのまにか「彼の開化党と称する新進の官吏輩の如き、…素《もと》より一個の見識あるに非《あら》ざれば、決して朋友として頼《たの》む可《べ》きものに非《あら》ず。」（「井上伯の渡韓…」『全集』⑭601）という見事な評価替えを済ませていた。

4　旅順虐殺事件報道――「贔屓《ひいき》の引き倒し」

日清戦争中の報道に戻《もど》って、「時事新報」の民族偏見と戦意高揚論説の石河による「乱造」なるものについて、さらに考察を続けよう。

イギリスの「タイムズ」紙やニューヨークの「ワールド」紙などで世界的に喧伝された一八九四年一一月下旬の日本軍による旅順虐殺事件について、一二月一四日と同月三〇日の「時事新報」紙の論説「旅順の殺戮《さつりく》無稽《むけい》の流言」と「我軍隊の挙動に関する外人の批評」は、それらの国外の報道を「実に跡形《あとかた》もなき誤報」「全く跡形もなき虚言」と全面否定した。平山は、石河幹明が「先生はこれを容易ならざる問題なりとし、著者をして左の一文（一四日社説）を草して「時事新報」に掲載せしめられた。」（754）と『諭吉伝』③に明記していることを紹介しながら、当時の福沢が「書簡中で旅順虐殺について全くふれていないので」というだけのおよそ薄弱な根拠から、これは「石河が独断で掲載した可能性の高い社説である。」（151）と断定している。

既述したように、他記者起草原稿への書簡による差配は、旅行中のような非日常的な行動であるのに、福沢が書簡で虐殺事件に言及していない事実が、福沢の無関与（差配の事実の否定）と石河の独断による掲載を推定する根拠になるという平山の論理はあまりにも飛躍しすぎであり、すぐ後述するように、当の平山の信頼する「井田メソッド」においても、さすがに夢にも想像されていないことである。したがって、これは石河への悪意のための平山の創作と考える以外に、およそ理解不能な解釈である。

くわえて平山は、（福沢の意を受けて）両社説において「全く事実無根を断言するに躊躇《ちゅうちょ》せざるものなり。」、「日本軍隊の挙動は殆《ほと》んど完全無欠」と主張する、虐殺事件否定の石河幹明の論説を、次のように罵《ののし》っている。石河の弁明の「根拠はただ一点、日本軍は「文明の軍隊」だから非人道的行為を働くはずがない、というものであった。特派員が実地に調査して報告をよこしたというようなことは一切なく、…時事新報編集部で、石河がただそのように考えた、というに過ぎない弁明である。」（151）。しかも平山は、明治政府の方針にも適った「時事新報」紙の虐殺否定報道に対して、「この主張が読者の聞きたがっていた言葉であることは誰しも同意するのではないか。」（151）という自分の勝手な想像・判断をめぐらして、「かくして「時事新報」はよりいっそうの名声を勝ち得ることになったのである。」（151）と、奇妙な批判的コメントまで書き添えているのである。

もちろん平山は、この虐殺否定報道を石河が「独断で掲載した」ものと勝手に推測・断定することによって、戦争中も冷静であった福沢が虐殺事件の隠蔽《いんぺい》報道に無関与であったという印象を、読者に与えようと意図していることは明らかである。これは、朝鮮王宮占領、旅順虐殺事件、閔妃《ミンビ》殺害、台湾征服戦争（雲林虐殺事件）など公刊『戦史』からは隠されている日清戦争の不義・暴虐を象徴する全事件について、福沢（「時事新報」）は、（他紙同様に）もっぱらそれを隠蔽《いんぺい》・擁護・合理化・激励する戦争報道を通したと把握する安川『福沢のアジア認識』の見解の批判を意図した主張でもある。こうした事情を考慮して、以下、平山の主張の沢山の誤りや問題点を指摘しよう。

まず、「特派員が…報告をよこした…ことは一切なく」、報道は石河の編集部の机上での妄想に過ぎないという平山の勝手な推定は、明らかな誤りである。第一に、一二月二日の「時事新報」には、

「其屍《そのしかばね》は積んで山を為《な》し血は流れて河となれり市街道路行く処として敵の死体を認めざるはなく目下此地《このち》に生存する清人《しんじん》は極めて僅少《きんしょう》」という同紙の堀井卯之助特派員の虐殺事件を示唆する「従軍記」報道が掲載されている（『福沢のアジア認識』第Ⅲ章9の②）。平山は、（批判対象の）安川『福沢のアジア認識』資料篇に紹介されている事実でも、自説に不都合なものは、このように平気で無視するのである。

第二に、平山が信頼・踏襲する「井田メソッド」の井田進也は、不都合なことに、「石河が独断で掲載した可能性」など夢にも想像しておらず、一二月一四日の論説「旅順の殺戮無稽《さつりくむけい》の流言」が、福沢の指示で石河が起草した論説であるという『伝』③「旅順虐殺の弁明」（754～60）の記述を、そのまま信じているのである。

そのことは、一二月一四日の論説と三〇日の論説「我軍隊の挙動に関する外人の批評」の両論説について、井田が、「前者は福沢の意を受けて石河が書いたもの、後者の後半は福沢が付け加えたものと石河自身が断っていることが判明した。虐殺報道に対する石河の知らぬ存ぜぬ一点張りの硬直した議論に、見兼ねた福沢が…後始末をつけたものと思われる。評点は、前者をE、後者については、前半をE、後半をAとする。」（39～40）と書いていることからも明らかである。つまり井田は、平山と異なり、日清戦時の石河が「福沢の言うことに…聞く耳をもたなかった」とか自筆の論説を「独断で掲載」したなどという平山流の勝手な推測は、さすがにしていない。また、一二月三〇日論説に福沢が加筆・修正したという井田の判定・指摘は、平山のように福沢が旅順虐殺事件の隠蔽報道に無関与という想定もしていないことを示している。

つまり、平山は「井田メソッドは極めて有効」と主張して、その手法を全面的以上に踏襲しながら、福沢が隠蔽《いんぺい》報道に無関与、福沢の言に「聞く耳」なし、石河の「独断掲載」などという自分の勝手な主張や推測・創作に矛盾する不都合な井田の判定・記述は、平気で無視するのである。

旅順虐殺事件については、今日、条約改正交渉への悪影響などを考慮した陸奥宗光外相・伊藤博文首相の「苦渋の決断」によって、「取紕《ただ》スコトハ危険多クシテ不得策ナレバ此儘《このまま》不問ニ付」すという政府の方針の取られたことが知られている（白井久也『明治国家と日清戦争』）。この政府の方針に追随した「時事新報」の虐殺事件否定・隠蔽の報道について、平山が、戦中も冷静であったという福沢の架空の名誉を維持するために、福沢の関与を勝手に否定したうえで、その報道姿勢を、「時事新報」の「読者の聞きたがっていた」「平凡な人々に向けての凡庸な言葉」（150）の発信であるという（石河非難の）余分のコメントをしていることは、（井田の認定との齟齬《そご》・矛盾によって）結果として、福沢をいたく貶《おとし》める行為を行なっていることになる。

つまり、（「井田メソッド」で福沢の隠蔽《いんぺい》報道への加担が論証されたことによって、）平山は、福沢諭吉が「凡庸な言葉」の発信を期待する「低俗な」読者に追従・迎合することによって、「時事新報」紙の販売拡張を推進した二流のジャーナリストであったということを、福沢への好意のゆえに、懸命に解明・主張しているのである。こういうのが、「蹑肩の引き倒し」の典型である。

日本公使が首謀者となって行なった九五年一〇月八日の朝鮮王妃・閔妃《ミンビ》殺害事件は、伊藤博文を暗殺した安重根《アンジュングン》が伊藤の罪科一五カ条の筆頭にあげたような「近代世界外交史上に例を見ない暴虐」（大江志乃夫）事件であった。福沢は、同月下旬にその殺害事件でアメリカの世論が喧《やかま》しくなっている事態への対応策として、非難の声を緩和する一助として、「王妃が在世中惨虐《さんぎゃく》なる陰謀を逞《たくまし》うした事実」（『全集』⑱693）の捏造を企図し、それを義塾関係者三人の共同作業で「朝鮮王妃伝」の英文の物語として創作させ、福沢自身が翌年一月中旬に「ニューヨーク・ヘラルド」の記者に手渡す役割も果たしている（結果は没書《ボツ》）。この事実は『伝』③にも明記（450）されている。ところが、ここでも平山は、『伝』の内容と信憑性《しんぴょう》を非難・否定するために、詳細かつ熱心に同書を読んでいるが、なぜか福沢の名誉に不都合な事実は、平気ですべて見落とし無視するのである。

5　脳卒中発作以後の福沢諭吉と石河幹明
――石河は変わりなく福沢の思想・文章を忠実に踏襲

続いて平山は、知られていない新たな事実でも発見したかのような筆致で、「脳卒中の発作以後に発表された論説の執筆者は全て石河」という小見出しをつけて、「この福沢の発作から死去までの期間はますます重要であった。福沢の全集の中に自《みずか》らの論説をより多く入れる絶好の機会となるからである。」(145)と書いて、福沢の病気を好機にして、石河幹明がまるで「福沢の思想・文章」と異なる自分勝手な論説を作為的に福沢の『全集』にもぐりこませたかのような印象を、読者に与えようとしているのである。

しかし、『全集』の読者にとって、最初の脳溢血発症の九九年九月下旬以後には福沢自筆の社説が一篇も存在しないことは、明らかな事実である。『全集』⑯の後記には、「福沢は明治三十一年九月二十六日脳溢血《のういっけつ》を発し、…十二月の半ばには病気回復の祝賀会に出席…しかし、その後は自《みず》から筆を執《と》って社説などを起草することはしなくなつたが、健康殆《ほとん》ど回復するに及んでは、…石河幹明に意を授《さず》けて文を草せしめることがしばしばであつた。…明治三十二年二月以降の分は悉《ことごと》く石河幹明が旨を承けて起草したものである。…三十四年一月二十五日に脳溢血が再発し、二月三日長逝した。」と明記されている。

安川『福沢のアジア認識』資料篇には、福沢の脳溢血発症後の石河筆の論説が、その旨断って、四篇掲載されている。①一九〇〇年六月「国の為《た》めに戦死者に謝す」、②同年一二月「我国に於《お》ける貧富の衝突は極めて激烈なる可《べ》し」、③同「今の富豪家に自衛の覚悟ありや否《いな》や」、④一九〇一年一〇月「帝室の財産」の四篇である。もちろん、それらが「福沢の思想」を忠実に反映・踏襲した論説であるから掲載したものである。しかし、平山が「福沢の全集の中に自《みずか》らの論説をより多く入れる絶好の機会…」と想像力たくましく書いているので、福沢が元気な時期でも、福沢の言に「聞く耳をもた」ず、自筆社説の「独断掲載」さえ行ないかねない石河記者というイメージを持たされている『福沢の真実』の読者は、福沢病後の好機に、石河がアジア蔑視や天皇讃美の勝手な社説を掲載し、『福沢全集』をさぞかし自分好みの内容に「ねじ曲げ」(148)「改竄《かいざん》」(232)しているかもしれない、と予想・懸念するであろう。

そこで、社説①の考察は次の6にまわし、ここでは社説②③④の「福沢の思想・文章」からの(平山のいう)逸脱《いつだつ》ぶりの真偽・有無を検討しよう。結論は、逸脱・改竄《かいざん》の「絶好の機会」という平山の主張・仮定に反して、またまた事実は逆であり、すべて福沢先生の持論を、石河が忠実に模倣・踏襲した社説となっている。

②社説「我国に於ける貧富の衝突は…」と③「今の富豪家に自衛の覚悟…」の二篇を見よう。一八七九年という早い時期から「先進」資本主義諸国が階級対立、労働運動、社会主義運動の進展によって「狼狽《ろうばい》して方向に迷ふ」現実(『民情一新』)を認識・懸念してきた福沢にとって、その社会問題への警戒・警鐘を発することは彼の持論そのものであり、安川『福沢のアジア認識』資料篇収載の多数の社説においてその内容を確認することができる。石河筆②の「労働時間制限の問題」や「同盟罷工の実行」という「貧民対富豪…の衝突は早晩免かる可《べか》らず。…時期の到来案外に早きやも

図《はか》る可《べか》らず。」という基本認識は、福沢における「被傭賃《ひようちん》の直上《ねあ》げ、労働時間の縮減、…職人の同盟罷工」の対立（八九年三月「貧富智愚の説」）は、「早晩一度は必ず相《あい》衝突して、遂《つい》に破裂の不幸ある可《べ》きは勢に於《おい》て免かれざる所のもの」（九一年四月「貧富論」）であり、「過激主義の現出することと意外に迅速なるやも図《はか》る可らず。」（九〇年二月「封建の残夢未《いま》だ醒《さ》めず」）という認識と共通である。

二人の階級的な立場も、石河筆③「我輩に於《おい》ては大《おおい》に富豪家を歓迎せんと欲するもの」に対して、福沢「目下我日本国には大富豪を要する時節なれば」（九一年四月「貧富論」）と共通しており、したがって、両者の懸念・不安も、石河②「一たび貧富問題の破裂に遇《あ》はば忽《たちま》ち木葉微塵《こっぱみじん》に帰せん」、福沢「富家の財産…一朝の機に際して激浪怒涛《どとう》に犯さるる」（同前）と同様である。また、貧富の衝突の原因として、福沢の持論は「最も恐るべきは貧にして智ある者なり。…貧智者は他に鬱憤《うっぷん》を漏《も》らすの道なく、これに於《おい》て世の中の仕組を以て不公不平のものとなし、頻《しき》りに之《これ》に向て攻撃を試み」（八九年「貧富智愚の説」）であったが、石河筆②も同様に「書生の職を求むるに困難を感ずる…事実」について「其《その》始末を如何《いか》にす可《べ》きや。」と書いている。その階級対立に対処して、石河②「貧民の感情を和《やわら》ぐる」、福沢「人心之《の》方向を転する」ための「予防」策として、二人が石河③「公共慈善の事業」、福沢「公益慈善の挙」（九一年「貧富論」）をあげていたことも共通である。福沢はこのほかに、宗教の奨励と「貧民の数」を淘汰する策としての「移民」政策を熱心に説いていた（同前）。

強いて二人の差異をあげるとするなら、石河が日本の「貧富の衝突は極めて激烈なる可《べ》し」と、漠然とした階級対立についての予測であるのに対して、福沢が「社会党」や「共産党」などの結社が日本にも「東漸《とうぜん》の虞《おそれ》なきにあらず。」（八八年三月「文明の利器に…」）と、早くから無産政党の出現を具体的に懸念していた点くらいである。つまり、石河の社説②③は、福沢の持論のコピーそのものであった。

残りの一篇は、福沢の死後、それも半年以上も後に掲載された一九〇一年一〇月社説「帝室の財産」である。「本編以後に掲げる数編の社説は、福沢の生前に社説記者石河幹明が口授を受けて筆記しておいたものである。」という『全集』⑯678ページの断り書きは伏せたまま、平山『福沢の真実』は、冒頭「まえがき」でいきなり「現行版『全集』（一九五八―六四）の第一六巻には福沢の没後数ヵ月してから掲載された論説が六編収められているのであるが、これらを本人が書けたはずがないのは言うまでもないであろう。」（10）と書いて、読者にいきなり『福沢全集』の虚構性の印象付けをはかっている（序章2の⑵で紹介したように、新聞記者たちは平山のこの「ワナ」にたぶらかされた）。

しかしながら、福沢死後の六論説「婦人と衣服」「殺人事件と宗教」「帝室の財産」「酒税の納期及び酒造家の注意」「医風矯正《きょうせい》」「平素の注意大切なり」には、『福沢全集』で福沢の女性論、宗教論、天皇制論、酒税論、養生論に馴染んでいる読者にとっては、目新しい議論はない。

つまり、「死人に口無し」でどんな社説でも執筆・掲載できる諭吉死後掲載の六篇の社説についても、石河が福沢の「思想と文章」を如何に忠実に模倣・コピーしているかを確認できる内容のものである。たとえば、六月掲載の社説「殺人事件と宗教」において、石河が「人民に信仰心の盛《さかん》なる地方には強盗殺人等の沙汰《さた》稀《ま》れなるは疑ふ可《べか》らざるの現象」（『全集』⑯682）と書いているものは、既述したように、民権運動に背を向けて全国民への啓蒙を断念した福沢が、「今の世の中に宗教は不徳を防ぐ為《た》めの犬猫の如し。」「馬鹿と片輪に宗教、丁度《ちょうど》よき取合わせならん」という経世論として執筆した百篇をこす宗教振興論の中で、宗教の普及度と犯罪件数の負の相関関係について、繰り返し論及してきたテーマである。

以上のように、平山が「福沢の全集の中に自らの論説をより多く入れる絶好の機会」という福沢の脳溢血発症後、さらには福沢死後においても、石河幹明は「福沢の思想・文章」を忠実に踏襲する論説執筆の努力をしており、その意味において、第Ⅰ章1で紹介した九七年三月社説「クリート事件の成行如何《なりゆきいかん》」にかかわる『全集』⑮の注記で、石河が「殆《ほとん》ど逐語的に福沢の意に忠実ならんことを努めた跡《あと》がよくわかる。本全集に収録した石河代筆の社説は殆どすべて此の例に倣《なら》ふものと見てよい。」と書いていたことは、無理のない妥当な評価と言えよう。

最後の社説④「帝室の財産」の「我帝室に至りては万世一系、宝祚《ほうそ》の盛《さかん》なる天壌《てんじょう》と与《とも》に極《きわま》りある可《べか》らず。殊《こと》に一般臣民の帝室に忠誠なるは世界に其《その》類を見ざる所にして、苟《いやしく》も帝室の為《た》めとあれば生命尚《な》ほ且《か》つ惜《おし》むものなし。況《いわ》んや財産に於《おい》てをや。」という石河筆の天皇制論の場合は、まず論説の題名そのものが五年前の九六年五月の福沢の論説「帝室の財産」をそのまま踏襲しており、表現も福沢の「吾々臣民…苟《いやしく》も帝室の為《た》めとあれば生命と雖《いえど》も惜《おし》むものはある可《べか》らず。況《いわん》や財産に於《おい》てをや。」が、石河の「一般臣民…苟も帝室の為めとあれば生命尚ほ且つ惜むものなし。況んや財産に於てをや。」となっており、一部の語句の違いがあっても、その思想内容は百パーセント同一である。

コラム　福沢諭吉の帝室尊厳論

これだけだと、平山は、石河の「我帝室に至りては万世一系、宝祚《ほうそ》の盛《さかん》なる天壌《てんじょう》と与《とも》に極《きわま》りある可《べか》らず。」という文章が福沢文にはないのではないか、と反論するかもしれない。また、「丸山諭吉」神話によって、福沢というと「天は人の上に人を造らず…」の天賦人権論の主張者と思いこまされている読者も、同様の懸念をもつかも知れないので、念押しをしておこう。福沢文「帝室の財産」では、同じことをもっと簡潔に「我帝室は万古不易《ふえき》、宝祚《ほうそ》極《きわま》りなし。」と書いている。

「丸山諭吉」神話の解体のために、福沢の同様の帝室尊厳論を、これまでの記述との一部重複を気にせず、年代順に紹介しておこう。

「万世不易《ふえき》の国体を保守して天皇陛下億兆に君臨し給《たも》ふの一義に至《いたり》ては誰《た》れか之《これ》に反対する者あらんや。毫厘《ごうりん》も疑《うたがい》を容《い》れず、我輩の確《たしか》に保証する所、…。開闢《かいびゃく》以来日本国に於《おい》ては帝室に反対する者とては一人《いちにん》もなく、今後も発狂人の外《ほか》は一人もある可《べか》らず。…帝室は…我日本国民の諸共《もろとも》に仰ぎ奉り諸共に尊崇し奉《たてまつ》る所にして、之《これ》に忠を尽《つく》すは唯《ただ》外面の義務に非《あら》ず、万民熱中の至情と云《い》ふ可《べ》きものなり。…如何《いか》なる政党にても　聖天子の親裁《しんさい》を仰がず勝手次第に憲法を作て直《ただち》に之《これ》を実施せんとするが如《ごと》き無法の者もなかる可し。」（八二年三月〜「立憲帝政党を論ず」。引用文中の「聖天子」の頭の一字分の空白は、天皇に敬意を表す「闕字《けつじ》」）。

「我政府の上には我日本人民の敬愛尊崇する所の天皇陛下の在《い》ますあり、…」（八二年八月「朝鮮事変続報余論」『全集』⑧268）。

「帝室の尊厳は開闢《かいびゃく》以来同一様にして、今後千万年も同一様たる可《べ》し。是《こ》れ即《すなわ》ち我帝室の帝室たる所以《ゆえん》なり。」（八二年四月『時事大勢論』『全集』⑤249）。

「我輩は赤面ながら不学にして、神代《かみよ》の歴史を知らず又旧記《きゅうき》に暗しと雖《いえ》ども、我帝室の一系万世にして、今日の人民が之に依て以て社会の安寧を維持する所以《ゆえん》のものは、明に之《これ》を了解して疑はざるものなり。此一点は皇学者と同説なるを信ず。」（八二年五月『帝室論』『全集』⑤263）。

「日本開闢《かいびゃく》以来の歴史と共に終始を共にして、諸外国に誇る可《べ》き一系万代の至尊を奉戴《ほうたい》し、尽忠の目的は分明《ぶんめい》にして曾《かつ》て惑迷す可《べ》き岐路を見ず、…。…世界中我日本国に限りて、帝室は日本の帝室にして、日本国中他に区別を煩《わずら》はすを要せず。日本国民は唯《ただ》この一帝室に忠を尽して他に顧る所のものある可《べか》らず。帝室の安危云々《うんぬん》の如《ごと》きは真実に我国民の想像外にして、口に言ふものもなく耳に聞くものもなし。」（八三年十一月「徳教之《の》説」『全集』⑨287〜288）。

「此《この》帝室は日本国内無数の家族の中に就《つい》て最も古く、…帝室以前日本に家族なく、…其由来の久しきこと実に出色絶倫にして、世界中に比類なきもの…皇統連綿として…」（八八年十月『尊王論』『全集』⑥16〜17）。

「独《ひと》り我国に於ては天下太平《たいへい》瑞雲《ずいうん》祥気《しょうき》の中に憲法の発布に遭《あ》ひ、上下和合《しょうかわごう》して歓声の溢《あふ》るるばかりなるは、皆是《こ》れ我帝室の尊厳神聖、以《もっ》て常に人心を調和したるの大功徳《こうとく》に依《よ》らざるはなし。皇祚《こうそ》無窮、聖寿《せいじゅ》万々歳…」「帝室は諸外国の君主の如く曾《かつ》て其《その》国を征伏《せいふく》して君たりしには非《あら》ず、大日本国の名と共に万世無窮《ばんせいむきゅう》の元首にして、世界中最も尊く、最も安《やすらけ》く、又最も永《ひさし》く、実に神聖無比の国君」（八九年二月〜「日本国会縁起」『全集』⑫41）。

「枢密院議長伊藤伯…国家統治の大権は未来長《とこしな》へに陛下を去る可《べか》らず云々。是れは誠に当然の次第」（八九年二月「伊藤伯の演説」『全集』⑫49）。

「其君を尊崇《そんすう》敬愛すること神の如《ごと》く父母の如くにして、…此《この》習慣は国人の骨に徹して天性を成《な》し、今の帝室を尊崇敬愛するは唯人々《ただにんにん》の性に従ふのみ。…我政体が立憲に変ずるも変ぜざるも、帝室は依然たる万世の帝室にして、俗界の施政《しせい》に如何なる得失あるも、誰れか直《ただち》に至尊を仰で之を訴る者あらんや。凡《およ》そ世界中に国君多しと雖《いえど》も、其家の堅固にして安《やすらけ》きものは我大日本国の帝室に比す可《べ》きものを見ず。」（九〇年十二月『国会の前途』『全集』⑥59〜61）。

平山『福沢の真実』は、福沢と石河の天皇制論の違いにしばしば言及しており、福沢の脳溢血発症後は「福沢の全集の中に自らの論説をより多く入れる絶好の機会」と書き、さらに福沢の死後に掲載された論説を福沢「本人が書けたはずがないのは言うまでもないであろう。」ことも強調していた。したがって読者は、死後掲載の石河幹明筆「帝室の財産」が、五年前の福沢の論説と題名が同じでも、「水戸学の本家本元」（48）の石河流の天皇制論が晴れて全面的に展開されていると予想するであろう。しかしこの場合も、私たちはまたまた「文に於《おい》て（石河）氏をみること猶《な》ほ父のごとし」の福沢一太郎の証言どおり、石河の「殆《ほとん》ど逐語的に福沢の意に忠実ならんことを努めた跡《あと》」を再確認するだけのことである。

6　福沢の愚民観とアジア蔑視観

——福沢は中国人を「豚」「乞食」呼ばわりの「漫言」を書いた

先の5で先送りした福沢の脳溢血《のういっけつ》発症後の石河筆社説①一九〇〇年六月「国の為《た》めに戦死者に謝

す」を考察しよう。

同年六月、「扶清滅洋《ふしんめつよう》」のスローガンをかかげた中国の反帝国主義的人民闘争の「義和団」の蜂起が北京を支配し、公使館区域を包囲したため、列国の外交官救出の名目で八カ国連合軍が出兵した際、日本軍は最大の二万二千人を出動させ、義和団鎮圧（北清事変）の先頭を切った。この論説は、かねてから「各国連合して共同戦争に従事する場合は、日本の実力を彼等の眼前に示すの好機会」と考えていた福沢が、「各国の連合艦隊が陸戦隊を以て太沽《たーくー》の砲台を占領したとき、日本兵が死傷を顧みず先登《せんとう》第一の功名を立てたといふことを聞いて非常に喜ばれ、著者をして左の一文を草せしめられた。」（『伝』③791～792）という経緯で、石河が書いたものである。

ここで、福沢が「日本の実力を彼等の眼前に示すの好機会」と考えたという石河の記述は、第Ⅱ章3で既述した八四年一〇月の福沢真筆社説「国の名声に関しては些末《さまつ》の事をも捨《す》つべからず」における、「支那兵は流民乞食の群集…仮令《たと》ひ我方が遥《はるか》に優等なりと云《い》ふも、唯《ただ》支那人に優るのみにては未《いま》だ以《もつ》て評価の当を得たるものとするに足らず。或は日支の兵が実地戦場の伎倆を試みたらば、世界に対して我兵制の声価を揚ることもあらんなれども、（戦は漫《みだり》に之《これ》を求む可《べか》らざるのみならず、常に慎て避るこそ用兵の本色にして外交の極意なれば、今日に至るまで我日本兵が曾て一度も外国と鋒《ほこ》を交へざるは国家無上の幸）なれども、西洋諸国人が我兵の強弱優劣を評するに苦しむは、其伎倆を知るの機会を得ざるが為なり。」という福沢の判断と対応したものと言えよう。

なお、井田進也が上記論説全体の論旨とかかわらない括弧内の文章を引用・論拠にして、この論説を「対中国不干渉論」と無理な評価をした件は、第Ⅱ章3において紹介した。

「抑《そもそ》も日本人が外国兵と連合して戦争に従事したるは、立国以来未だ曾《かつ》て聞かざる所にして、実に今度の太沽《たーくー》攻撃を以て嚆矢《こうし》と為《な》す可《べ》し。…支那兵の如《ごと》き恰《あたか》も半死の病人にして、之《これ》と戦うて勝ちたりとて固《もと》より誇るに足らず。日本人の心に於《お》いては本来対等の敵と認めず、実は豚狩の積《つも》りにて之《これ》を遇したる程の次第なれば、外国の評判に対しても竊《ひそか》に汗顔《かんがん》の至《いた》りに堪《た》へず、…世界に対し日本国の重きを成《な》したるものにして、是《ここ》に於《おい》てか戦死者も死して余栄《よえい》ありと云《い》ふ可《べ》し。」（同前、792〜794）

この石河筆論説に対して平山は、「豚狩《ぶたがり》」という表現に痛憤したらしく、石河が起草を促された上記の経緯の文章を『伝』から引用・紹介しながら、「福沢の指示によって石河が起筆した旨が注記されているが、これは明白な虚偽である。」「そんな馬鹿げたことがあり得るはずがない」（146）と、またまた気楽に、さも自信ありげに断定している。理由は、脳溢血《のういっけつ》発症で福沢が「口も利《き》けず字も書けなかった」から指示できるはずがないということと、「福沢は対戦国の兵士を豚呼ばわりしたことはなかった」からということである。だからこの社説は「福沢とは何の縁もゆかりもない」論説であると決めつけ、平山は、しかも「引用にあるような石河の差別的な言辞は、第二次世界大戦後半世紀以上を経《へ》た現在に至って、福沢の名をおとしめるのに大きな役割を果たしている。」（146）と、怒り嘆いているのである。二つのどちらの論拠も、またまた明らかな誤りであることを、以下に論証しよう。

まず、福沢が「口も利《き》けず字も書けなかった」時期として平山が指摘しているのは、一八「九九年二月一五日から七月二七日にかけて」（146）の期間であり、上記社説は一九〇〇年六月二一日の掲載であるから、第一の論拠は明らかに論拠たりえていない。

念のために、『全集』㉑「年譜」（701〜）によって、その前後の福沢の病状回復の様子と社会的な行動を確認しておこう。

九九年三月「広尾別邸に於《おい》て…自署した隊旗を生徒に授与」、「…三田の自宅より徒歩で時事新報社に行き社員と雑談を試みた後再び徒歩で帰宅」、「広尾別邸に慶応義塾教員を招く」、「この頃より再び揮毫《きごう》の筆を執るに至る」。最後の事実は、「口も利けず字も書けなかった」という平山洋の勝手な診断と明らかに矛盾する。

同年五月「散歩の途中に林毅陸のもとに立寄る」、「この日、一太郎、捨次郎、小幡篤次郎、手塚猛昌を伴い人力車にて宮内大臣田中光顕を官邸に訪問し、病中両陛下よりの御見舞に対し御礼言上を依頼する。それより徒歩にて三田に帰宅」、「前日と同じく…東宮太夫《とうぐうのだいぶ》を官邸に訪ね…」。

同年八月「病後はじめて自筆の書簡を認む」（姉、服部鐘宛）、九月「散歩の途中慶応義塾幼稚舎に立寄り舎長森常樹に対して一場の児童教育談を試みる」、一〇月「歌舞伎座に芝居を見る」、「交詢社随意談会に出席」、一一月「広尾別邸にて園遊会…参会者六、七百名に及ぶ」、一二月「三田演説会第四百回祝賀会が開かれ福沢も出席」、「一太郎、捨次郎の二子を伴い、日本橋…で開かれた慶応義塾旧友会に出席」。

翌一九〇〇年二月の「修身要領」への福沢の重要な関与（序文の冒頭に「凡《およ》そ日本国に生々する臣民は男女老少を問はず、万世一系の帝室を奉戴《ほうたい》して其《その》恩徳を仰がざるものある可《べか》らず。此《この》一事は満天下何人《なんびと》も疑を容《い》れざる所なり。」の加筆を指示）については、平山も「文章を読解する能力は残されていたよう」（144）と記述。

同年三月「慶応義塾大学部卒業式に出席する」、四月「慶応義塾同窓会に出席」、五月「皇室より御沙汰《ごさた》書と恩賜《おんし》金（五万円）を下賜《かし》され…慶応義塾基本金中に寄付…祝賀会を開く。来会者四百余名」。

上記社説掲載の六月の年譜には、「広尾別邸にて…茶話会」、「「修身要領」の全文を自から揮《き》毫《ごう》する」などの記述もあることから、同月の論説「国の為《た》めに戦死者に謝す」についての「福沢の指示」が「明白な虚偽」という平山の断定が、それこそ明白な誤りであることは、明らかである。

七月、「慶応義塾幼稚舎に赴き「今日子供たる身の独立自尊法は唯《ただ》父母の教訓に従て進退す可《べ》きのみ。明治三十三年七月十三日、幼稚舎生に示す　明治卅弐年後之福翁印」の書を認めて同舎の教員生徒に示す。」なお、この掛け軸の裏には鎌田栄吉塾長の裏書で、「修身要領を世間に発表して以来、猫も杓子《しやくし》も独立自尊を口にするようになったが、…あれはチャンと立派に思想の固まった者が一身を処する上のことで、幼い子どもが独立自尊などということを…親の命令にも従わない、教師の教訓をも守らないなどと云うことになっては以《もつ》ての外《ほか》の事である」という福沢の意向を示したものと説明されている（『福沢諭吉年鑑』24、209〜210）。

八月八日、突然人事不省に陥ったが、およそ一時間ばかりで回復。

十月、姉、服部鐘宛に最後の自筆書簡。

一二月三一日、慶応義塾世紀送迎会に臨み「独立自尊迎新世紀《しんせいきをむかう》」の語を大書する。

なお、前掲の竹田行之「ジャーナリスト福沢諭吉」（『交詢雑誌』第482号）も、この時期の福沢について、平山洋のいう「石河幹明悪人説…廃人同様で、その間に乗じて石河が自分のものを福沢のものにしたというのですが、私は首をかしげます。絶筆の揮毫《きごう》「独立自尊迎新世紀」をごらんください。修身要領の福沢の字をごらんください。あれが書字能力を喪失した人の字ですか。…研究者が藪《やぶ》医者の真似をしてはなりません。…ひいきのひき倒しは福沢に迷惑です。」と書いている。

以上の記録を読めば、この時期について「脳卒中の発作…その瞬間に、福沢は思想家としての生命を失ったのだった。」(138)、「最初の発作から亡くなるまでの二八ヵ月の間に…福沢が語った言葉は存在しない。」(140)、「発作後の福沢が確実に記したといいうる文章は、これらの合わせても一八〇字に満たない短い書簡文（九九年八月と翌年十月の姉宛書簡の字数）だけなのである。」(143)、「慶応義塾関係者によって福沢が失語症であるとの事実が厳重に伏せられ」(144) などと書いている平山の記述は、明らかに事実をゆがめており、竹田行之が怒っている通りの作為的な誇張である。

第二の論拠として、平山は「豚狩」という蔑視表現にいたく興奮しているが、福沢の論説において中国兵を「豚尾《とんび》」兵呼ばわりするのは、既述したように一八年も前の八二年一二月「東洋の政略果《はた》して如何《いかん》せん」に始まっている。また、すでに第Ⅱ章4で先取り的に指摘したように、福沢がしっかり関与した（平山も「全く福沢が関与していないか、と問われれば答えに窮」すると書いている）五年前のB級認定の九五年二月の社説「外戦始末論」において、日本の「国民は…支那…に押掛け、豚尾兵と名《なづ》くる一種の悪獣を狩立る為《た》めの用意…悪獣国の地主なる彼の政府…」と、中国兵＝「豚尾兵」「悪獣」、中国＝「悪獣国」という典型的な中国蔑視の文章が存在していたことを確認した（つまり、福沢はその原稿をしっかりチェックして、掲載を了解。なお井田によれば、A、B級論説は「福沢思想の骨格」であった。念のため再確認）。

それにもかかわらず、福沢が対戦国の兵士を「豚呼ばわりしたことはなかった」と、平山が大真《おおま》面目《じめ》に主張しているのは、封建下級士族から明治「政府のお師匠番」に一躍出世した福沢諭吉の思想的体質ともいえる、彼の愚民観・愚民思想への平山の無知を示すものである。

平山洋は、平均的日本人同様に、福沢が「天は人の上に人を造らず人の下に人を造らず」と主張した人物と誤解している様子なので、朝鮮人・中国人どころか、日本の一般民衆に対してさえ、その代表的署名著作で堂々と「豚」（！）呼ばわりしていた福沢の「馬鹿と片輪」の愚民観を、この機会に時代の順を追って考察しておこう。

もちろん福沢自身は『学問のすすめ』冒頭の文章を、「天は人の上に人を造らず…と云へり。」という伝聞態で表現することによって、冒頭句は自分の言葉でないことと、その（天賦人権論的平等）思想に自分が同意・同調していないことを表明していた。じじつ、『すすめ』初編は日本の人民が自由や平等に生きてはならないことを主張していた（詳しくは、安川『福沢と丸山』Ⅲを参照）。『あたらしい憲法のはなし』とならぶ日本の戦後民主主義の時代を象徴する中学・高校生向けの文部省著作教科書『民主主義』下（一九四九年）第十二章「日本における民主主義の歴史」の冒頭でさえ、「明治の先覚者、福沢諭吉は、…「天は人の上に人を作らず、人の下に人を作らず。」と書いた。」と記述して、福沢がそう主張したとは書いていなかった。

ところが、「丸山諭吉」神話を創出した戦後民主主義の代表的思想家丸山眞男は、「…と云へり。」の伝聞態の問題を一切無視したまま、一九四七年九月という戦後早い時期に「「天は人の上に…」の句が『学問のすすめ』全体の精神の圧縮的表現である」「「天は人の上に人を造らず人の下に人を造らず」という文字が広く天下に喧伝《けんでん》され、殆《ほとん》ど福沢イズムの合言葉となっている」（『丸山集』③167）と書いた。したがって、上記の教科書『民主主義』も「福沢諭吉は、…と書いた。」と正確に表現しながら、そのすぐ後に、「民主主義の根本精神は、この一言の中によくいい表わされている。明治初年の日本人の中には、このように民主主義の本質を深くつかんだ人々があった。そうして、それらの人々が先頭に立って、民主主義の制度をうちたてようとする真剣な努力が続けられた。」と続けている。つまり、福沢がこの句によって「民主主義の本質を深くつかんだ」思想家であるという神話が、これによって戦後日本の学校教育に定着する契機になったものと思われる（名古屋大学新入生アンケート調査結果では、学生の九二％が、福沢はそう主張した人物であると誤解。これは、戦後民主主義教育に学んだ平均的日本人の共通認識）。

第Ⅰ章２において、石河幹明が社説の起草にかかわる以前の福沢のアジア認識を見た。初期啓蒙期から太平天国の兵士は「烏合《うごう》の衆」、朝鮮は「我《わが》属国となるも之《これ》を悦《よろこ》ぶに足ら」ない「小野蛮国」、「台湾蛮人」は「禽獣《きんじゅう》」と、アジアへの蔑視・偏見をもっていた福沢は、『通俗国権論』で国権拡張至上論を確立し、『時事小言』でアジア侵略の「強兵富国」論を提示するようになるとともに、その武力行使を合理化するために、アジアへの丸ごとの蔑視・偏見・マイナス評価のたれ流しを開始した。それが、朝鮮・中国についての「固陋《ころう》」「未開」「頑陋《がんろう》」「地獄国」「残刻不廉恥《ざんこくふれんち》」「乞食穢多《こじきえた》」

「良餌《りょうじ》」「頑冥固陋《がんめいころう》」「印度支那の土人」「豚尾の兵隊」などの真筆蔑視発言であった。

　中期保守思想を確立した福沢は、「百姓車挽《くるまひき》」への啓蒙を断念するとともに、「馬鹿と片輪《かたわ》に宗教、丁度《ちょうど》よき取合せならん」と、彼ら一般大衆を「馬鹿と片輪《かたわ》」呼ばわりするようになり、自由民権運動家・陣営をも「無頼者の巣窟《そうくつ》」、「狂者」「愚者」呼ばわりした。明治天皇、伊藤博文、井上馨らに献本・贈呈した八一年『時事小言』では、彼が「士族」と総称した「浪士、豪農、儒者、医師、文人等」こそが、文明開化のリーダーであるから、日本の近代化のために「(封建的な)士族の気力を維持保護する事」の必要性を大真面目《おおまじめ》に主張するとともに、それとは対照的に福沢は、「所謂《いわゆる》百姓町人の輩《やから》」は、維新の大業・新政を「傍観して社会の為《ため》に衣食を給するのみ」の「豚の如き」存在であると断定・主張していた。つまり日本の「百姓町人」、一般大衆さえ「豚」呼ばわりする福沢が、「支那兵の如《ごと》き」を「豚」「豚尾兵」呼ばわりしたり、他記者の「豚」表記の論説の掲載を了解することに、なんの不思議もなかった。『時事小言』の翌年の『帝室論』において、大衆を愚民視する福沢が「愚民《ぐみん》を籠絡《ろうらく》する…欺術《ぎじゅつ》」としての神権的天皇制を選択したこともすでに見た。

　つぎに、福沢の真筆にそくして、石河が「時事新報」に入社する直前以降のアジア認識を見よう。八四年一〇月社説「国の名声に関しては…」における「支那兵の乱暴無状、白昼《はくちゅう》店頭に物を掠《かす》め、暗夜樹蔭に婦女を窘《くるしむ》るが如きものに比すれば、…日本兵は武士の隊伍にして、支那兵は流民乞食の群集と云《い》ふも可《か》ならん。韓人が竊《ひそか》に評して、彼《か》れを胡兵《こへい》と罵《ののし》り、是《こ》れを王者の師《し》と誉《ほむ》るも、決して偶然ならず」（『全集』⑩69）。

八五年三月「脱亜論」における「支那…朝鮮…此二国の者共《ものども》は一身に就《つ》き又一国に関して改進の道を知らず、…其《その》古風旧慣に恋々《れんれん》するの情は百千年の古《いにしえ》に異《こと》ならず、此《この》文明日新の活劇場に教育の事を論ずれば儒教主義と云《い》ひ、学校の教旨は仁義礼智と称し、一より十に至るまで外見の虚飾のみを事として、其《その》実際に於ては真理原則の知見なきのみか、道徳さへ地を払ふて残刻不廉恥《ざんこくふれんち》を極《きわ》め、尚傲然《なおごうぜん》として自省の念なき者の如《ごと》し。…今より数年を出でずして亡国と為《な》り、其《その》国土は世界文明諸国の分割に帰《き》す可《べ》きこと一点の疑あることなし。」（『全集』⑩239）。

八五年八月社説「朝鮮人民のために其国の滅亡を賀《が》す」における「朝鮮国…滅亡こそ寧《むし》ろ其幸福を大にするの方便なりと云《い》はざるを得ず。…実に以て朝鮮国民として生々《せいせい》する甲斐《かい》もなきことなれば、露《ロシア》なり英《イギリス》なり、其《その》来て国土を押領《おうりょう》するがままに任《まか》せて、露英《ロシアイギリス》の人民たるこそ其《その》幸福は大なる可《べ》し。他国政府に亡《ほろ》ぼさるるときは亡国の民にして甚《はなは》だ楽まずと雖《いえ》ども、前途に望なき苦界《くがい》に沈没して終身内外の恥辱中に死せんよりも、寧《むし》ろ強大文明国の保護を被《こうむ》り、せめて生命と私有とのみにても安全にするは不幸中の幸ならん。」（『全集』⑩381）。

八五年一〇月と翌年一〇月の息子宛書簡での「野蛮国は寧《むし》ろ亡びたる方《ほう》幸」「野蛮国の悪風、これを聞くも忌《いま》わしき次第」という表記、九四年八月署名社説「私金義捐《ぎえん》に就《つい》て」における「支那流の陋習《ろうしゅう》…老大国儒流の腐敗」。九四年九月「平壌陥りたり」における「清兵…豚尾児、臆病なり…今や弱き者は敗《やぶ》れて強き者は勝利を得たり。…畢竟《ひっきょう》我天皇陛下の威霊と将校以下の忠勤に依るもの…。…如何《いか》なる仲裁論の起るあるも断じて之《これ》を謝絶するの一方を主張する者なり。…唯《ただ》支那人の頑冥なる、殆《ほと》んど人外の思想を懐《いだ》く者にして、…之を窮極《きゅうきょく》して其本心の根底より悔悟《かいご》せしめざるを得ず。…畢竟《ひっきょう》これを憐《あわれ》み之を愛するが故《ゆえ》に之を懲《こ》らすのみ。…今の日本は富実なり。何程《なにほど》の軍費にても其《その》支給は吾々国民の分として確に保証する所なり。」(『全集』⑭568〜570)という記述。九五年二月〜「外戦始末論」(89)における既述した「豚尾兵…悪獣…・悪獣国」発言。

こうした社説における、文明論による侵略合理化のためのアジア蔑視の垂れ流しに加えて、福沢諭吉は、多くの巧みな、見事ともいえる筆さばきで「漫言」を執筆して、さらに自由に「支那人の懦弱《だじゃく》無気力を翻弄罵倒《ほんろうばとう》」(『伝』③752)することによって、日本の民衆のアジア蔑視観をいっそう煽《あお》り、敵愾《てきがい》心をかきたてようとした。『伝』③によると、「「時事新報」の漫言は、或は八公熊公《はちこうくまこう》の語調を用ひ、或は三太夫《さんだゆう》の口吻《こうふん》を擬《ぎ》して、時事を風刺罵倒し、人の腸《はらわた》を抉《えぐ》ると共に其頤《い》を解《と》かしめ、他の模倣《もほう》を許さざる先生独特の戯文であつて、予《かね》て世間の評判を博してゐた」(748)とのことである。

以下に、中国人・中国兵を「豚」「乞食」「チャンチャン」呼ばわりした福沢の代表的な漫言二篇を紹介しよう。ただし気楽な平山は、石河の「伝記で触れられている漫言は」八八年六月一七日の漫言「鋳掛久平《いかけのきゅうへい》地獄極楽廻《めぐ》り」の「一編だけである」(93)という明らかな誤りを書いて、自分の立論には不都合なこの福沢の中国蔑視観を象徴する「漫言」二篇の存在そのものを隠蔽・否定しているのであるから、困った話である。

一篇は、九四年六月二八日の漫言「浮世床《うきよどこ》の巻舌談《まきじたばなし》」であり、『伝』③は、それについて、日清「事件の発生以来先生は日々の社説に正々堂々の論を記さるる傍《かたわ》ら、頻々漫言の筆をも執《と》られた其《その》一二の例を記すと、左の一文は当初支那が朝鮮に出兵しながら我国の出兵を見て大に狼狽《ろうばい》し撤兵を要求したとき書かれたものである。」と断っていた。

「憚《はばか》りながら神田の八丁堀の大和屋《やまとや》の阿兄《あにい》は、男は小粒でもチットひねくつた奴様《やっこさま》だ、人の弱いものいぢめするのを見て黙つて居やしねへは、近頃のざまァ見やがれ、大和屋の子分の景気がいいのにへこたれて、人数を撤回して呉《く》れろと、ちよつかいが聞いて呆《あき》れらァ、己《うぬ》の方から先《さ》きにいらざるちよつかいを出しやがつて、今更《いまさら》此方《こっち》の人数の引払《ひきはら》ひをお狸《たの》き申しますとぬかすのか、猫ならまだしもだ、豚の癖《くせ》にちよつかいの話なんざよしにしやがれ、モウ如斯《こう》なつた日にや神田の阿兄《あにい》、一足も後にや引かねい、何万人でも出て来い、高の知れた乞食の行列だ、穢《きた》ねへけれども仕方がねへ、片つ端から張り飛ばして仕舞ふて、…今度は豚屋の本店に押掛けて手当り次第にけし坊主の頭の尻尾を繋《つな》ぎ合せて引摺《ひきず》り廻《ま》はし、盲六老爺《もうろくじじい》の禿頭《はげあたま》引《ひっ》こ抜いで、浅草公園の見世物にして大笑をして、…大和屋風の持前《もちまえ》は、不断おとなしくして往来にても人を避けて通るやうだが、サアと云ふ日にや、老若男女《ろうにゃくなんにょ》、猫も杓子《しゃくし》も草も木も、天魔鬼神に変化《へんげ》して、目に物は見せないぞ、己等《うぬら》の国の奴等《やっこら》が、銭《ぜに》さへ貰《もら》へば敵の荷物を担《かつ》いで味方に鉄砲を向けるやうな恥知らずの人非人は、薬にしたくも一人《ひとり》もねへワ、…本気になりや国中四千万の人間は血を分けた兄弟も同様、…銭《ぜに》も金も命も入らねへ、向八巻《むかうはちまき》で惣掛《そうがか》りだ…」（『全集』⑭426〜427）。

あとの一篇については、「次記は平壌陥落の際、支那の守将左宝貴は生死不明との報が伝つたときのものである。」（『伝』③750）として、石河は、九月二〇日掲載の福沢の漫言「支那将軍の存命万歳を祈る」を紹介した。

「目的とする所は唯《ただ》国益の一方のみにして、目に付くものは分捕品《ぶんどりひん》の外なし。何卒今度《なにとぞこのたび》は北京中の金銀財宝を掻《か》き浚《さら》へて、彼《か》の官民の別なく、余《あま》さず漏《も》らさず嵩張《かさば》らぬものなればチャンチャンの着替《きがえ》までも引つ剥《ぱい》で持帰ることこそ願はしけれ。其《その》中には有名なる古書画、骨董《こっとう》、珠玉、珍器等も多からんなれば、…参謀本部に御払下《おはらいさげ》を出願して一儲《ひともう》けと思へども、是れは多少手間《てま》取《ど》ることならん。就《つい》て…敵将左宝貴以下…其老将等が、生擒《いけどり》の仲間で幸にまだ存命にてあらんには、…其《その》御払下《はらいさげ》を願ひたきものなり。…生擒《いけどり》の大将…腐つたやうな穢《きた》ねへ老爺《ぢぢい》の側《そば》に寄って木虱《だに》が移るなど云《い》ふ者もあらんかなれども、…直《ただち》に之《これ》を浅草公園に持出して木戸を張り、…当人も毎日の御見物に酔ふて箇様《かよう》にうんざり致《いた》して居《お》りますが、之《これ》に阿片煙《あへんたばこ》を一服させると忽《たちま》ち元気を吹返しましてにこにこ笑ひ出します、是れは一入《ひとしお》の御慰《なぐさ》み、…見物の群集、公園内に黒山《くろやま》を成《な》して、毎日の客を三万と積《つも》り、木戸銭《きどぜん》二十銭にしても日に六千円、一箇月に十八万円…。之《これ》を時事新報の表誠義金に寄付しても一廉《ひとかど》の軍資となる可《べ》ければ、…」（『全集』⑭570～571）。

二度既述したように、石河『伝』は、論述に引用した社説・漫言の筆者が誰であるかは、いちいち厳密に断っていた。右記の二つの漫言の筆者は、もちろん福沢諭吉その人である。いくら漫言とはいえ、中国人・中国兵・中国などを「豚」「乞食の行列」「豚屋の本店」「けし坊主の頭の尻尾」「恥知らずの人非人」「チャンチャン」「生擒《いけどり》の大将…腐ったやうな穢《きた》ねへ老爺《ぢぢい》」と侮蔑《ぶべつ》・罵倒《ばとう》し、当時の戦時国際法にも違反して、「北京中の金銀財宝を掻《か》き浚《さら》へ」、「チャンチャンの着替《きがえ》までも引っ剥《ぱい》で持帰る」という「三光作戦」の先駆としての私有物の強奪まで勧め、「生擒《いけどり》の大将」を「浅草公園に持出して…木戸銭《きどせん》」をとり「慰《なぐさ》み」ものにしようという福沢の漫言を、現代の私たちはどう受けとめるのか。

これらは、「天は人の上に人を造らず…」の主張者とされている知識人「丸山諭吉」ならば、書くはずのない漫言であろう。少なくとも「福沢は対戦国の兵士を豚呼ばわりしたことはなかった」(146)や「晩年に至るまで、…『学問のすすめ』と見解を異にする著作を発表していない」(187)という平山洋の主張が完全に破綻していることは明らかである。むしろ、「天は人の上に人を造らず…」の主張者と誤解されている福沢諭吉が、公然とアジア蔑視観形成を先導・煽動した事実にこそ、私たち日本の社会が今日なお色濃くアジア蔑視観をひきずっている事実の歴史的な源流を探るべきであろう。「朝日新聞」二〇〇一年三月一九日が報じたとおり、「大みそかの紅白歌合戦は在日（韓国・朝鮮人系の歌手）抜きにはなりたたない」にもかかわらず、彼ら沢山の輝かしい大歌手たちが日本の社会においてこれまでその出自《しゅつじ》を隠すことを余儀なくされてきたこと、したがって一般の日本人の大半が彼ら多数の韓国・朝鮮人系芸能人の出自が隠蔽されている事実そのものを知らないという事象は、その象徴である。

　福沢諭吉のアジア蔑視観と初めて出会った時の鮮烈な印象を、私はかつて次のように記したことがある。〈自称明治「政府のお師《し》匠様《しょうさま》」福沢諭吉は、日本を「亜細亜《アジア》東方」の「盟主」に位置づけ、日本の民衆に朝鮮人民を「滅亡こそ、寧《むし》ろ…幸福」な「軟弱無廉恥の国民」、中国は「東洋の老大朽木」「良餌」だと教えた。…朝鮮や中国の人民をこのように描くことによって、福沢は、天皇＝国家のまえでは無限に小さくなって自己を鴻毛《こうもう》の軽きにおく臣民意識をもった日本の国民が、アジアの民衆のまえには、尊大な大国意識をもった国民としてたちあらわれていくように励ましたのである。〉（安川『増補・日本近代教育の思想構造』新評論、379）。

　つまり、近代の日本人が天皇制のもとで「自己を鴻毛《こうもう》の軽きにおく臣民意識をもった日本の国民」である事実とアジア蔑視観の持ち主であることが、たがいに照応・相補足する関係にあったのである。日清戦争中の論説「日本臣民の覚悟」において、福沢が、「戦争に勝利を得て我国権を伸ばし、…日本国人が世界に対して肩身を広くする」ために、「内に如何《いか》なる不平不条理あるも…」という「官に対する民の実質的な無条件降伏」（丸山眞男）の覚悟を呼びかけたのは、その「戦争に勝利を得て我国権を伸ばし」て、日本国人が大国意識を持てるようになれば、「内に如何《いか》なる不平不条理あるも之《これ》を論ずるに遑《いとま》あらず」という状態に自足する日本「臣民」になり得るという見通しをも、「具眼の識者」福沢はするどく見抜いていたのではないか。

平山にならって軽々な結論を急がず、福沢諭吉における愚民観とアジア蔑視観の考察をいま少し続けよう。数々の論説・漫言に見られた福沢のアジア蔑視観が終生変わらなかったことを示唆するものとして、最晩年の九九年六月『福翁自伝』における次の記述がある。封建時代の藩士の姿を批判的に描いた福沢は、藩士たちについて〈本藩に対しては其《その》卑劣朝鮮人の如し〉という小見出しをつけて、「義理も廉恥《れんち》もない其《その》有様は、今の朝鮮人が金を貪《むさぼ》ると何《な》にも変つたことはない。…丸で朝鮮人見たやうな奴」と書き、あわせて〈支那の文明望む可《べか》らず〉の小見出しでは、「満清政府をあの儘《まま》に存して置いて、支那人を文明開化に導くなんと云《い》ふことは、コリャ真実無益な話だ。…百の李鴻章《りこうしょう》が出て来たって何にも出来はしない。」と書いていた。

以上は公的な発言である。安川『福沢と丸山』Ⅳの1に紹介した日常の「素顔の福沢諭吉」も見ておこう。長男一太郎の初婚の失敗は相手が「下等社会素町人（商人）」の娘であったためだが、再婚相手は士族（医師）の娘であるから「今度《こたび》は必ず永久《ながくひさしく》致候事と存候《ぞんじそうろう》」という親族宛書簡や、仲人宛書簡での「下等社会素町人土百姓の輩」（『全集』⑱371）表現に見られる彼のあらわな士族エリート意識＝町人農民蔑視意識と、散歩途次の論吉が、「女乞食の一群に銭を恵まるる」時に、手渡さず銭を「ぽとぽと道路上に落さるる」姿、さらには、被差別部落民や障害者への彼の当時の平均的日本人並みの差別意識や、アイヌ先住民に対し「北海道の土人」にいくら教育の機会を与えても「我慶応義塾上等の教員たる可《べか》らざるや明《あきらか》なり。」（八二年三月「遺伝之《の》能力」『全集』⑧58）という差別発言などは、封建時代を引きずった「明治の並の男」福沢諭吉の素顔そのものといえよう。その意味からいっても、福沢が「天は人の上に人を造らず人の下に人を造らず」という「天賦人権論」を主張した人間平等の思想家であるという「丸山諭吉」神話は、福沢の人物像への幾多の誤解・混乱の発生源そのものであり、『すすめ』初編が人民の自由と平等を否定している事実を踏まえて、早急に解消されなければならない。

コラム　福沢の〝新自由主義的〟教育論

福沢がおよそ人間平等論者でなかった事実については、終章Ⅰの⑴で、同時代の田中正造との対比において再論する。ここでは、分りやすい教育論の場合で紹介しておこう。

社会体制の安全を脅かす可能性をもつ「この世で最も恐るべき」存在の「貧にして智ある者」が生れてこないように、中期以降の福沢は、「教育の階級は正しく貧富の差等」に対応させることを教育論の持論とした。そのために、「元来学問教育も一種の商売品にして、…家産豊《ゆたか》にして父母の志篤き者が子の為《た》めに上等の教育を買ひ、資力少しく足らざる者は中等を買ひ、中等より下等、その階級は段々限りある可《べ》からず。」「天下公共は人の私《わたくし》を助るの義務あらざれば…貧家の子を教るに公共の資本を以てす可からざるの理由も亦《また》明白」（八七年七月「教育の経済」『全集』⑪309～10）、「高尚なる教育は唯《ただ》富人の所望に任せて之《これ》を買はしめ、貧人は貧人相応に廉価の教育を得せしむるこそ、…社会の安寧の為めに大切なることなれば、我輩は日本教育全般の組織をして此《この》主義に従はしめんことを祈る者なり。」（八八年三月「教育組織の改革を祈る」『全集』⑪470）と主張した。これは学問や教育を「商品」と見なして市場原理に委ねる、今日の新自由主義的教育論の先駆そのものである。

そのための教育制度論として、「私学経費三分の一論」により福沢は、貧民家庭の「子弟」に学ぶチャンスを与える可能性のある官立大学や公立の高等教育機関を、経費負担の重い私立学校に改編することを一貫して主張した。さらにその論を補強するために、人間は遺伝によって決まっている能力を一毫一厘こえられないという「遺伝絶対論」を主張し、日本人の場合は、遺伝の能力の優れている士族・豪農・豪商という「良家の子弟」（娘は別）を優先してエリート教育を実施するように提案した。

福沢の沢山の教育論の大半は、強兵富国の達成という政治的・経済的課題に直接奉仕する融通無碍《ゆうずうむげ》な「手段としての教育」論そのものであり、千三百篇をこす多数の福沢の教育論には、民権運動の陣営に見られたような、学習権をふくむ子どもや国民の「権利としての教育」

—論の主張は一篇もなかった。

7　福沢は「典型的市民的自由主義」者ではない

——「丸山諭吉」像への追従

『福沢諭吉の真実』の第四章4「福沢と石河のアジア認識は全く異なっている」という（タイトル自体が誤っている）節において、平山は、次のような福沢の「稀《まれ》」な「例外的真筆」九八年三月「支那人親《した》しむ可《べ》し」を紹介している(164)。

「近来支那人が外国人のいよいよ恐る可《べ》きを感じ、日本に親《した》しむの心を生じたるは実際の事実にして、…日本に依頼するの念を懐《いだ》くに至《いた》りし…凡《およ》そ百五十名の留学生を我国に送り各種の事物を学習せしむる筈なりと云《い》へり。…彼より進んで親しまんとするこそ好機会なれば、充分に好意を以て彼れに接し、…勝《かち》たりとて誇る可きに非ず、負けたりとて軽蔑す可《べか》らず。…決して因循《いんじゅん》姑息《こそく》を以《もっ》て目《もく》す可《べか》らず。況《いわ》んやチャンチャン、豚尾漢《とんびかん》など他を罵言《ばげん》するが如《ごと》きに於《おい》てをや。仮令《たと》ひ下等社会の輩《やから》としても大《おおい》に謹《つつし》まざる可《べか》らず。日本人たるものは、…自《みず》から支那人に親しむの利益を認め、真実その心掛を以て他に接すること肝要なりと知る可《べ》きものなり。」（『全集』⑯286）。

これについて、平山は鬼の首をとったような意気込みで、「安川の主張には解決できない矛盾がある」という小見出しをつけて、「安川が主張するように、民族偏見論説を書いている姿のほうが当時の福沢の実像であったとすると、今度は「支那人親しむ可し」のようなまともな論説を執筆する必要がどうしてあったのか、ということについての説明が困難になる」(178)、「あえて「支那人親しむ可し」を執筆しなければならない理由など全くない」(同)と書いて、自らの読解力・想像力の貧困に気づかないまま、安川を論破・批判することができたと勘違いしているのである。

安川『福沢のアジア認識』の資料篇において、この論説に付した分類記号の「嘘」は、「前後の福沢の発言とのかかわりで、誰の目にも明らかな虚偽と思える内容の場合」(315)と明記して、「仮令《たと》ひ加藤社会の輩」としても、中国人を蔑視してはならないというこの例外的な論説は福沢の中国人認識の本音ではないという意味で、この社説に私は「嘘」という分類記号をつけた。

これに対して平山は、「安川は正真正銘ほんものの福沢の論説を嘘とみなした」(169)と誤読している(当然、福沢の論説だから資料篇に掲載している)。

①まず、平山自身が「支那人親しむ可《べ》し」を「稀《まれ》」な「例外的真筆」(163)と認めているように、これが例外的な建前論であることは、先に考察したように、日本の民衆に対しても、「下等社会素《す》町人土百姓《ちょうにんどびゃくしょう》」「馬鹿と片輪《かたわ》」「豚」「北海道の土人」などという愚民観と、その侵略的な文明史観ゆえの「豚尾《とんび》」兵、「悪獣」「印度《インド》支那の土人」「乞食穢多《こじきえた》」「野蛮国」「豚」「チャンチャン」「卑劣《ひれつ》朝

鮮人の如《ごと》し」などのアジア蔑視観を、福沢が生涯保持していた事実、②なによりも「支那人親しむ可し」の二年後に、自から指示・差配して石河に書かせた「国の為《た》めに戦死者に謝す」について、(福沢に倣《なら》った石河の)「支那兵…半死の病人…豚狩の積《つも》り」という蔑視表現を許容・放置して時事新報に掲載させた事実、③したがって時事新報が、「支那人親しむ可し」の翌月以後も、相変わらず「土匪《どひ》」「草賊輩《そうぞく》」(同年四月「支那に対して更らに要求…」『全集』⑯)「彼等の頑冥不霊《がんめいふれい》は南洋の土人にも譲らず」(同四月「対韓の方針」同上)、「土匪《どひ》の騒動…烏合《うごう》の草賊輩」(同四月「対清要求の理由」同上)、「支那…本心は飽くまでも忠孝仁義にして」(同年九月「支那の改革に就て」同上)、「烏合《うごう》の匪《ひ》徒《と》」(一九〇〇年八月「商売人失望す可《べか》らず」同上)、「支那人の狂暴…我輩の彼を憐《あわ》れむは只《ただ》その無智無謀の愚を憐《あわれ》むのみ。」(同八月「政府に責任あり」同上)などと、そのアジア蔑視観・蔑視表現を続けている事実によって、容易に確認できることである。

つぎに平山は、勝手に「説明が困難」とか、この矛盾について「安川は…何の説明もしていない」(179)と書いている。しかし、この社説を紹介したうえでその説明も加えている人名索引つきの安川『福沢諭吉と丸山眞男』を、私は平山に『福沢諭吉の真実』刊行の丸一年も前に贈呈しているのである。同書の読者には恐縮であるが、あらたな論点もくわえて、この件について再論しよう。同書(386〜387)では、福沢が(侵略の合理化のために)「チャンチャン、豚尾兵《とんび》、野蛮国、乞食穢多《えた》、悪獣」呼ばわりをふくめて、アジア蔑視観形成を先導・煽動していた事実に目を閉ざして、丸山眞男が福沢の中国観を代表する発言として、この例外的な論説「支那人…」（のみ）を紹介している作為的な事実を（それに同調した田中浩もあわせて）批判しているのである。

三国干渉後の上記社説において「支那人が…日本に親しむの心…依頼するの念」を持つようになり、とりわけ「凡《およ》そ百五十名の留学生を我国に送」る情報を喜んだ福沢が、同年九月の社説「支那の改革に就《つい》て」においても、「近来支那上下の人心一変して頻《しき》りに我国に依るの傾向を呈し…其《その》戦敗の憤《いきどおり》をも忘れ、従来の関係を全く逆《さかさま》にして恰《あたか》も門弟子《もんていし》の礼を執《とり》て我に師事」（『全集』⑯479）しようとする「驚くべき」「非常」の「変化」を歓迎して、戦中までは、自分自身「チャンチャン」「野蛮国」「禽獣」「豚」「支那の土人」「胡兵《こへい》」「乞食の行列」「けし坊主の頭の尻尾《しっぽ》」「恥知らずの人《にん》非人《びにん》」「豚尾」兵などと侮蔑《ぶべつ》・罵倒《ばとう》し、アジア蔑視観形成の先頭に立っていた福沢が、「つねに変わる点において、つねに変わらない」「今吾古吾《こんごこご》恰《あたか》も二人の如《ごと》くなる」（安川『福沢のアジア認識』37）いつもの得意の変説スタイルで、けろりとした顔で、今度は、中国人を「チャンチャン、豚尾漢《とんびかん》など」と「罵言《ばげん》」してはならないョ、と民衆を戒めているのは、驚くような出来事ではない。

コラム　福沢は融通無碍《ゆうずうむげ》の「思想家」（２）

福沢が「つねに変わる点において、つねに変わらない」変説・融通無碍《ゆうずうむげ》の思想家であった事実が意外に知られていないので、注記しておこう。「人は生れながらにして貴賤《きせん》貧富の別なし。唯《ただ》学問を勤《つと》めてよく知る人は貴人となり富人となり、…」という教育による立身出世の勧めにより『学問のすすめ』がベストセラーとなり、福沢も一躍有名人となった。ところが、七六年一一月に一七編までの『すすめ』刊行が終わった途端、福沢はけろりとした顔で、「唯《ただ》学問を勤めてよく知る人は貴人となり富人となり」というかつての自分自身の教育万能論の主張の否定・批判・罵倒を開始した。「教育を盛にして富源を開く可《べ》しとは、事物の因果を転倒した」もので、教育万能論を（『すすめ』の著者であるかつての自分のように）吹聴しているのは世間知らずの「教育家の道理」に過ぎないとくり返し決め付けた。この世で「最も恐るべきは貧にして智ある者なり。」という判断にもとづく「貧智者」出現の予防策としての複線型の教育制度論の主張は、八九年以来の福沢の教育論の持論そのものとなった。

初等教育をめぐって、『学問のすすめ』＝「強迫教育」賛成論→「強迫教育」反対論→「最下等」教育論→新『学問のすすめ』→工場労働児童の就学拒否と、福沢の義務教育賛成論と反対論はコロコロ転変するが（安川『増補　日本近代教育の思想構造』後篇第一章）、「つねに変わる点において、つねに変わらない」という福沢の一貫性は、教育を政治や経済の課題を補完する手段（「政治の侍女《じじょ》」）に位置づけ（「教育で始末《しまつ》をつける」教育観）、千三百篇をこす多数の教育論を語りながら、子どもや国民の「権利としての教育」論が一篇もなかったという見事な一貫性である。同様にして、爵位を「犬の首輪」とあざ笑いながら、新華族制度への賛成（積極的期待の表明）→反対（「官民調和」上）→賛成（爵位のバーゲンセール）という「つねに変わる」評価の転変の場合も、「変わらない」点は「愚民を籠絡《ろうらく》する…欺術《ぎじゅつ》」としての華族制度の「功徳《こうとく》」、つまり効用性についての彼の冷静な計算・判断である。

内村鑑三が講演「宗教の大敵」において「福沢が自ら宗教を信ぜずして宗教を奨励したのを、宗教に対する最大の侮辱なり」と糾弾《きゅうだん》したことは比較的よく知られている。しかし平山をふくめて、こうした思想家福沢諭吉の変説・融通無碍《むげ》、思想の無節操性がひろく知られていないのは、日本の戦後民主主義時代を代表する丸山眞男、羽仁五郎、遠山茂樹らが、逆に福沢を、それぞれ「独創的な、原理原則ある哲学をもつ思想家」「原則ある根本的体系的思想家」「確乎たる原理原則あるが故の、自由であり、流通であった」などという、誤った甘い評価を重ねて来たからである。

さすがに、福沢諭吉も同時代人の目を欺《あざむ》くことは出来なかったようで、福沢は「世の所謂《いわゆる》哲学者にあらず。」（徳富蘇峰）、「彼は哲学者に非《あら》ず、…唯《ただ》常識の立言家《りつげんか》」（鳥谷部春汀）、「学究的の御人ではない」（渋沢栄一）、「体系的哲学を有せざる」（「東京日々新聞」弔辞）などと、福沢には哲学や原理原則がなかったという認識は、同時代人の評価にはむしろ共通である。福沢は、原理原則への一貫性や固執というよりも、むしろおよそ原理原則にこだわることなく（徳富蘇峰の見事な表現では「能《よ》く世と推《お》し移り、物に凝滞《ぎょうたい》せざるは、君が本領」）、融通無碍《むげ》に自説を開陳した思想家であった。

　経世家福沢諭吉の「つねに変わらない」凄《すご》さは、初期啓蒙期の場合は、当面の「自国の独立」達成の「最後最上の大目的」の貫徹のために、保守化した中期以降は、強兵富国の推進と資本主義的階級社会の擁護という「大本願」の維持・達成のために、一歩も引かず断乎たたかったことである。この「つねに変わらない」目的達成への集中のために、自由自在に「つねに変わる」融通無《む》碍《げ》によって、福沢はなりふりかまわぬ思想の無節操性を築きあげた。既述したように、それが陸羯南の「彼れ…毫《ごう》も抽象的原則又は高尚の理想を有するあらず」というきびしい評価となり、本章2の(3)で紹介した徳富蘇峰の「主義ある者は漫《みだ》りに調和を説《と》かず。進歩を欲する者は漫りに調和を説かず。調和は無主義の天国なり。」という痛烈な批判を招くことになったのである（安川『福沢と丸山』Ⅳ参照）。

　平山は、福沢の変化・変説の「理由」の「説明が困難」で「想像もつかない」(179)などと息巻いているが、同時代人の描いた福沢の人物像に、わずかばかりの想像力をめぐらせればよい。一八八一、二年（明治一四、五年）という早い時期に、「亜細亜《アジア》東方に於て…我日本…既《すで》に盟主たり。」「亜《ア》細亜《ジア》東方の保護は我《わが》責任なり」と、アジアの「盟主」を宣言していた福沢が、本章2の(3)で見たように、日清「大戦争に国光を世界に耀《かがや》かして大日本帝国の重きを成《な》し」、いまや「隣国の支那朝鮮

も我《わが》文明の中に包羅《ほうら》」する事態に「洸《こう》として夢の如《ごと》く」酔いしれ、思いあがった「盟主」の大国意識と尊大なアジア「保護」意識によって、自《みず》からのアジア蔑視キャンペーンの行きすぎた成果に対し、（いつも通り、自からの過去の発言との矛盾・齟齬《そご》とその思想的責任は棚上げにして）けろりとした顔で「チャンチャン」呼ばわりの大衆をたしなめることになんの不思議もない。平山のように、こんな福沢のいつも通りの「つねに変わる」変身に驚いているようでは、とても「骨太」の『福沢諭吉の真実』に迫り、太刀打ちすることはできない。

なお、『福沢諭吉の真実』第四章４「福沢と石河のアジア認識は全く異なっている」の最後に、「なぜ福沢は石河の民族偏見論説の掲載を差し止められなかったのか」という小見出しの平山の論述がある。脳溢血《のういっけつ》発症までは、「時事新報」社説への差配を続けていた福沢が、論説主幹として、石河の原稿の掲載を了解した彼の主体的で社会的な責任を、平山もわずかながらも問題にするのかと期待して、その部分を私は読んだ。

しかし、平山がもっぱら考察しているのは、「『時事新報』の歴史は同社内における石河幹明の勢力増大の歴史」(179)、「石河の増長」ぶりの道のりであり、やれ「諭吉も人の親、やはり実子に時事新報を継《つ》がせたかった。」、次男「捨次郎の社長就任…の人事により福沢は石河に恩を売られた格好になったのではなかろうか。」(182)、「また福沢自身も石河による民族偏見論説に不満を覚えても、直筆の社説で反論を加えるのが精一杯という状況になったのではなかろうか。諭吉は石河に捨次郎を人質としてとられていたからである。」（182～183）などと想像をたくましくしているが、私にはこんな低い次元の考察に付き合う意思や意欲はない。

そろそろ結論を急ごう。戦後日本の福沢諭吉研究を、丸山眞男対遠山茂樹・服部之総連合の論争史と整理する平山は、「結局のところ福沢は市民的自由主義者とみなされるべきなのか、それとも侵略的絶対主義者だったのか。」と問いかけて、「この勝負は丸山に分がある。」（227）、「おおよそ千五百編もある『時事新報』論説の中から福沢の真筆だけを注意深くより分けて読んでみると、そこからわき上がるイメージは、市民的自由主義者、としか言いようのない福沢像なのであった。」（228）と結んでいる。

本書において私は、井田進也と平山洋の『福沢諭吉全集』無署名論説の認定作業のほとんどすべてがおよそ見当外れで、その問題提起が壮大な虚構であることを解明した。その無理な認定作業によって、福沢の「侵略的思想家」（231）像が否定されたからという（事実に反する）理由で、あとは「わき上がるイメージ」があれば、なぜ福沢は自動的に「市民的自由主義者」であると判定できるのか。平山洋の著書では、福沢の思想がなぜ「市民的自由主義」と結論できるのか、福沢の真筆にそくした（丸山眞男がそれなりにやった）分析・考察は、なんらなされていない。

まわり道として、井田進也と平山洋が全面的以上に依拠・追従《ついじゅう》・拝跪《はいき》している丸山眞男の福沢研究の場合を見よう（以下については、安川『福沢と丸山』Ⅰ参照）。政治思想史専攻の丸山は、無謀にも、大日本帝国を支えた「大日本帝国憲法」＝「教育勅語」体制への福沢諭吉自身の評価の考察をなんら行なわないまま、九〇年七月の論説「安寧策《あんねい》」から、「本来…」という建前論であることを福沢が断っている不都合な語句は引用しないという作為的な引用によって、「典型的な市民的自由主義の政治観」という誤った結論をひきだし、「福沢が一貫して力説したのは経済・学問・教育・宗教等各領域における人民の多様かつ自主的な活動であり、彼が一貫して排除したのはこうした市民社会の領域への政治権力の進出ないし干渉であった。」「福沢の国権論が最高潮に達した場合でさえ、政治権力の対内的限界に関する彼の原則は少しも破られていない」（『丸山集』⑤214〜6）と主張した（平山によると、丸山が立論の論拠とした「安寧策《あんねい》」は福沢でなく石河筆という問題もある）。

同じ丸山眞男は、他方で教育勅語の制定について、「教育勅語が発布されたことは、日本国家が倫理的実体として価値内容の独占的決定者たることの公然たる宣言」（『丸山集』③21）であると把握・主張している。そのため、丸山眞男の政治思想史研究を信奉する研究者や読者の間では、福沢が「一貫して排除したのは…教育・宗教等…の領域への政治権力の…干渉」であり、一方、教育勅語の制定は国家による教育内容、それも倫理的価値の独占的な決定であるから、「安寧策《あんねい》」のわずか三ヵ月後の「教育勅語」の制定とその内容に、「典型的市民的自由主義」者福沢諭吉が賛成するはずがないという「丸山諭吉」神話が確立した。しかも、一九九〇年の日本学士院において丸山が「教育勅語の発布に対して、一言半句も『時事新報』で論じておりません。」という（門下生たちも認めている）明らかな誤り・虚偽（『丸山眞男手帖』20号、24、36）を報告したため、この神話は確乎不動のものとなった。

ところが福沢諭吉は、教育勅語発布六日後の一八九〇年一一月五日の「時事新報」に、「我天皇陛下が我々臣民の教育に叡慮《えいりょ》を労《いたずか》せらるるの深き」に「誰か感泣《かんきゅう》せざるものあらんや」と、「濃厚な儒教的色彩を帯びた徳目をちりばめた」（『丸山集』⑮215）と丸山がいう、その「教育勅語」の発布を歓迎し、学校教育で「仁義孝悌忠君愛国の精神を…貫徹」させるように要求する社説「教育に関する勅語」を石河幹明に書かせていたのである（丸山に拝跪《はいき》する平山は、やはり「福沢が脱亜の主義として終生儒教を排した」195という誤った理解）。丸山眞男がこの社説の存在を知ったのは、死の前年のことであり（『丸山眞男手帖』24号、66）、残念ながら、もはや丸山には自分の福沢諭吉論の基本的な骨格を組みかえる時間的余裕は残されていなかった。

コラム　福沢諭吉と教育勅語

なお、この社説「教育に関する勅語」の起草者は、井田進也によると石河幹明とのことである（『福沢諭吉年鑑』29、64ページ）。「三田の文部省」「文部省は竹橋に在り、文部卿は三田に在《あ》り」と世評されたように、福沢諭吉は、初期の文部省の教育行政のあり方に深くかかわり、とりわけ一八七九年の「教学聖旨」にはじまる文部省による儒教主義的な徳育路線に伊藤博文・井上毅・森有礼らと同様に反対した当事者である。したがって、右の社説の中において「年来教育の方針は常に一定すること能《あた》はずして、五年にして変じ三年にして改まり甚《はなは》だしきは一年にして其《その》精神を異《こと》にしたる事さへあり。…彼《か》の徳育の事などに至りても、最初は西洋流の倫理学を採用し、中頃は儒教主義と為《な》り、更に改まりて倫理観（森有礼）に復し、…豹変極《ひょうへんきわま》りなくして其底止《そのていし》する所を知らざるにぞ」と、初期の文部行政のあり方と道徳教育の朝令暮改ぶりに苦言を呈した内容があることから、この社説については、論説主幹福沢がその起案、加筆・修正にふかくかかわったことは容易に推測できよう。

　したがって、井田の認定の級数は知らないが、私は福沢がこの社説の内容全体にふかくかかわったB級論説と推測する。なお、福沢が八〇年前後の文部省の儒教主義復活の徳育路線に積極的に反対した事実が、福沢が生涯「反儒教主義」者（したがって「教育勅語」反対論者であるという理解—山住正己、小泉仰、岡部泰子ら）であったという神話を強めている。しかし、歴史の事実は、福沢諭吉とならんで儒教主義徳育路線に反対した伊藤博文、とりわけ井上毅が「教育勅語」制定に中心的役割を果したことに見られるように、「一見全く対立している儒教主義と開明政策とは、国家富強という目的の為に、相互に妥協せしめ」られた（石田雄『明治政治思想史研究』36）のであり、その妥協的統一が「大日本帝国憲法」＝「教育勅語」

体制において完成したのである（安川『福沢と丸山』Ⅱ章参照）。

かつて『文明論之概略』第九章までにおいて、前近代の「権力の偏重」社会において培《つちか》われた「惑溺《わくでき》」事象をあれほどつよく排撃していた福沢諭吉は、「愚民を籠絡《ろうらく》する…欺術《ぎじゅつ》」ともいうべき「大日本帝国憲法」＝「教育勅語」体制を、主体的かつ積極的に受容し、支えていったのである。したがって、「反儒教主義は殆《ほとん》ど諭吉の一生を通じての課題をなした」（『丸山集』②142）という丸山の主張や、それに同調する「福沢が…終生儒教を排したということについての研究者の理解には大きな隔たりはない。」（195）という平山の勝手な総括は明らかに誤っている。

福沢の「反儒教主義」なるものは、初期啓蒙期以来福沢が「君に忠を尽すは人臣の当然」（六七年頃「或云随筆《わくうん》」）、「親に孝行は当然」（七〇年「中津留別の書」）とくり返し記述し、帝国憲法＝教育勅語体制の確立以前から「帝室…に忠を尽すは…万民熱中の至情」（八二年三・四月「立憲帝政党を論ず」）といい、「孝は百行の本と云ひ、忠臣は孝子の門に出る」という「日本流の道徳主義」（八七年八月「政略」）を主張していた事実によって、簡単に崩壊する（安川『福沢と丸山』Ⅱの1参照）。


平山流に表現すれば、丸山眞男「の主張には解決できない矛盾がある」（174）という問題は、およびただしい丸山信奉者にとってはにわかに信じ難い事実であろうが、「教育勅語」の主体的受容という生易しい程度にとどまらない。福沢諭吉は、①大日本帝国憲法を「完全無欠」「完美なる憲法」と手放しで賛美し（政治思想史の専門家がこれを不問にふすのは犯罪的）、②教育勅語発布の翌年の内村鑑三の教育勅語拝礼忌避《きひ》事件を契機とするあまりにも有名な「教育と宗教の衝突」大論争と、③「神道は祭天の古俗」事件による久米邦武の東京帝大追放、つまり近代日本社会黎明《れいめい》期の「思想、良心、信教の自由」「学問の自由」の弾圧・蹂躙《じゅうりん》の事実に、論説主幹福沢は、完全沈黙を通すことによって不作為の加担をし、近代日本における神権的天皇制の確立に大きく寄与したのである。

以上のような福沢諭吉がどうして「市民的自由主義者、としか言いよう」が「ない」のか、平山は、「わき上がるイメージ」ではなく、せめて自分の認定する福沢の真筆にそくしてだけでもいいから、自分なりに分析・考察・解明するべきである。丸山眞男の名声や学問的権威にひたすらもたれかかり、「丸山諭吉」神話に追従《ついじゅう》しっぱなしでは、研究者としての自立はない。

終章

福沢諭吉と田中正造

——近代日本の光と影

本書執筆の最中の二〇〇六年二月中旬、私は足尾銅山鉱毒事件の谷中《やなか》村廃村百年忌念の「第11回田中正造を現代に活かすシンポジウム〈田中正造と福沢諭吉〉」(栃木県佐野市)に招かれて、講演「福沢諭吉のアジア認識・文明観——「脱亜入欧」論批判」を担当することになった。福沢について話す材料にはこと欠かないが、「田中正造と福沢諭吉」というシンポジウムである以上、田中正造について最小限の予備知識はもっていなければならないと気付いて、その用意のない私は慌《あわ》てた。限られた時間の中で、借用した絶版の由井正臣『田中正造』(岩波新書)をはじめ、最少限の文献を泥縄式に走り読みした。正直な話、恥ずかしながら私は、一九〇一年一二月の足尾銅山鉱毒事件での田中の天皇直訴が、「毎日新聞」主筆石川半山(安次郎)と幸徳秋水と田中正造の三人の打ち合わせによる、正造の「死を賭《と》した」「世論喚起のための計画的行動」であり、直訴状は幸徳秋水が執筆したという事実さえ知らなかった。

二人の在世期間を並べると、福沢の一八三五~一九〇一年に対し、六歳年少の田中正造が一八四一~一九一三年である。二人が同じ時代の近代日本の社会を六〇年間も併行して生きていること、しかも、ふたりがあまりにも対照的な思想と生き方をしていることを知って、私はふたりの人生の対照と差異の対比に夢中になった。

ふたりのその思想と生き方を対比して、いきなり近代日本の進むべき二つの道とその可能性を探る、などという大それたことは考えていない。それにしては、私は田中正造を知らなさ過ぎる。対照的な二人の人物が、六〇年間の同じ時代に、同じ問題、同じ出来事、同じ事件をどう認識・思考し、どう対照的に行動したのか。これについての目録のようなものを、終章にかえて、つくってみようと思いたったのである。私の目的はあくまでも福沢諭吉研究である。同時代の田中正造という興味ある人物と対照することによって、福沢の人物像に別の角度から鮮明な光をあててみようという試みである。

もちろん、田中正造に関しては限られたほんの一部の先行研究の成果を、それも結論的なものをつまみ食い的に引用・列挙するだけで、『田中正造全集』二〇巻とつきあわせて、福沢研究の場合のようにその思想と行動が田中正造その人のものと解釈できるか否かの検証はいっさい行っていない。その意味で、あくまでメモ的なものである。使用した参考文献は、①由井正臣『田中正造』（岩波新書）、②飯田進「アジア認識の形成」1、2（日本私学教育研究所『紀要』29、30）、③梅田欽二「日露戦争一〇〇年　田中正造の人権・平和思想」（下町人間総合研究所）、④宮地正人「二一世紀の日本と田中正造・勝海舟」（『下町人間総研ブックレット』〇五）、⑤布川了〈一連の講演記録〉（『下町人間総研ブックレット』各号）の五種のみ（その他の資料入手などで、とりわけ梅田欽治、飯田進に世話になった）。注記は、以上の番号とページ数のみとする。

1　人間観から足尾銅山鉱毒事件まで

(1)　人間観——平等か差別的人間観か

「余は下野《しもつけ》の百姓なり。」が、田中の自伝的回想『田中正造昔話』の冒頭の文章であることは、いまでは小学校六年国語の教科書（教育出版『ひろがる言葉』）にも記載されている。

「田中正造穢多《えた》を愛す。…夏麦打雇人《やといにん》に穢多を用ゐたり。…雇人等に与ふるに清水を桶《おけ》に盛り来り、…雇人をして交《かわ》る交《がわ》る自由に水を飲ましむ。穢多も飲み正造も飲めり。…夜に入り穢多の労を慰め酒を与ふ。正造又其盃《そのさかずき》を交換す。…正造の行為を賤《いやし》みて隣伍《りんご》親戚又来らず。正造穢多の人類中に区別すべからざるを説《と》けり。…説くほど衆皆《しゅうみな》眉をひそめ唾《つば》を吐き、…」（③7～8）。

被差別部落学校を中心に部落問題の史的研究に半世紀近くかかわってきた私の知見に照合して、一八七〇年代半ばの時代の雇用者としてのこの田中正造の思想・行動は、人間平等を膚《はだ》で理解しえた、明らかに異例の突出した存在である。

谷中村（廃村）問題に専念するために、一九〇四年七月に谷中村に移り住んだ田中は、自から「谷中学初級生」と称し、下層人民に学ぶことを自らの課題とした（①201）。

対する福沢。

福沢が「天は人の上に人を造らず人の下に人を造らず」の主張者であるという誤解＝「丸山諭吉」神話のメガネをとり外しさえすれば、素顔の福沢諭吉の理解は容易である。日本の民衆をさえ「馬鹿と片輪」「豚」呼ばわりする福沢は、「北海道の土人」＝アイヌ先住民族への差別発言で確認したように、被差別部落問題や障害者問題も理解できない、その意味で並みの「明治の男」であった。だから、長男一太郎が「嫁」に逃げられた時に、「下等社会素町人《す》（商人）」の娘と結婚させたために失敗したが、今度は士族の娘だから大丈夫という姉宛の諭吉の手紙も、並みの「明治の父親」のそれである（第Ⅲ章6）。

むしろ福沢諭吉こそ、明治日本の社会に「人の上」の人としての天皇制・華族制度と、「人の下」の人としての各種の被差別者集団（アジア諸国民、女性、被差別部落民、アイヌ先住民、障害者）の存在を「造」りだした思想家である。例えば、同じ被差別者集団の女性の中でも、「娼婦」を「賤《いや》しみても尚ほ余りある者」「破廉恥の下等婦人」「人非人」などと蔑《さげす》みながら、第Ⅲ章2の（3）で一部言及したように、日本資本主義の対外進出と社会秩序維持のために、「娼婦」の海外出稼の自由の主張を含め、公娼制度の熱心な擁護論者であった福沢に対し、田中は女性の人権問題として、公娼制度反対論者であった（『田中正造文集(二)』297）。

(2) 自由民権運動——二人の分岐点

自由民権運動の敗北とともに、多くの民権家が国権拡張主義と天皇制に絡《から》め取られていった近代日本の中で、福沢に学んだ時期もある田中正造は、異例の存在でありえた。家永三郎によると、田中正造は、「たたかいぬいてきた下からの民主主義思想の一つの典型」「真正の意味での人民大衆に根を下した民主主義思想家として前後に比類の少ない人物」であった（②2、93～94、96）。後に述べる「国権拡張至上主義か内事優先か」の二人の違いもこの民主主義思想の差異による。

対する福沢。

自由民権運動と遭遇した福沢諭吉は、『文明論之概略』終章で公約していた「一身独立」追求の絶好のチャンス到来とそれを歓迎する気配はさらになかった。七八年『通俗国権論』冒頭で「内国に在《あり》て民権を主張するは、外国に対して国権を張らんが為《ため》なり。」と宣言した福沢は、「区々《くく》たる内国政府の処置の如きは唯是れ社会中の一局事にして」と書いて、以後の生涯にわたる国権拡張至上の立場を表明した。八一年九月『時事小言』冒頭の宣言「天然の自由民権論は正道にして人為の国権論は権道《けんどう》なり。…我輩は権道に従ふ者なり。」によって、民権運動と訣別した福沢は、民権陣営を「無智無識の愚民」「無分別者」「狂者」「無頼者の巣窟」などと非難・中傷した。伊藤博文・井上馨・大隈重信の三人から内々に民権陣営に対抗する政府新聞発行の依頼を受けた時には、「此一発を以て天下の駄民権論を圧倒し、政府真成の美意を貫徹」させようという決意で、八一年一月にその依頼を受諾していた（この年一〇月の「明治十四年政変」で政府新聞発行の件は流産し、準備に着手していた福沢は、結局、翌年三月に自力で「時事新報」紙を創刊することとなった）。

(3)　教育勅語——天皇制道徳か社会連帯の道徳か

「一旦緩急《いったんかんきゅう》アレハ義勇公ニ奉シ以テ天壌無窮《てんじょうむきゅう》ノ皇運ヲ扶翼《ふよく》スヘシ」を中核とする「教育勅語」の発布に対して、福沢は、「我天皇陛下が我々臣民の教育に叡慮《えいりょ》を労《いたずか》せらるるの深き」に「誰か感泣《かんきゅう》せざるものあらんや」と歓迎し、学校教育で勅語の「仁義孝悌忠君愛国の精神を…貫徹」させるよう要求する社説を石河幹明記者に書かせた。福沢が儒教主義に生涯反対したというのも「丸山諭吉」神話であることは既述した。

対する田中。

宮地正人によると、「田中は、ただの一度も教育勅語を援用しようとはしませんでした。…教育勅語は、…あらゆる価値を天皇に収斂《しゅうれん》させる論理構造になっています。他方、田中の求めているのは、人が苦しみ、人為《じんい》により非業《ひごう》に死んでいく者達を、黙して見ていられるという精神構造への怒りの感情だったのです。社会を社会として成りたたせる連帯心と公共心、平等な個人を単位としての横へのつながりが、ここでは希求《ききゅう》されていたのでした。」(④36〜37)。

(4)「軍艦勅諭」による軍備拡大——天皇大権主義的な天皇制の運用か否か

「愚民を籠絡《ろうらく》する…欺術《ぎじゅつ》」としての天皇制を選択し、八二年『帝室論』以来、天皇制と華族制度の擁護者になってからの福沢は、九三年の初頭、内閣弾劾上奏案までが提出されて難航していた明治政府の軍備拡張計画打開の「伝家の宝刀」として、「今後六年間毎年内廷費より三十万円を支出し、また文武官僚もその間俸給の十分の一を献納して建艦費の補充にあてよとの詔勅」、つまり軍備拡大のための有名な「軍艦勅諭」「和協の詔勅」によって「軍国主義強化のために…天皇の直接的な政治関与」(遠山茂樹)がおこなわれ、自由党の妥協によって軍艦建造費容認の予算案が可決された時に、「感泣《かんきゅう》の外《ほか》なき」ことと、福沢は天皇の政治関与を歓迎した(中江兆民は「議会は無血虫の陳列場」と言って、このとき議員を辞職)。

対する田中正造。

この「軍艦勅論」に対して、田中正造や高田早苗ら改進党の一部議員は反対した。田中の反対論の根拠は「日本臣民はその所有権を侵さるることなし。公益の為必要なる処分は、法律の定むる所に依る」という憲法第二七条にあった。正造の議会演説は、「若《も》シ此《この》暴君ガアッテ――日本ニハナイコトデアルガ、暴君ガアッテ此度ノ詔勅ノ如キモノヲ以テ…度々《たびたび》アッタラドウシタモノデアル、ガ官吏ノ俸給ハ悉《ことごとく》クナクナッテ仕舞フ場合ガナイト云フ訳ニハ行カナイノデアルガ、サウスルト憲法ノ効力ト云フモノハナクナッテ仕舞フ…ナクナッテモ宜《よ》イト云フコトデハ、憲法ト云フモノハ…」という痛論であった（①108、②1、2とも104）。

(5) 足尾銅山鉱毒事件――企業擁護か「一人の人道」擁護か

足尾銅山鉱毒事件をめぐって、「時事新報」紙は次の二つの社説を掲載した。

九七年四月一三日「内務大臣の鉱毒視察」

「樺山内務大臣は…鉱毒地方視察の為めに出張して、凡《およ》そ一週間も掛る見込なりと云ふ。大臣の鉱毒視察、果して効あるや否《いな》や、我輩の聊《いささ》か疑ふ所なり。…一週間を費したりとて、実際に何の得る所ある可きや。…先頃来該地方《その》の人民が多人数を催ほし陳情請願云々《うんぬん》とて騒々《そうぞう》しく政府の門を叩《たた》きたるは、文明の法律世界に如何《いか》にも穏《おだやか》ならぬ挙動にして、断然排斥と思《おもい》の外《ほか》、当局者は親しく面会して事珍らしく彼等の陳述を聴聞《ちょうもん》したるのみならず、今又自身に出張とは、随分念の入たる次第なり。…大臣出張の必要は何《いず》れの点に在《あ》るか解す可《べか》らざる事なり。」(『全集』⑮649〜650)

九七年五月二八日「足尾銅山鉱毒事件の処分」

「(処分)は昨日を以て公にせられたり。…専門の技師が学理上より判断して、斯《か》く斯くすれば実際に害毒を免かる可《べ》しとて責任を負ふて立案し、政府に於ても至当と認めて命令したることなれば、最早《もは》や一毫《いちごう》も動かす可《べか》らずして、該《その》事件の処分は茲《ここ》に終りを告げたるものなり。…将来の防毒法は是れにて充分なりとして、…既往《きおう》の損害は果して如何《いかが》す可《べ》きの一事…政府は既に…其責任は充分に全《まっと》うしたるものと云ふ可し。…其補償を求めんとならば、之を法廷に訴へて法律上に争ふ可きのみ。…控訴上告…其最後の判決に至りてもいよいよ目的を達すること能《あた》はざるときは、最早《もは》や如何《いかん》ともす可《べか》らず、只黙《ただもく》して国法の所命に服従するの外なし。…又その処分に就ては地方の人民などが例の如く演説集会など催ほして不服を唱ふるものもある可し。…若《も》しも其演説集会にして不穏《ふおん》に渉《わた》り或は竹槍蓆旗《むしろばた》などの行為を煽動するの口気《こうき》あるか、又は多人数の力を以て他人を脅迫するが如き挙動もあらんには、政府は断然職権を以て処分し一毫《いちごう》も仮借《かしゃく》する所ある可《べか》らず。…斯《かか》る不法の行為は断じて許す可《べか》らざればなり。…」(同上⑮669〜670)。

対する田中正造。

「一人ノ人道ハ世界の総《すべ》ての山岳よりも大問題なり。」(②の2)

日本の公害問題の原点とされる足尾銅山鉱毒事件にたいする企業寄りの「時事新報」の消極的姿勢は明らかである。鉱業停止の原案を否決して鉱毒予防の工事命令にすりかえた問題の足尾銅山鉱毒調査委員会の決定に対して、翌日の上記社説は「該《その》事件の処分は茲《ここ》に終りを告げたるものなり。…将来の防毒法は是れにて充分なり」と報じて、鉱毒反対運動に水を差す役割を果たした。しかし、田中正造が第一五議会で「ただ足尾銅山の工事は人目を眩惑《げんわく》し、今より後、陽《あら》わに鉱毒の害を及ぼさしめずと声言保証して、…加害者の悪事を増大ならしめたるのみ」と批判したとおり、鉱毒はいぜんたれ流しの状態が続き、翌年九月の大洪水で大打撃をうけた被害農民二五〇〇名の大衆的請願行動の第三回「押出し」が決行され（田中がおしとどめて代表五〇名が入京）、製錬所上流の松木村は一九〇一年末に廃村に追い込まれた。

二つの社説の起草者が誰かの認定は「井田メソッド」に任せよう。かりに他記者起草としても、その内容が「目下我日本国には大富豪を要する時節」と主張する福沢諭吉の「思想と文章」に忠実な、「銅山王」古河市兵衛が大喜びする内容の「ａかＢ」級論説であることを確認しておこう。

「只黙《ただもく》して国法の所命に服従するの外《ほか》なし。」は、『学問のすゝめ』第二編の「一度《ひとた》び国法と定りたることは、…小心翼々謹て守らざる可《べか》らず。是即ち人民の職分なり。」に見られる遵法精神であり、また「若《も》しも其演説集会にして不穏《ふおん》に渉《わた》り或は竹槍蓆旗《むしろばた》などの行為を…又は多人数の力を以て他人を脅迫するが如き挙動もあらんには、政府は断然職権を以て処分し一毫《いちごう》も仮借《かしゃく》する所ある可《べか》らず。

…斯《かか》る不法の行為は断じて許す可《べか》らざればなり。」については、同じ『すすめ』初編の「甚しきは徒党を結び強訴《ごうそ》一揆などとて乱妨《らんぼう》に及ぶことあり。恥を知らざるとや云はん、法を恐れずとや云はん。…斯《かか》る愚民を支配するには迚《とて》も道理を以て諭《さと》すべき方便なければ、只《ただ》威を以て畏《おど》すのみ。」や、同じ『すすめ』二編の「斯《かか》る賊民を取扱ふには、…是非とも苛刻《かこく》の政《まつりごと》を行ふことなるべし。」を思い出せばよいであろう。

2　日本の進路をめぐって

(1)　戦争論――武力至上か「無戦主義」か

一八六八年五月『西洋事情』外編「各国自立して其本国を守り其所領の地を失はざるは、多くは兵力の然《しか》らしむる所なり。…是即ち天下に戦争の止《や》まざる所以《ゆえん》なり」。七四年七月「内は忍ぶ可《べ》し外は…」「万国公法は…欧羅巴《ヨーロッパ》各国の公法にて、東洋に在《あり》ては一毫《いちごう》の働をも為《な》さず」。七四年一一月

「征台和議の演説」「支那をして五十万テールの償金を払はしむるに至《いたり》たるは国のために祝す可し。…抑《そもそ》も戦争は国の栄辱《えいじょく》の関する所、国権の由《より》て盛衰を致す所」（台湾出兵）。

七八年九月『通俗国権論』「百巻の万国公法は数門の大砲に若《し》かず、…大砲弾薬は以て有る道理を主張するの備《そなえ》に非《あら》ずして無き道理を造るの器械なり。…各国交際の道二つ、滅ぼすと滅ぼさるるのみ…我日本の外国交際法は、最後に訴る所を戦争と定め、…」。八一年一月『時事小言』「苟《いやしく》も今の世界の大劇場…兵馬《へいば》の力を後《あと》にして又何物に依頼す可きや。武は先にして文は後なりと云はざるを得ず。…本編立論の主義は専ら武備を盛にして国権を皇張するの一点に在り。…事情切迫に及ぶときは、無遠慮に其地面（アジア諸国）を押領《おうりょう》して、我手を以て新築するも可《か》なり」。

八三年八月「日本人は今の日本に満足せんとするか」「今の萬国交際は弱肉強食禽獣《きんじゅう》の道を以て相接するのみ…国を護るの法は唯《ただ》兵備を厳にするの一事あるのみ」。八五年三月「国交際の主義は修身論に異なり」「仏《フランス》軍の戦勝…仏《フランス》人…武勇者たるのみならず、道徳に於ても亦《また》正義者…我輩は決して之《これ》を咎《とが》めず、寧《むし》ろ賛成して只管《ひたすら》其活動を欣慕《きんぼ》するものなり」。八五年三月「脱亜論」「我国は隣国の開明を待《まち》て共に亜細亜《アジア》を興《おこ》すの猶予《ゆうよ》ある可《べか》らず、寧《むし》ろその伍《ご》を脱して西洋の（帝国主義）文明国と進退を共にし、其支那朝鮮に接するの法も隣国なるが故にとて特別の会釈《えしゃく》に及ばず、正《まさ》に西洋人が之《これ》に接するの風に従て処分す可きのみ」。

平山洋は、福沢が国際関係を一貫して「国家平等の観念」で認識していたと把握する。日清戦争期についても、丸山眞男が福沢の「自然法から国家理由への急激な旋回」、初期の立場からの「転向」を認めるのに対して、平山は、「アジアの諸国を文明化する」ことは、「反対から見れば「侵略」」となることは承知の上で、「それらの国々を平等の場に引き上げるための賞賛すべき支援」(213)と書いて、彼は侵略容認史観を提示している。平山の主張の無理は、初期啓蒙期に限っても、福沢が国家平等論者でなかったことを確認すればよい。

『学問のすすめ』第三編の「国は同等なる事」が建て前論であることは、同じ第三編の「国のためには財を失ふのみならず、一命《いちめい》をも…」の一方的な「報国の大義」の主張が示唆している。七四年七月の論説「万国公法は…東洋に在《あり》ては一毫《いちごう》の働をも為《な》さず」も初期啓蒙期の福沢の現実の国際関係認識を示しており、同年一一月の台湾出兵による償金獲得を喜ぶ福沢も同じである。したがって、中期以降の福沢は、八三年論説の「万国交際は弱肉強食禽獣《きんじゅう》の道」の認識をひたすら強めていき、既述したように「国家平等の観念」を、ついに「国力平均の陳腐《ちんぷ》説」と罵倒するに至った。

その国際関係認識を前提にして、『時事小言』で富国強兵ではなく強兵富国路線を確立した福沢は、清仏戦争でのフランスの帝国主義的軍事行動に「寧《むし》ろ…欣慕《きんぼ》」の意向を表明した。「脱亜論」において、「共に亜細亜《アジア》を興《おこ》す」アジア連帯の道を退け、「正《まさ》に西洋人が之(アジア)に接するの風に従て処分す可きのみ」と宣言して、福沢は九年後の日清戦争への道のりを予告したのである。そして、その日清戦争の勝利を福沢は「恍として夢の如く、感極まりて独り自から泣くの外なし。」と演説し、

『福翁自伝』の最後でも「愉快とも難有《ありがた》いとも云ひやうがない。」と同じ喜びを表明、「実を申せば日清戦争何でもない。唯是れ日本の外交の序開き」に過ぎないと結んで、さらに後世の日露戦争、アジア太平洋戦争への日本の道のりを示唆したのである。

以上のように、福沢諭吉は、ひたすら武力至上の戦争による国権拡張の道のりを歩もうとしていた。そのことを、5の〈「小国主義」か「大国主義」か〉においても確認する。

対する田中正造。

「軍艦勅諭」による軍備拡大に反対した田中正造も、日清戦争については当初、内村鑑三同様に「義戦」と認識していたが、九六年春頃から日本が欧米列強と同様の「呑噬《どんぜい》主義」（『田中正造文集⑴』346）に向かう侵略的立場にあるとの認識をもちはじめ、6で見るように、「東学党は文明的」な軍隊と理解し、指導者全琫準《チョンボンジュン》を称賛するようになっている。九六年の二度の渡良瀬《わたらせ》川沿岸の大洪水を契機にして、田中が足尾銅山の鉱業停止を求めて、九七年三月に二回、九八年と一九〇〇年の各一回、計四回の被害農民の大衆的請願の東京「押出し」行動を組織し、政府と本格的なたたかいを開始した時期と、彼の朝鮮認識の転換点が重なっている。

日記によると、田中正造が軍備拡張の批判をはじめるのは九八年四月以降のことで、一九〇三年六月の日記の「（古河）市兵衛、…下野《しもつけ》の足尾を得ての後《の》ちハ、日本が初めて台湾を得た心にて、被害民ハ土匪《どひ》を見る如《ごとくあり》けん。」という見方は、鉱毒被害農民と台湾征服戦争に抵抗する台湾の民衆の両者を、日本の資本およびそれと結託する政府の「呑噬主義」の共通の被害者と把握する見事な見方の確立を示している。第Ⅲ章2―(3)で見たように、足尾銅山鉱毒事件に消極的であった福沢と「時事新報」が、抵抗する台湾民衆を「草賊、野蛮人、蛮民、醜類、土匪《どひ》」と侮蔑して殲滅《せんめつ》要求を繰り返していた事実と対比して、鋭い対照をなす洞察と言えよう。

一九〇三年一〇月の日記に「鉱毒問題は対露問題の先決問題なり。…理相（想）は非戦なり。」と書いた田中は、日本がロシアに宣戦布告した二日後の、翌年二月一二日、静岡県掛川で初めて非戦論を講演した。日露戦争後、田中は、勝利した日本だからこそ世界に先駆けて軍備を全廃する責任と権利があるといって「海陸軍全廃・無戦」の主張を展開した。「此の大勝利と云ふ好機会に乗じて、日本が世界の前に素裸《すっぱだか》になる、海陸軍の全廃だ、…大戦勝の日本は軍備全廃を主唱する責任がある、否や、権利がある、…軍備全廃と云ふのが、ほんとの「勝つて冑《かぶと》の緒《お》を締める」だ」と田中は訴えた。福沢との対照ぶりは見事と言うほかない（②1、109、②2、107～110）。

(2)　国権拡張至上主義か内事優先か
――「鉱毒問題は日露問題よりも先決」

九八年一月「予は…志賀重昂《しげたか》氏より忠告せられ、…鉱毒事件の如き一局部の問題…。予は答て曰《いわ》く、…三十万の人民、四万町の被害の如き、決して区々たるの問題にあらず、徒《いたず》らに猟官《りょうかん》に汲々《きゅう》たるものの眼中、問題の大小を選ぶの暇《いとま》なからん」（①148、雲竜寺の鉱毒委員会の席上での談話）。一九〇四年九月書簡「谷中《やなか》問題ハ日露問題より大問題なり。…一人ノ人道ハ世界の総《すべ》ての山岳よりも大問題なり。…貴下谷中の御救済尽力ハ遼陽ノ大捷利《だいしょうり》よりも重大ナリ。…戦はで勝ちほこりたる端西《スイツル》をたどりて見よや日本民族」（書簡②1、108）

対する福沢諭吉。

七八年『通俗国権論』「政府の専制は…恐るるに足らず、…区々《まちまち》たる内国政府の処置の如きは唯《ただ》是れ社会中の一局事」（八二年『兵論』で再引用）。七九年八月『民情一新』「内国の不和を医《い》するの方便として故《こと》さらに外戦を企て、以て一時の人心を瞞着《まんちゃく》するの奇計《きけい》を運《めぐ》らすに至る者あり」。

八一年『時事小言』「国権を振起《しんき》する…我輩畢生《ひっせい》の目的は唯《ただ》この一点に在るのみ」。八二年五月「藩閥寡人《かじん》政府論」「我輩畢生《ひっせい》の目的は唯《ただ》国権皇張の一点…内の政権…専制に似たるも、…国権を皇張するの力を得れば、以て之に満足する可《べ》し」。九四年「日本臣民の覚悟」「我輩の目的は唯《ただ》戦勝に在《あ》るのみ。戦争に勝利を得て我国権を伸ばし、吾々同胞の日本国人が世界に対して肩身を広くするの愉快さへあれば、内に如何《いか》なる不平不条理あるも之《これ》を論ずるに遑《いとま》あらず」。

鉱毒問題を「区々《くく》たる問題にあらず」という田中に対する、鉱毒問題と限らず、政府のあらゆる国内の「区々たる処置」を「社会中の一局事」と言い放つ福沢。「一人ノ人道」、つまり一人の人権抑圧は世界中の山岳よりも重い問題と見なす田中に対して、「内に如何《いか》なる不平不条理あるも」、「我輩畢生《ひっせい》の目的」は「唯戦勝＝国権皇張」のみと言い放つばかりでなく、「内国の不和」つまり国内の矛盾は「故《こと》さらに外戦を企て」て外に逸《そ》らしていくという「権謀術数」を持論としていた福沢諭吉。ここまで同時代人の発想・行動が対照的でありえてよいのかという思いさえする。

(3) 文明論による侵略の合理化か、文明のもたらす環境問題とのたたかいか

八二年三月「朝鮮の交際を論ず」「朝鮮国…彼の国勢果して未開ならば之を誘《さそ》ふて之を導く可し、彼の人民果して頑陋《がんろう》ならば…遂に武力を用ひても其進歩を助けん」。八三年一月「明治十六年前途之《の》望」「我日本は東洋文明の魁《さきがけ》にして、首として支那と朝鮮とを誘導し、…文を以て論じて聴《き》かざれば武を以て威するの必要」。八三年九月～「外交論」「世界各国の相対峙《あいたいじ》するは禽獣相食《は》まんとするの勢にして、食《は》むものは文明の国人にして食まるるものは不文の国とあれば、我日本国は其食《は》む者の列に加はりて文明国人と共に良餌《りょうじ》を求めん」。

九四年七月「日清の戦争は文野の戦争なり」「戦争の事実は日清両国の間に起りたりと雖《いえど》も、其根源…文明開化の進歩を謀《はか》るものと其進歩を妨げんとするものとの戦にして、…支那人…文明開化の進歩を見て之を悦《よろこ》ばざるのみか、反対に其進歩を妨げんとして無法にも我に反抗の意を表したるが故に、止《や》むを得ずして事の茲《ここ》に及びたるのみ。…世界の文明進歩の為めに其妨害物を排除せんと

するに多少の殺風景を演ずるは到底免れざるの数」。

福沢にあっては、いまや①「世界の文明進歩の為《た》めに」、②「文明の国人」の存在証明として、③支那・朝鮮を文明に「誘導」するという口実のもとに、帝国主義的な侵略と植民地支配が肯定されようとしているのである。さらに、支那・朝鮮が④「未開…頑陋ならば…武力を用ひても其進歩を助《た》け」ることが許容されるという帝国主義的論理のゆえに、福沢は「野蛮国、土人、蛮人、乞食穢《え》多、チャンチャン、豚尾《とんび》兵、豚尾児、悪獣、土匪《どひ》、豚、醜類、草賊」などというアジア蔑視観形成の先頭に立ったのである。くわえて、⑤「其妨害物を排除せんとするに多少の殺風景を演ずるは到底免れざるの数」という主張を見れば、九四年の「旅順虐殺事件」も、福沢にはその「多少の殺風景」の範疇《はんちゅう》に入る一件と見なせることになろう。

対する田中正造。

一九一二年六月日記「真の文明ハ山を荒さず、川を荒さず、村を破らず、人を殺さざるべし。」

（②の2）

アジア提携論者にして田中正造の盟友であった勝海舟は、福沢とは対照的に、日清戦争と戦後の政府の対応策を真っ向から批判し、戦勝に湧く日本の民衆に対しても「一時の勝利に自惚《うぬぼ》れるな」「この次敗《ま》けるのは日本の番だ」と警告した（一九四五年の敗戦の予告）。

その勝海舟は、足尾銅山鉱毒事件については、「この問題の根源は行き過ぎた西洋文明模倣政策のせい」と把握し、被害地の惨状、農民の窮状を正確に理解し、後に天皇直訴を敢行する田中正造に対し、「百年後の総理大臣に任命すべし」という閻魔《えんま》大王の戯文さえ書くなどの支援・協力を続けた（安川『福沢と丸山』Ⅳの4参照）。

(4) 帝国主義的進出と「亡国」の道
——北清事変（義和団鎮圧）をめぐって

一九世紀最後の年、一九〇〇年は、日本の進路をめぐる分岐点として注目すべき年である。二月に、足尾銅山鉱毒事件における最大の弾圧事件の「川俣《かわまた》事件」がひきおこされ、六月、中国の反帝国主義的人民闘争だった「義和団」鎮圧のため、八カ国連合軍の第二次出兵が行なわれたさい、日本は最大の二万二千人の兵士を出動させた。

他方では、足尾の鉱毒のたれ流しは続いていた。死胎分娩《したいぶんべん》・乳幼児死者の多さが注目を集めた。一八九九年秋、栃木・群馬両県鉱毒事務所（群馬県渡良瀬村雲竜寺）で秘密会がもたれ、最後の大運動としての第四回の大挙請願「押出し」の方針が決まった。翌一九〇〇年二月一三日払暁《ふつぎょう》、三〇〇〇から三五〇〇名の被害民は鉱毒悲歌を歌いながら出発した。警官の阻止を突破して利根川河畔の川俣にでた隊列は、待ち伏せしていた警官隊一八〇、憲兵一〇名と衝突、一〇〇余名が逮捕され、第四回「押出し」は挫折した。

第三回「押出し」の際に、警官の警戒網を突破した二五〇〇名を、自《みずか》らおしとどめ、代表五〇名の請願に変えさせたことに責任を感じ、議員辞職の意向をかためつつあった田中正造は、川俣事件の四日後から一連の「亡国演説」で政府責任を追及するとともに、六五名の大弁護団を組織して川俣事件の裁判闘争にも奔走した。正造がもっとも喜んだのは、田口卯吉、三宅雪嶺、陸羯南《くがかつなん》、徳富蘇峰、島田三郎、高田早苗、内村鑑三、三好退蔵、キリスト教婦人矯風会幹部、島地黙雷らの仏教徒など多数の著名人が、一九〇一年五月に「鉱毒調査有志会」を結成したことである。世論は確実に盛り上がりつつあった。同年一〇月下旬、衆議院議員を辞職した田中正造は、一二月一〇日、「世論をいっきょに国民的なものにしよう」として、幸徳秋水、石川半山と共謀の「死を賭《と》した」天皇直訴を敢行したのである。

話を川俣事件と義和団事件の一九〇〇年に戻そう。日本の進路の分岐点にあたるこの年に注目した由井正臣『田中正造』は、次のように書いている。

「北清事変（義和団事件）の出兵こそ、日本を「極東の憲兵」として帝国主義列強に仲間いりさせたものであった。鉱毒被害民をはじめ資本主義発展のもとに苦吟《くぎん》する民衆を踏台にこの時点で日本は帝国主義にむかって大きくカーブをきったのである。正造は議員として最後まで民衆の視座から日本の進路を批判しつづけた」（①166）。布川了も、同じことを国「内で川俣事件で鉱毒事件を抑え込んで、外では義和団事件…中国侵略…が行なわれ」た、と語っている（⑤二〇〇〇年、34）。

この注目される一九〇〇年に、福沢諭吉と田中正造は、またまた正反対の行動をとり、対照的な言葉を残した。かねてから「各国連合して共同戦争に従事する場合は、日本の実力を彼等の眼前《がんぜん》に示すの好機会」と考えていた福沢は、義和団鎮圧の「北清事変」において、「各国の連合艦隊が陸戦隊を以て太沽《たーくー》の砲台を占領したとき、日本兵が死傷を顧みず先登《せんとう》第一の功名を立てたといふことを聞いて非常に喜ばれ、著者をして左の一文を草せしめられた。」(『諭吉伝』③791〜792)という経緯で、既述したように、六月二一日、石河幹明記者が次の「時事新報」社説「国の為めに戦死者に謝す」を書いた。

「抑《そもそ》も日本人が外国兵と連合して戦争に従事したるは立国以来未だ曾《かつ》て聞かざる所にして、実に今度の太沽《たーくー》攻撃を以て嚆矢《こうし》と為《な》す可《べ》し。…支那兵の如き恰《あたか》も半死の病人にして、…実は豚狩《ぶたがり》の積《つも》りにて之《これ》を遇したる程の次第なれば、外国の評判に対しても竊《ひそか》に汗顔の至りに堪へず、…世界に対し日本国の重きを成したるものにして、是《ここ》に於てか戦死者も死して余栄《よえい》ありと云ふ可《べ》し。」(『全集』⑯621〜622)

これについて平山洋が、福沢が中国兵を「豚」呼ばわりしたことがないという誤った理由で、この社説を石河の無断掲載と誤認定したことは既述した。福沢は、北進事変で日本が帝国主義列強に「仲間入り」できたことを喜び、以後の日本の帝国主義的進出を後押《あとおし》したのである。

対する田中正造。

川俣事件の四日後、田中正造議員は、事件とかかわる有名な「亡国に至るをしらざればこれ即《すなわ》ち亡国の儀につき質問書」を提出し、「民を殺すは国家を殺すなり。法を蔑《ないがしろ》にするは国家を蔑《ないがしろ》にするなり。皆自ら国を毀《こぼ》つなり。財用を濫《むさぼ》り民を殺し法を乱《みだ》して而《しか》して亡《ほろ》びざるの国なし。これを奈何《いかん》」と直截《ちょくせつ》に問いかけた。登壇した田中正造は、日本がすでに亡びてしまった理由を鉱毒の歴史から説きおこし、各省政府の責任を一つ一つ問いただした。ことに陸軍省の責任追及においてきびしく、川俣事件における軍隊の暴行を指弾した。

「君主を補佐する所の人間が、ずっと下まで腐敗して居って、これで貫徹しなくなるのである。即ち人民を殺す。人民を殺すは己の身体に刃《やいば》を当てると同じことであるということを知らない。…これで国が亡びたといわないで、どうするものでございます」。これに対する山県有朋首相による政府答弁は「質問の趣旨その要領を得ず、依《よっ》て答弁せず」であった。義和団鎮圧の成果に喜ぶ福沢を含めて、日清戦争の勝利と戦後経営によってアジアにおける唯一の帝国主義国の道をひた走りに走りつづけていた藩閥政府にとっては、由井正臣も書いている通り、「「亡国」という言葉ほど理解できにくいものはなかったであろう」(①162)。

しかし歴史の現実の展開は、それから四五年後のアジア太平洋戦争の日本の敗戦によって、田中正造の「亡国」の予言と、勝海舟の「この次敗《ま》けるのは日本の番だ」の警告の正しさを実証してみせたのである。

(5)「小国主義」か「大国主義」か

田中正造は、日露戦争の講和について、三宅雄次郎あて書簡（〇五年六月）の中で「我国講和ヲ希望セバ宜《よろしく》敷先ヅ大国民ブルコトヲ止《や》ムルニアリ。矢張《やはり》小国ハ小国ナリ。小心翼々《よくよく》誠心正意ヲ以《もつ》テ外《そと》列国ノ同情ヲ強フスルニアリ。内《うち》人心ノ平和ヲ貴重スルニアリ」と書いたという（③40〜41）。明治初年の岩倉使節団報告書『米欧回覧実記』には、日本の近代化の歴史の選択肢のひとつとして小国に対する鋭い洞察があったという。田中彰『小国主義』（岩波新書）は、自由民権運動の中江兆民、植木枝盛をへて石橋湛山、三浦銕太郎らの「小日本主義」の主張に、「未発の可能性」としての「小国主義」の系譜を見ている。田中正造や内村鑑三らも、近代日本のこの小国主義の水脈のなかに位置していた。

対する福沢諭吉。

八一年一月『時事小言』「亜細亜《アジア》東方の保護は我責任なりと覚悟す可きものなり」。八二年三月「朝鮮の交際を論ず」「亜細亜東方に於て此首魁《しゅかい》盟主に任ずる者は我日本なり…我既に盟主たり」。八二年一二月「東洋の政略果して如何《いかん》せん」「我輩十数年前、…英国の士人が…支那其他の地方に於て…士人を御《ぎょ》する其情況は傍若無人《ぼうじゃくぶじん》、殆ど同等の人類に接するものと思はれず。…何《いず》れの時か一度は日本の国威を耀《かがや》かして、印度支那の土人等を御すること英人に傚《なら》ふのみならず、其英人をも窘《くるし》めて東洋の権柄《けんぺい》を我一手に握らんものをと、壮年血気の時節、窃《ひそか》に心に約して今尚忘るること能《あた》はず。…地球上海水の通ずる処に日本艦を見ざるはなし、日章の国旗以《もっ》て東洋の全面を掩《おお》ふて、其旗風《はたかぜ》は遠く西洋諸国にまでも吹き及ぼすが如きは、亦《また》愉快ならずや。」

「明治十六年前途之《の》望」「我日本は東洋文明の魁《さきがけ》にして、首《かしら》として支那と朝鮮とを誘導し、…聴かざれば武を以て威するの必要なるを知る者」。最晩年の九九年六月『福翁自伝』において、「日清戦争など官民一致の勝利、愉快とも難有《ありがた》いとも云ひやうがない。命あればこそコンナ事を見聞するのだ、…毎度私は泣きました。」と、日清戦争の勝利に狂喜乱舞した福沢が、それに直接続けての文章で「実を申せば日清戦争何でもない。唯是れ日本の外交の序開《じょびら》き」に過ぎないと書いた事実は、さすが福沢である。一七年も前の上記「東洋の政略果して如何せん」を見れば、「地球上…日本艦を見ざるはなし、日章の国旗以《もっ》て東洋の全面を掩《おお》ふて、其旗風は遠く西洋諸国にまでも吹き及ぼす」情況を思い浮かべながら、「何《いず》れの時か一度は日本の国威を耀《かがや》かして、印度支那の土人等を御すること英人に傚《なら》ふのみならず、其英人をも窘《くるし》めて東洋の権柄を我一手に握らんものをと、…窃《ひそか》に心に約して今尚忘るること能《あた》はず。」という「壮大な夢」を描いていたアジアの「盟主」論者、「大国主義」者の福沢にとって、日清戦争の勝利は、ほんの「序開き」に過ぎなかった。

なお、「典型的な市民的自由主義の政治観」という丸山眞男の福沢論への私の批判に対して、「自由（貿易）帝国主義」という概念に見られる所謂《いわゆる》「自由主義と帝国主義の親近性」の視点から、福沢諭吉を弁護・擁護する議論はありうる。しかし、丸山眞男が「典型的」という修飾語までつけて美化しようとしている福沢像は、明らかにその範囲をこえている。私の批判の対象は、あくまでなお定説的な位置にある「丸山諭吉」像である。

福沢本人は『学問のすすめ』第三編の定式〈一身独立して一国独立する〉における「一身独立」は、「国のためには財を失ふのみならず、一命をも抛《なげうち》て惜むに足ら」ない「報国の大義」であると明記しており、さらに『文明論之概略』終章において、「一身独立」の課題を「第二歩に遺《のこ》して、他日為《な》す所あらん」と明確に先送りして（結局、生涯その課題を放置して）いるのに、丸山眞男は、『すすめ』第三編の定式を、「個人的自由と国民的独立、国民的独立と国際的平等は全く同じ原理で貫かれ、見事なバランスを保っている。」と誤読したことに見られるように、「福沢のナショナリズム」を「美しくも薄命な古典的均衡」（『丸山集』④61）を保った健全なナショナリズムと勝手に読み込んだのである。その延長上に、丸山が福沢の「思想」のなかに「典型的な市民的自由主義」の政治観を読みこみ創りあげたのが「丸山諭吉」像である。

(6) 中国・朝鮮兵認識
——「豚尾兵、乞食の行列」か「軍律をもつ文明の軍隊」か

福沢は一八八四年という早い時期に、中国兵について「支那兵の乱暴無状、白昼店頭に物を掠《かす》め、暗夜樹蔭に婦女を窘《くるしむ》るが如き…流民乞食の群集」という認識を示し、日清戦争時にも「チャンチャン、乞食流民の徒、草賊、醜類、豚、乞食の行列」などの蔑視を続けていた。対する田中正造。

正造は九五年四月、「東学党は文明的」と言い、その反日反侵略闘争の指導者全琫準《チョンボンジュン》を次のように賞賛していた。「東学党ハ文明的、十二ケ条ノ軍律タル徳義ヲ守ルコト厳ナリ。人民ノ財ヲ奪ハズ、婦女ヲ奪ハズ、婦女ヲ辱《はず》カシメズ、…兵力ヲ以テ権ヲ奪ヘ財ヲ取リ其地ヲ脩《おさ》ムコト公平ナリ。偶《たまたま》軍律ヲ犯スモノアレバ直ニ銃殺ス。…琫準《ボンジュン》字《あざな》ハ禄斗…品行方正、部下ト雖《いえ》ドモ酒ト煙草ヲ喫セズ。…」（②1、107）（中国の軍隊史の知識はないが、中国革命期の八路軍のきびしい軍律の先駆として、私は福沢より田中の評価を支持したい）。

3　近代日本の「光」と「影」

(1)　二人の人生の総括

九五年一月の福沢の書簡「実に今度の師《いくさ》は空前の一大快事、人間寿命あればこそ此活劇を見聞《けんぶん》致候義《いたしそうろうぎ》、…今や隣国の支那朝鮮も我文明の中に包羅《ほうら》せんとす。畢生《ひっせい》の愉快、実以《じつもっ》て望外の仕合《しあわせ》に存候《ぞんじそうろう》」(90)。

九五年一二月「還暦寿莚《じゅえん》の演説」「王政維新の大革新…凡《およ》そ其以前に洋学者の竊《ひそか》に議論したる空論、大言《たいげん》、法螺《ほら》は一《ひとつ》として実行せられざるものなし。否な、実際に於ては曩《さき》の法螺以上に達して、流石《さすが》の学者も之を吹くことの足らざりしに赤面するの今日こそ愉快なれ。…就中《なかんずく》去年来の大戦争に国光を世界に耀《かがや》かして大日本帝国の重きを成《な》したる…扨《さて》も扨《さて》も不思議の幸福、前後を思へば洸《こう》として夢の如《ごと》く、感極まりて独《ひと》り自《みず》から泣くの外《ほか》なし。長生《ながいき》はす可《べ》きものなり。」(『全集』⑮336)

九七年一二月『福沢全集緒言』「開国四十年…其間の筋書《すじがき》と為り台帳と為《な》り全国民をして自由改進の舞台に新様《しんよう》の舞を舞はしめたるもの多き中に就て、余が著訳書も亦《また》自から其一部分を占《しめ》たりと…放言して憚《はば》からざる所なり。」（『全集』①3）、「西洋事情は恰も無鳥里《とりなきさと》の蝙蝠《こうもり》、…維新政府の新政令も或は此小冊子より生じたるものある可し。」（『全集』①29）。

九九年六月『福翁自伝』「親玉（将軍の事）の御師匠番になって、思ふ様に文明開国の説を吹込んで大変革をさして見たい」（『全集』⑦145）、「三十年の今日より回想すれば洸《こう》として夢の如し、唯今日は世運の文明開化を難有《ありがた》く拝するばかりです。」（同右162）、「新政府の勇気は西洋事情の類でない、一段も二段も先《さ》きに進んで思切つた事を断行して、アベコベに著述者を驚かす程《ほど》のことも…日清戦争など官民一致の勝利、愉快とも難有《ありがた》いとも云《い》ひやうがない。命あればこそコンナ事を見聞するのだ、前《さき》に死んだ同志の朋友が不幸だ、アア見せて遣《や》りたいと、毎度私は泣きました。…左《さ》れば私は自身の既往《きおう》を顧《かえり》みれば遺憾なきのみか愉快な事ばかりである」（同右、259～260）。

以上四点の資料は、そのまま晩年の福沢諭吉の人生の総括文書である。「畢生《ひっせい》の愉快、実以て望外の仕合」「洸《こう》として夢の如く」「洸として夢の如し」「遺憾なきのみか愉快な事ばかり」云々と、能(脳)天気なまでにこれほど手放しで自分の人生を全面肯定した総括、『自伝』は、きわめて珍しい。

対する田中正造は、『福翁自伝』の翌年に、川俣事件の弾圧に遭遇し、議会に「亡国に至るをしらざればこれ…質問書」を提出した一九〇〇年、二月の事件直前に老友川俣久平への手紙にこう書いた。

「拝啓 仕《つかまつ》り候《そうろう》。先刻我が国は亡滅に近し、死《し》に水《みず》取りに来らるべしと申上げ候は誤りに候《そうろう》。実は最早亡《もはやほろ》びたるのちの国なり」、「嗚呼《ああ》、貴下は小生よりも年少《わか》し、故に旧幕の末路をしらず。小生は旧幕の末路の腐敗に会《かい》し、今また新政度の頽廃に会せり。早く生《うま》るるも不幸、長命も不幸なり」(①159)。

福沢諭吉の「命あればこそコンナ事を見聞するのだ」「長生《ながいき》はす可《べ》きものなり。」に対する、田中正造の「早く生るるも不幸、長命も不幸なり」という人生の総括も、見事なまでに対照的である。この二人の対照的な人生の総括の違いを分けている理由は、何であろう。

第一の理由は、安川『福沢のアジア認識』終章1の⑤で指摘したように、福沢が、丸山眞男のいう「原理論」としての『文明論之概略』の初期啓蒙期の視座から自分の人生を総括しているのではなく（この事実は『文明論之概略』を福沢の「唯一の原理論」と把握する丸山眞男の枠組みの破綻を端的に示している）、保守化した『時事小言』の「専ら武備を盛にして国権を皇張」する強兵富国路線の視座（『自伝』では「此日本国を兵力の強い商売の繁盛する大国にして見たい」という「大本願」――『全集』⑦248）から人生の総括を行っているからである。

『文明論之概略』終章では、「今の我文明と云ひしは文明の本旨には非ず、先づ事の初歩として自国の独立を謀《はか》り、其他は之《これ》を第二歩に遺《のこ》して、他日為《な》す所あらんとするの趣意」「外国に対して自国の独立を謀《はか》るが如きは、固《もと》より文明論の中に於て瑣々《ささ》たる一箇条に過ぎ」ないという見事な歴史の展望をふまえて、初期啓蒙期の福沢は、最優先の「自国の独立」を確保・達成したならば、「一身独立」「個人の自由独立」の重要課題に「他日」とり組むことを、明確に公約していたのである。この「一国独立して一身独立する」公約の視座から、仮に福沢が自分の人生を総括したならば、帝国主義に向かおうとしている「大日本帝国憲法」＝「教育勅語」体制への脳天気な手放しの全面肯定は、およそありえなかったはずである。

第二の理由は、第一の理由と本質的には同じことであるが、福沢諭吉は、戦後民主主義の時代に丸山眞男、羽仁五郎、遠山茂樹らがそろって誤解したような、「原理原則ある哲学をもつ思想家」ではなかったということである。福沢は、原理原則への一貫性や固執というよりも、むしろおよそ原理原則にこだわることなく、同時代の徳富蘇峰が「能《よ》く世と推《お》し移り、物に凝滞《ぎょうたい》せざるは、君の本領」と表現した変説・融通無碍《ゆうずうむげ》の「思想家」であり、陸羯南の見事な評価を借りれば、福沢は「毫《ごう》も抽象的原則又は高尚の理想を有するあらず。」という人物であったからである。

第三の理由も同じ問題である。『西洋事情』などの著訳書が「開国四十年…其間の筋書と為《な》り台帳と為《な》」ったと自負していた通り、福沢諭吉は、かつての「親玉」ならぬあらたな明治政府の「御師匠番」の役割を十二分に果たした。惜しむらくは、福沢は明治政府の「御師匠番」でありすぎたのである。「窃《ひそか》に議論したる空論、大言《たいげん》、法螺《ほら》は一《ひとつ》として実行せられざるものなし。…法螺《ほら》以上に達して」「新政府の勇気は西洋事情の類《たぐい》でない、一段も二段も先きに進んで」「唯今日は世運の文明開化を難有《ありがた》く拝するばかりです。」という福沢の総括は、「支那朝鮮も我文明の中に包羅《ほうら》せんとす」るに至った明治政府の強兵富国的な「文明開化」の成果を賛美するばかりであって、四点の総括文書には、明治政府の施政への批判がひとかけらも見られないのである。日清戦争の勝利を「日本の外交の序開《じょびら》き」に過ぎないと戒めて、さらなる帝国主義的進出への意欲は示しても、「一身独立」を核とする未発の夢や遣《や》り残した「原理原則」「高尚の理想」は、基本的になにも語られていないのである。

対する田中正造。

「谷中《やなか》問題ハ日露問題より大問題なり。…一人ノ人道ハ世界の総《すべ》ての山岳よりも大問題なり。」と真剣に考えるからこそ、「海陸軍全廃・無戦」という「高尚の理想」までを要求する田中正造は、あくまで貪欲である。また、「余は下野《しもつけ》の百姓なり。」「田中正造穢多《えた》を愛す。」という田中の民衆観も半端ではない。一九〇四年七月、三年後には強制破壊・廃村処分される谷中村に移り住んだ田中は、「谷中学《やなかがく》初級生」を自称していたという。その意味は、「人のためをなすには、その人類のむれに入りてその人類生活のありさまを直接に学んで、また同時にそのむれと辛酸《しんさん》を共にして、即ちそのむれの人に化《か》してその人となるべし。而《しか》してそのむれの人類が皆我が同志となり、これを人を得るの法という」という日記（〇七年一〇月）をみれば、田中はあくまで「下層」人民に学ぶことを真剣な課題としていたのである（①201）。

鉱毒被害農民と台湾征服戦争に抵抗する台湾の民衆の両者を、帝国主義に向かう日本の資本と政府の共通の被害者と把握する田中正造と、たたかう被害農民に対しては「其演説集会にして不穏《ふおん》に渉《わた》り或は竹槍蓆旗《むしろばた》などの行為を煽動するの口気《こうき》あるか、又は多人数の力を以て他人を脅迫するが如き挙動もあらんには、政府は断然職権を以て処分し一毫《いちごう》も仮借《かしゃく》する所ある可《べか》らず。」という論説を掲げ、抵抗する台湾民衆を「草賊、野蛮人、蛮民、醜類」と蔑称し、その「殲滅《せんめつ》」を要求する社説を自から執筆する福沢諭吉との対照も極立っている。

一九一一年六月の日記に、「対立、戦うべし。政府の存在せる間は政府と戦うべし。…人侵《おか》さば戦うべし。その戦うに道あり。腕力殺伐《さつばつ》を以《もっ》てせると、天理によりて広く教えて勝つものとの二の大別あり。余《よ》はこの天理によりて戦うものにて、斃《たお》れても止《や》まざるは我が道なり。天理を解し、この道実践のもの宇宙の大多数を得《うれ》ば、即《すなわ》ち勝利の大いなるもの也」（①216）と田中正造は書いた。田中よりも早くに帝国議会を見限った中江兆民が「余《よ》明治の社会に於て常に甚だ不満なり」と述懐していたように、原理原則、「高尚の理想」に固執するほんものの「夢おい人」が、現世において不幸なのは当然であり、必然である。

「谷中《やなか》学《がく》初級生」というナイーブな精神・姿勢をもちながら、あくまで天理・人道にもとづいて、時代をこえ、時代をつき抜けて「斃《たお》れても止ま」ずに壮絶《そうぜつ》な「たたかい」を続けようとする田中正造にとって、「早く生るるも不幸、長命も不幸なり」という嘆き・述懐こそが、その人生に相応《ふさわ》しい黄金の首飾りである。常識的には、近代日本社会の「光と影」は、自己の生涯を能天気に全面肯定した福沢諭吉が「光」を、田中正造が「影」を代表するのであろうが、私は逆に、田中正造に日本の未来と「光」の可能性を、福沢諭吉に日本の近代化の道のりそのものの「影」を見出したい。小泉純一郎首相の違憲の靖国公式参拝は、その残像である。

(2) 二人の葬儀――衆議院「哀悼の意」と「前代未聞の国民大衆葬」

一九〇一年二月三日、福沢諭吉の死に際し、衆議院は「夙《つと》に開国の説を唱へ力を教育に致したる福沢諭吉君の訃音《ふいん》に接し茲《ここ》に哀悼の意」を表した。二月八日の葬儀の会葬者は、「総員無慮《むりょ》一万五千人」。石河幹明『福沢諭吉伝』④は、「伊藤博文、山県有朋、板垣退助、井上馨、渋沢栄一、三井八郎右衛門、大倉喜八郎…」など「殆んど官民朝野の紳士を網羅」した三百名をこす著名人の会葬者の名前を記載。当然ながら、「銅山王」の古河市兵衛の名前の記載も確認できる。

一方、一九一三年九月四日に死去した田中正造の十月十二日の葬儀参列者についての記録は、「近隣の農民たち約三万人が参列」、「全国各地の僧侶百数十名、…一府五県の被害民その他およそ数万名」などまちまち。ここでは、葬儀委員石井鶴吉翁の口述記録(『新・田中正造之生涯』第一巻)を、その一つとして紹介する。

「午前九時から参列者は怒濤《どとう》のように惣宗寺へつめかけ十一時までに会する者実に四万五千余名に達した。これこそ正に前代未聞の国民大衆葬である。と当日の新聞記事は全国版に特報した。会葬者は皆ワラジ履き腰弁当の軽装、その香奠《こうでん》も十銭、二十銭と貧者の一燈《いっとう》を…この金額も実に六千余円の巨額に達した」。

[補論]『福沢諭吉と丸山眞男』をめぐる反応・反響
——都留重人の丸山評価と慶應義塾卒業生の手紙

序章で言及したように、安川『福沢諭吉と丸山眞男』の成果について、丸山の福沢研究に無理や恣意《しい》があるという結論自体は了解しながら、共通して出された疑問として、なぜ丸山が「恣意的な解釈」を続けたのかを、問われたと紹介した。最初に、その問題について論じよう。手紙や書評における共通の疑問とは、次のようなものであった。

「ただ、丸山眞男がなぜこのような恣意的な解釈をしたのかという背景にまだ疑問が残ります。」「丸山眞男の福沢研究がどうしてこのようになったのかをたちどまって考えざるをえません。」「勝手な希望を言えば、丸山いかにありしかの次は、なぜかくありしかが問われましょうが、その辺の追求がどの位可能なのかなあと思いました。」（以上、書簡）。「こんなことがあの丸山に起こるはずがないという私自身の丸山神話」を前提にして、「保守的な福沢を、なぜ、あの丸山が神話化させたのか。この疑問の方はけっこう私にも深刻な事件である。」（久保田文貞、書評）。

もともと安川は、一九七〇年の旧著『日本近代教育の思想構造』（新評論）の補論で、丸山の福沢論が基本的に読み込みにもとづく無理な立論であることを詳細に論じて、丸山に謹呈した。返事では、「小生自身が二〇年前の福沢論には、批判をもっている」と断りながら、（家永三郎とは対照的に）私の批判には同意しなかった。ただ、その丸山が『「文明論之概略」を読む』の「まえがき」において、（飯田泰三も言及した）「福沢惚れを自認」した時、私は勝手に「勝負はあった」と判断して、論稿「日本の近代化と戦争責任＝戦後責任論」（『日本の科学者』九四年四月号）において、次のように書いた。

丸山は「惚れた恋人には『あばたもえくぼ』に映る危険は確かにある。しかし、とことんまで惚れてはじめてみえてくる恋人の真実…というものもある」と書き、くわえて「『文明論之概略』は福沢の主著とはいえるが、…福沢を…明治八年の著書でもって「代表」させるわけにはいかない。」という理由から、（岩波新書上中下三冊も書いた）同書を「この書はけっして「福沢諭吉研究」ではなく、「福沢諭吉の思想」とさえも厳密には言いがたい。」というたいへん奇妙な断り書きを書いた。思想史家のあり方として、丸山が「歴史離れをするにはあまりにも謙虚」な姿勢とともに「歴史のなかに埋没するにはあまりに傲慢《ごうまん》」『丸山集』⑨72）と説いた時の「傲慢」な姿勢とは、研究者なりのきわめてするどい問題意識をもって対象をつきはなすという意味であり、対象に「惚れ」こむことではない、と私は丸山眞男に学んだ。

だから、同書「まえがき」における「福沢惚れ」の自認は「一種のひらき直り」であり、丸山が自分の福沢論が基本的に無理な読みこみの「丸山諭吉」像であること自体は、認めたものであると受けとり、「勝手に「勝負はあった」と判断した。」と書いたのである。それにしても、である。結果的に、丸山の福沢論への一貫した執拗な批判を、生涯、黙殺され続けた当事者である私こそ、「保守的な福沢を、なぜ、あの丸山が神話化させ」続け、無理な「丸山諭吉」神話に固執したのか、という問いは、切実に知りたい疑問であった。その私に対し、『福沢と丸山』謹呈に対してもらった礼状の一通の中の三行の記述が、この疑問へのひとつの回答を示唆する内容のものであった。しかもその手紙の主は、丸山より二年年長の同世代で、『思想の科学』、「平和問題談話会」、日本学士院などで丸山と共通の場にいた人物である。

つまりその評価は、丸山眞男の身近にいた同世代人の有力な証言であるということで、書簡の三行と名前を公表させてもらえないかとお願いしたら、もともと（丸山福沢論の無理については）明治学院大学の講義で言及したことでもあるとして、快く諒承をえた。その人は、今年、二〇〇六年二月五日に死去した経済学者の都留重人（元一橋大学学長、元朝日新聞社論説顧問など）である。手紙のおわり近くに、「丸山君とは日本学士院でも一緒でしたし、「福沢論」を含めて議論したことがありますが、彼は自分自身の名声に負けて本当に正直になれなかったのではないかと思います。」と書いてあった。

もちろん、これが総ての説明になるとは思わない。「保守的な福沢を、なぜ、あの丸山が神話化させたのか。」という問いに対する、端的な私の仮説としては、「永久革命論」者と信奉されている丸山の、（女性問題認識に示唆されている）意外に把握されていない本質的な限界・保守性が「保守的な福沢」への共鳴・共感をさせたのではないか、と考えている。しかし、それを論証するには、丸山眞男を主題にした思想史研究の一書が必要であり、当面、私にその予定はない。

安川『福沢と丸山』に対していただいた未知の読者からの手紙の中で、中学・高校・大学と一〇年間慶応義塾に学び、定年退職まである意味で福沢諭吉をこそ心の支えにしてきた人物から、私にとってはたいへん興味ある長文の手紙をもらった（〇三年九月）。可能なら、次著で紹介・公表させてもらえないかとお願いしたら、了解されたので、以下、一部省略で紹介したい。

一九五四年慶応義塾普通部の入学で、六四年に大学を卒業して明治生命保険会社に勤務し、〇二年に定年退職し、目下年金生活（読書三昧と全国七五〇個所のスキー場めぐり）というのが水澤寿郎の最小限の履歴である。「学校では「独立自尊」「天は人の上に人を造らず、人の下に人を造らず」を叩き込まれ、小さい紳士として教育され」たが、「独立自尊」の真の意味や「天は…と云へり。」（の伝聞態の問題）は「習いませんでした」とあり、「先生のお書きになった『福沢諭吉と丸山眞男』『福沢諭吉のアジア認識』の二冊を読んで目から鱗《うろこ》が落ちる思いをいたしました。」「この思いは大学四年の時に読書会でマルクスとエンゲルス、弁証法哲学を学んだ時の気持ちに近いものでした。あの時も目から鱗が落ちる音を聞いたような気がしたものです。人生に二回もこんな思いが出来るなんて幸せだと思います。」と続いている。

「ゼミで社会保険を勉強した関係で教授に薦《すす》められて明治生命に入社しました。…会社は酷《むご》いところで、仕事のやり方は非合理的で男女差別、学歴差別、学閥（当時の明治は慶応の天下でした）、職種差別（運転手、守衛等と事務職との差別）は物凄く、労働基準法は守られず、組合は御用組合という有様でした。三田会と云う慶応のＯＢ会に出ると、役員から平社員までが「東大を始めとする旧帝国大学卒に役員職を取られた」とか下らない学閥争い、私利私欲の話ばかりで仰天したことを思い出します。これが慶応の先輩かと思うと情けなく、次回から退職するまで一切の明治三田会の会合を断り、今、考えると昇進にはかなり、影響したことと思います。

そこで、「明治生命の慶応は、レベルの低い者の集まりで、福沢先生の思想を良く勉強してこないから、ああまで酷《ひど》いのだ」と考えて、社内では「小生こそが慶応の精神の権化《ごんげ》だ」と主張はしませんが、誇りを持って「買収されない組合」を作り、会社に色々な差別の廃止や、労働基準法の遵守を迫ったものです。結局は金と人事権を握る会社側に敗れましたが、この時に裏切らなかった人は皆、旧帝大卒の人だったのには吃驚《びっくり》したものです。兎に角、明治三田会の連中は「日和見主義」「権威に弱い」「上に弱く、下に強い」「社会の風に流されやすい」「軽佻《けいちょう》浮薄《ふはく》」なのが多く、心有る塾の先輩（勿論出世してない）と「福沢先生が泣くぞ」と嘆いたものでした。

ところが、先生のしつこいまでの論証により、長年の疑問が氷解しました。…要するに彼らのほうが福沢精神をしっかりと学んでいた訳で我々は異端だったのです（傍点部分は赤字で印刷）。政界でも慶応卒が目立ち、竹中（平蔵）と言う変節の権化みたいなのが政権中枢にいる理由もやっとわかりました。彼らは正統派だったのです。」

「この考えをあちこちの同窓会で披露《ひろう》して先生の本を読むように薦《すす》めています。ただ残念なのは先生の本は通俗本ではないので、正確を期するためにしつこく、念入りの論証を繰り返し読まねばならず老年の者にはキツイ作業であることです。もう少し、要約した物をお出しいただければなと思います。例えば『アジア認識』と『丸山眞男論』を一冊に要約して、ページ数を減らすと読みやすくなると思います。現役時代にはコンスタントに年間二五〇冊を読み、退職後は三六五冊を読む速読派でも先生の本を二冊読むのは骨でした。二週間かかりました。

丸山眞男は学生時代に我々の間では良く読まれていたようですが、私は何となく胡散《うさん》臭くて読みませんでしたが、先生のお陰で一、二冊読んでみようかなと考えました。小説ではないのですから美文調の大袈裟な表現をする人の主張にはついていけない感じを持っていましたが、小生のカンが当たったようです。確認の為《ため》にも読まねばならないでしょう。

何はともあれ、長年の疑問が氷解したと考えられる論文を書いていただき、真に有難う御座いました。厚くお礼を申し上げます。

敬具」

後日談を二点。①この水澤と文通するようになった結果、彼の慶応義塾時代以来のふたりの親友が、どちらも私が知っている稀有な慶応義塾卒の知人であることが分かった。つくづく「世間は狭いもの」と思った。水澤は、名古屋在住の親友の一人に電話で私の『福沢諭吉と丸山眞男』を読むように勧めたところ、その親友は、安川から同書を謹呈されているとのこと。その親友の高橋信は、慶応卒後、愛知県の高校教員となり、県高等学校教職員組合の委員長も経験し、定年退職後の現在は「名古屋三菱・朝鮮女子勤労挺身隊訴訟を支援する会」の共同代表として、三菱の戦争責任追及で活躍しており、(慶応の卒業生のイメージでは異色という意味でも)私が尊敬して親しくしている市民運動の仲間である。水澤のもう一人の親友は、慶応大学経済学部教授の松村高夫であり、『福沢諭吉のアジア認識』を刊行後に、面識のない私を、慶應義塾大学(日吉)の講義に招いたために(学内でも波紋があったようであるが)、やはり「事件」と判断して「朝日」の三人もの記者に取材を申しださせた、中心人物の一人であった。

②その水澤から、「乱読している本の中に同封のもの」があったという手紙が来た。『学問のすゝめ』冒頭の「天は人の上に人を造らず人の下に人を造らず(と云へり。)」は、これまで私自身もその説を踏襲してきた、諭吉自身が翻訳した「アメリカ独立宣言」にヒントを得て福沢が考えだした文章であるという定説的な理解を批判・否定する古田武彦『真実の東北王朝』(駸々堂出版)の関係部

分のコピーが送られてきたのである。青森県五所川原市のリンゴ農家の屋根裏から取り出された『東日流外三郡誌《つがるそとさんぐんし》』ほかの「和田家文書」のなかに「天は人の上に人を造らず…」の出典があるというのが古田の主張である。

具体的には、和田末吉が秋田重季子爵を介して福沢に「神は人の上に人を造らず、亦《また》、人の下に人を造り給ふなし」「吾《わ》が一族の血肉は人の上に人を造らず、人の下に人を造らず」「吾が祖は、よきことぞ曰《い》ふ。…人の上に人を造り、人の下に人を造るも人なり」という、一連の祖訓の一句を見せたら、「有難くも、福沢諭吉先生が御引用仕《つかまつ》り、『学問ノ進メ《ママ》』に、「天ハ人ノ上ニ人ヲ造ラズ、人ノ下ニ人ヲ造ラズ」との御版書を届けられしに、拙者の悦び、この上も御座なく…」という一九一〇年の和田末吉の署名入り文書が、その出典である。

この出典に加えて、古田武彦は、第二に、福沢自身が「…と云へり。」と「何者かからの引用であることを」明示しており、第三に、「その典拠に擬せられたアメリカ「独立宣言」やフランスの「人権宣言」」には、「「翻訳の原本」と見なすべき「原文」を発見できない。」という理由をあげている。ところが、この『東日流外三郡誌《つがるそとさんぐんし》』を「明治以降偽作者」の手になるものと疑う論者がいるという事情から、第四に、古田は専門の古代史の考察もくわえて、いつか「福沢先生に帰せられていた栄誉は、一挙に逆転して、…古代の東日流《つがる》人の独創であったことを、結局、万人は承認せざるをえないであろう。」と予告する。「如上《じょじょう》の明白な道理と叙述を見ても、なお、首を縦にふろうとせぬ人々も」いよう。「人間は…少年、少女時代、頭のコンピューターにセットされた情報と正面から衝突する新情報には、たとえそれが真理であっても、拒絶反応をおこす」からと書いて、古田はさらに、「別の側面から、最後の論証を行」なう。

これを古田の第五の論拠として、その最後の論証を紹介すると、それは私自身の福沢理解とまったく同じものである。つまり、「『学問のすすめ』冒頭の一句は、福沢の思想になじまない。」という端的な理由である。古田は、『帝室論』の一節「我日本国に於《おい》ては、古来今《こらい》に至るまで真実の乱臣賊子なし。今後千万年も是《こ》れある可《べか》らず。…若《も》しも必ず是れありとせば、其者は必ず瘋癲《ふうてん》ならん。」(『全集』⑤262)を、「わたしは、一読、呆然《ぼうぜん》とした。」とコメントしながら引用して、「福沢思想においては、「一般人の上に、『天皇』があり、一般人の下に『瘋癲《ふうてん》』があった」と書き、さらに「脱亜論」も引用して、「これは「日本人の上に、西欧人をおき、日本人の下に、中国・朝鮮人をおく」議論ではあるまいか。」と書く。

「ここに現われた福沢思想は、『学問のすすめ』冠《ママ》頭の、あの鮮烈な一句と、決してなじまない。」「以上の考察の意味するところ、それは何か。いわく、福沢の場合、それはしょせん、「借り物」であり、福沢思想の全体系、全構想の中に、適正な位置を有しない。」と書いて、古田は「あの宝玉の一句の〝原産地〟」が『東日流外三郡誌《つがるそとさんぐんし》』であるという主張を結んでいるのである(『真実の東北王朝』237〜261)。

以上の古田の主張に対して、『東日流《つがる》外三郡誌《そとさんぐんし》』と『真実の東北王朝』の引用箇所以外は未見・未読の私は、古田説を全面的に支持する資格はない。しかし、古田の第二、第三、第五の論拠に積極的に同意できる私は、次の第六の論拠を加えて、これまでの「天は人の上に人を造らず…」の出典についての定説的解釈（アメリカ独立宣言由来説）の私の踏襲を撤回して、古田説を基本的に支持する意向を表明しておきたい。理由は、定説的解釈を踏襲しながら、長年にわたって消えなかった私の疑問が、古田説に依拠することでより合理的に理解できるからである。長年の疑問というのは、「天は人の上に人を造らず…」が一躍福沢諭吉の名前を世上に知らしめ、さらにはそれが「丸山諭吉」神話によって「福沢の思想」でもあるという誤解の原点にもなった『学問のすすめ』冒頭の句の出典について、なぜ生涯、福沢がその由来その他を語らなかったのかという「謎」である。

第一に、福沢諭吉にとって西欧文明の精神こそが基本的な価値の観点であり、第二に、だからこそ『学問のすすめ』では、第八編で「「ヱイランド」なる人の著《あらわ》したる「モラルサイヤンス」と云ふ書」、第一四編では「「フランキリン」云へることあり、…」、第一五編では「「スチュアルド・ミル」は婦人論を著して、…」などというように、まさにその西欧文明の出典を積極的に紹介している。第三に、定説的解釈のように、アメリカ独立宣言にヒントをえて自分が考えだした表現であるならば、宣言文を自身が六六年の『西洋事情初編』巻之二で訳出・紹介している当の本人であり、しかもそれは西欧文明の精神の真髄を伝える文書であるから、その出典を伏せる積極的な理由は考えにくい。

第四に、「天は人の上に…」は『すすめ』の冒頭句であるから、簡潔な表現が相応《ふさわ》しいという判断で、初編の場合は、出典云々《うんぬん》に触れなかった、という解釈はあり得る。しかしそれならば、なぜ生涯それに触れなかったのかの説明がつかない。げんに福沢は、『福沢全集緒言』で旧稿「唐人往来《とうじんおうらい》」について、あるいは『福翁自伝』の中で自分の書いた国会論の「一片の論説能《よ》く天下の人心を動かす」（小見出し）のように、自慢話に類するようなことについて、後《のち》に結構言及している。第五に、西欧文明の精神がプラスの価値基準であるのに対し、「脱亜論」がそうであるように、福沢にとって東洋文明や明治以前の日本の文明は基本的にマイナスの価値であった。したがって、「天は人の上に人を造らず…」が青森県津軽地方の豪農の屋根裏に所在した『東日流外三郡誌《つがるそとさんぐんし》』が出典であるという事実は、福沢にとって、プラスの価値として読者に紹介したり、自慢話の対象にする類《たぐい》のものではなかった。そう考えれば、福沢の言葉としてもっとも有名になった一句であっても、その出典に生涯彼が触れなかった理由にも説明がつきそうである。

　これ以上、私はこの問題について詮索する意思はない。なぜなら、一番の問題は、既述したように、一九六〇年代初頭に小松茂夫が『学問のすすめ』の内容との乖離《かいり》から「この命題は結局のところ「借物」にすぎず…単なる枕言葉」に過ぎないと指摘していた問題が（戦争責任を放置した甘ったれた日本の戦後民主主義社会では）継承されず、逆に、「「天は人の上に人を…」の句が『すすめ』全体の精神の圧縮的表現」「福沢イズムの合言葉」という（戦争責任意識の希薄な）福沢美化の「丸山諭吉」神話が継承されてきたことが、本質的で重要な戦後日本社会の歴史意識の問題だからである。古田武彦の提起したのも、別の角度からの「福沢の場合、それはしょせん、「借り物」であり、福沢思想の全体系」に「決してなじまない。」という同じ問題の提起である。

執筆・刊行年	論説題名・署名著書名	内容の分類	井田の認定	平山の認定	安川の認定
1896	明治二十九年元旦	金甌膨張万歳	×	×	福沢
1896	台湾の騒動	蔑視、全島殲滅、官有	×	石河	福沢（福沢協会）
1896	移民と宗教	宗教家の派遣	×	×	福沢
1896	人民の移住と娼婦…	娼婦出稼奨励	×	×	福沢
1896	増税法案	増税、地租増率	×	×	福沢
1896	帝室の財産	帝室の為の臣民意識	×	×	福沢
1896	先づ大方針を定む可し	蔑視、境外放逐、官有	×	石河	a か B
1897	クリート事件の…	模範的事例	×	×	石河＝a
1897	教科書の編纂検定	教科書検定	B級	×	B
1897	対外前途の困難	「甚妙なり」と評価	×	石河	石河＝a
1898	同盟罷工に処するの道	労使協調	×	石河・北川	石河・北川＝a
1898	支那人親しむ可し	蔑視の戒め（変節、融通無碍）	×	福沢	福沢
1898	政権の維持は…	多数党が政権	×	×	a（校正不要）
■1898年9月　福沢諭吉、脳溢血発症					
1899	『福翁自伝』	戦勝は愉快とも難有いとも云ひやうがない	×	福沢	福沢
1900	福沢、「修身要領」に指示	皇室中心主義の道徳	「異質な一句」の加筆	×	福沢
1900	国の為めに戦死者…	蔑視「豚狩」	×	石河E	a
1900	我国に於ける貧富…	労働運動への警鐘	×	石河E	a
1900	今の富豪家に自衛の…	貧民対富豪の衝突	×	石河E	a
■1901年1月　福沢諭吉、脳溢血再発					
■1901年2月　福沢諭吉、死去					
1901	帝室の財産	福沢の天皇制論そのもの		石河E	a

無署名論説筆者認定の一覧表

執筆・刊行年	論説題名・署名著書名	内容の分類	井田の認定	平山の認定	安川の認定
1894	漫言・支那将軍…	最大限の蔑視「チャンチャン」	×	存在を否定	福沢
1894	書簡	四千万之骨肉同胞	×	×	福沢
1894	天皇陛下の御聖徳	我万里の長城	×	×	福沢
1894	大本営と行在所	大元帥の威霊、御馬前に討死の覚悟、天皇旗を韓山に	×	×	福沢
■1894年11月　慶応義塾の軍国行事を激励・旅順陥落祝賀のカンテラ行列					
1894	旅順の殺戮無稽の流言	跡形もなき誤報	石河E（福沢指示）	石河の独断掲載	a
1894	書簡	身代を棄るは当然	×	×	福沢
1894	我軍隊の挙動…	跡形もなき虚言	前半石河、後半福沢	井田認定を無視	a
1895	書簡	軍費赤裸になるも厭わず	×	×	福沢
1895	外戦始末論	蔑視「豚尾兵」、軍費赤裸になるも	×	石河（不安）石河（の思想）	福沢か特B
1895	私の小義侠に酔ふて公の大事を誤る勿れ	強硬一偏、蔑視	×	福沢、自重論	福沢
1895	交詢社大会演説	戦勝に歓喜、蔑視「頑冥不霊」「暗愚」	×	福沢	福沢
1895	他日を待つ可し	臥薪嘗胆	×	×	福沢
1895	唯堪忍す可し	臥薪嘗胆	×	福沢	福沢
1895	製艦費奉還	詔勅に感泣	×	×	福沢
1895	戦死者の大祭典…	戦場に斃るるの幸福	×	×	福沢
1895	還暦寿莚の演説	国光を世界に輝かし、洸として夢の如し	×	福沢	福沢
1895	死者に厚く…	靖国神社に天皇臨席	×	×	福沢

執筆・刊行年	論説題名・署名著書名	内容の分類	井田の認定	平山の認定	安川の認定
1891	貧富論	大富豪の擁護、宗教・慈善・移民奨励、教育普及に警戒	×	福沢	福沢
1892	一大英断を要す	権謀術数	×	石河（不安、石河の思想）	福沢の持論そのもの
1892	唯決断に在るのみ	権謀術数	×	×	福沢
■1892年秋より福沢差配せず（平山）					
1893	官邸売却の好機会	聖勅歓迎	×	×	福沢
1893	献金に就て	有事、財産生命挙て国の為	×	×	福沢
1894	維新以来政界…	忠勇義烈は正宗の宝刀､権謀術数	×	石河	福沢（かB）
1894	漫言・浮世床の巻舌談	最大限の蔑視中国兵「豚、乞食、人非人」	×	存在を否定	福沢
1894	速に出兵す可し	居留民保護名目の派兵要求	×	×	福沢
1894	支那朝鮮両国に…	侵略志向	×	福沢筆に否定的	a
1894	日清の戦争は文野の戦争	文明と野蛮の戦争	石河E	石河E（井田）	福沢（か特B）
1894	大に軍費を拠出せん	蔑視、国威発揚	×	石河	B
■1894年7月　日本軍、朝鮮王宮占領　8月1日宣戦布告（日清戦争）					
1894	軍資拠集相談会…	眼中国のみ、国権至上	×	×	福沢
1894	私金義捐に就て	蔑視、一億玉砕の思想	×	福沢	福沢
1894	国民一致の実…	権謀術数	北川C	×	B
1894	義金の拠出に就て	華族は帝室の藩屏	×	×	B
1894	日本臣民の覚悟	内政不問、蔑視	「殆ど石河の文」D	純粋石河E（井田）	福沢
1894	書簡	徒跣参拝に感泣	×	×	福沢

無署名論説筆者認定の一覧表

執筆・刊行年	論説題名・署名著書名	内容の分類	井田の認定	平山の認定	安川の認定
1885	脱亜論	蔑視、侵略志向	石河→高橋、殆どA	福沢	福沢
■1885年4月　石河幹明、時事新報社に入社					
1885	朝鮮人民のため…	蔑視	×	福沢	福沢
1885	息子宛書簡	蔑視「野蛮国」	×	福沢	福沢
1886	息子宛書簡	蔑視「野蛮国」	×	福沢	福沢
1887	朝鮮は日本の藩屏…	侵略志向	×	×	福沢
1887	外国との戦争…	権謀術数	×	×	福沢
■1887年7月～　石河幹明、社説起草に参加					
1888	文明の利器に…	社会主義への警鐘	×	×	福沢
1888	『尊王論』	天皇尊崇は固有の性、神聖尊厳、愚民の迷信、華族は帝室の藩屏	福沢	石河	福沢
1889	日本国会縁起	従順、卑屈、無気力は日本国人の殊色	×	福沢	福沢
1889	貧富智愚の説	貧智者への警戒と社会主義への警鐘	×	×	福沢
1889	国会準備の実手段	藩閥政府への支持	×	福沢	福沢
1890	封建の残夢未だ…	社会主義への警鐘	×	×	福沢
1890	仲人宛書簡	「下等社会素町人土百姓の輩」	×	×	福沢
1890	教育に関する勅語	天皇の叡慮に感泣、仁義孝悌忠君愛国の貫徹	石河	×	B
1890	『国会の前途』	帝室尊崇は国民の天性	×	×	福沢

執筆・刊行年	論説題名・署名著書名	内容の分類	井田の認定	平山の認定	安川の認定
1883	息子宛書簡	蔑視	×	福沢	福沢
1883	外交論	侵略志向は文明国の存在証明	福沢（草稿）	福沢（渡辺）	福沢
1883	徳教之説	報国尽忠、尽忠の対象は一系万代の至尊、「臣民」の先駆的使用	×	福沢（草稿あり）	福沢
1884	条約改正直に…	兵力至上	×	×	福沢
1884	輔車脣歯の古諺…	アジア連帯の拒否,	D評価（渡辺）		掲載を了解
1884	支那を滅ぼして…	権謀術数　現実認識 24日高橋C、25日福沢A		×	福沢
1884	支那風擯斥す可し	「脱亜論」の先駆	対中国不干渉論－福沢	×	福沢
1884	国の名声に関し…	蔑視、支那兵「胡兵」「流民乞食の群集」	対アジア慎重論－福沢	×	福沢
1884	東洋の波蘭	侵略志向	対中国消極論 15日E高橋と誤認	中上川	aかB
■1884年12月　甲申政変					
1884	戦争となれば必勝…	中国進攻論、財産は惜しまず	高橋・渡辺E	×	aかB
1885	御親征の準備如何	盟主論、御親征	高橋E→D	高橋（井田）	aかB
1885	求る所は唯国権…	国権至上、権謀術数	×	×	福沢
1885	朝鮮独立党の処刑	蔑視	×	福沢	福沢
1885	国交際の主義は…	侵略志向	特上A	福沢	福沢

無署名論説筆者認定の一覧表

執筆・刊行年	論説題名・署名著書名	内容の分類	井田の認定	平山の認定	安川の認定
1881	宗教の説	馬鹿と片輪に宗教	×	×	福沢
1881	宗教の説（演説）	あけすけな侵略志向	×	×	福沢
1881	『時事小言』	国権至上、内政不問、強兵富国、侵略志向、アジアの盟主、百姓町人は「豚」	△	×	福沢
1882	政府は何ぞ奮て…	兵力至上	×	×	福沢
1882	朝鮮の交際を論ず	武力行使の合理化、日本盟主論	×	福沢	福沢
1882	遺伝之能力	アイヌ先住民差別	×	福沢	福沢
1882	故社員の一言今尚…	報国致死	×	福沢	福沢
1882	立憲帝政党を論ず	帝室尽忠は万民の至情	×	×	福沢
1882	『時事大勢論』	帝室尊厳は開闢以来	×	×	福沢
1882	『帝室論』	精神収攬の基軸、皇軍、愚民籠絡の欺術、「政治社外」論	福沢	福沢	福沢
1882	藩閥寡人政府論	国権至上・内政不問	×	福沢	福沢
■1882年7月　壬午軍乱					
1882	岩倉具視宛書簡	権謀術数	×	×	福沢
1882	『兵論』	兵力至上、内政不問、侵略志向、圧制の長上に卑屈の軍人	対清慎重論	対清慎重論	福沢
1882	東洋の政略…如何	兵力至上、軍備拡張、蔑視「豚尾」兵、「土人」	×	福沢（波多野）	福沢
1883	明治十六年前途之望	盟主、武威の必要、軍備拡張	×	×	福沢
1883	国財論	軍備拡張	×	×	福沢
1883	世態論時事新報に呈す	国権至上	×	×	福沢

執筆・刊行年	論説題名・署名著書名	内容の分類	井田の認定	平山の認定	安川の認定
1862	『西航記』	蔑視	×	×	福沢
1865	「唐人往来」	蔑視	×	×	福沢
1869	『世界国尽』	蔑視	×	×	福沢
1872	『学問のすすめ』初編	蔑視	△	×	福沢
1873	『学問のすすめ』第3編	「報国の大義」主張	×	誤読	福沢
1874	内は忍ぶ可し外は忍…	国家不平等論 国権至上	×	×	福沢
1874	征台和議の演説	国権至上	×	×	福沢
1875	内地旅行西先生の説…	弱肉強食、パワ・イズ・ライト	×	×	福沢
1875	国権可分の説	自由の一方（虚偽）	×	×	福沢
1875	『文明論之概略』終章	自国独立優先、排外主義的ナショナリズムへの第一歩	△	誤読	福沢
1875	亜細亜諸国との和戦は…	蔑視「小野蛮国」	×	×	福沢
1876	要知論	蔑視「禽獣」	×	×	福沢
1875〜78	覚書	天皇制批判意識と必要性認識の混在	×	×	福沢
1878	『通俗民権論』	自由民権陣営を非難	×	△	福沢
1878	『通俗国権論』	国権至上、弱肉強食、内政不問、報国心は天性、権謀術数、兵力至上	対アジア慎重論	△	福沢
1879	『通俗国権論』二編	権謀術数	×	×	福沢
1879	書簡	弱肉強食、兵力至上	×	×	福沢
1879	『民情一新』	西洋諸国の狼狽を認識、権謀術数	△	×	福沢
1879	華族を武辺に導く…	後ろ向きの歴史的現実主義	×	×	福沢

福沢諭吉のアジア・天皇制認識と無署名論説筆者認定の一覧表

1）井田進也の認定は、『歴史とテクスト』による。平山洋の認定は『福沢諭吉の真実』と〈大正版「福沢全集」所収論説一覧及び起筆者推定〉（静岡県立大学『国際関係・比較文化研究』3-1, 2004年9月）による。

2）　井田の認定では、「A」は福沢の真筆の場合と、福沢が他記者起草原稿に綿密に加筆・推敲した「A」級論説を混用。安川の「a」は、起草すべき内容や論調について福沢の指示を受けて他記者が書いて「福沢の思想」そのものを再現した論説という意味。

3）井田は、A級とB級論説が「福沢思想の骨格」を反映したものと認定。C級、D級、E級論説は、福沢思想と無関係と判断し、『福沢諭吉全集』からの除外を主張。

平山は、他記者起草・執筆の論説がE、D、C級であるのは、福沢の「立案に近いからこそ加筆が少ないのかもしれない」「E判定は福沢（の思想）ではないと断言」できないと認識しながら、『福沢諭吉の真実』では、それら論説が「福沢の思想を代弁していると見なせるかどうかはさておいて」しまって、結局は井田に同調して、C、D、E級論説は「福沢の思想」ではないという誤った判断を採用。

4）安川の認定欄における「福沢」認定は、「井田メソッド」ではなく、すべて文献的資料によって裏付けられたもの。「a」や「B」の評価は、同時期の真筆と対比・照合して、「福沢の思想・文章」と判定できる内容の場合である。

5）認定欄の「×」印は、井田・平山がその論著になんら言及していないという意味。「△」印は書名に触れているだけのもの。『尊王論』の平山の誤認定を例外として、福沢の署名著作が福沢筆であることは、二人にとっても自明のこと。

6）署名著作の年は、刊行時の年。

※　表中の■は、関連する事件や出来事。

人名索引

本文中に頻繁に登場する福沢諭吉・石河幹明・井田進也・平山洋・丸山眞男は省略してあります。

❖——あとがき

「作家」が、最大限に想像力をめぐらして、「近代日本の黎明《れいめい》に燦然《さんぜん》と耀く巨星！」の「渾身の大河小説」と称する岳真也『福沢諭吉』青春篇、朱夏篇、白秋篇（作品社、〇四、五年）を創作するのは自由である（平山洋『福沢の真実』はその想像力の飛翔に大いに貢献）。しかし、「歴史離れをするにはあまりに謙虚」であるべき思想史研究者が、厳密な「史料的考証」を怠り、「丸山諭吉」研究の恣意や作為の拡大再生産を行い、また政治家の佐藤栄作元首相以下の福沢諭吉理解の水準にあるマスコミが、その誤謬の「成果」称賛の大合唱をするのは、もういい加減にしてほしい！　という強い思いがあって、またまた福沢諭吉研究のまわり道をしてしまった。

当初は、次著『福沢諭吉の女性論と教育論』の補論として、二段組でもいいから平山洋・井田進也批判の論文を執筆・掲載させてほしいと申しでて、未完の論稿をお見せしたところ、高文研の梅田正己代表がまたまた「安川さん、これで一冊にしては」との返事。恐懼《きょうく》しながら着手すると、右の「もういい加減に！」という怒りもあって、二人の認定・主張が基本的にすべて誤りであることを論証する作業となり、当初の予定より大部になってしまった。

しかしその埋め合わせとして、前二著よりは福沢の戦争論と天皇制論をより掘りさげることができた。また、予定外の終章を設定することで、六十年間も同じ時代を生きた田中正造の、福沢とはあまりにも対照的な思想・行動と対比することによって、福沢諭吉の思想と人物像をよりリアルに浮き彫りにすることが出来た、と考えている。

その間、すべての原稿をチェックしながら、今回も無条件で自由に書かせてもらえたことに、梅田さんには感謝の言葉を知らない。生来の遅筆にくわえて、イラク派兵違憲訴訟の原告（東京地裁）などの市民運動との「二足のわらじ」のために原稿を遅らせ、「恩を仇で返す」始末にもなり、まったく頭があがりません。

前著『福沢諭吉と丸山眞男』同様に、異色の数学講師（金沢中央予備校）の川村利秋さんに人名索引の作成、ルビふり、すべての引用文のチェックなどの骨のおれる仕事の協力をいただき、松浦勉さん（八戸工大教授）には原稿に目を通してもらえました。こちらも感謝、感謝です。

なお、前著「あとがき」に書いたように、交通費さえいただければという条件での個人的な市民運動として、福沢諭吉の見直しの講演・（集中）講義・授業の出前活動は続けている。さっそく五月一〇日の慶應義塾大学（日吉）での「福沢諭吉の戦争観」の講義を皮切りに、翌週は新潟大学、六月は京都自由大学の講義が当面予定されている。市民向けの出前講演をふくめて、これまで十数都府県に足を運んだが、最高額面紙幣の肖像の続投が決まったばかりの福沢諭吉の引退・降板の機運を醸成するには、「大海の一滴」にも及ばない。

遠隔地では、昨年の八丈島での町民向け講演が印象に残っている。今年は鹿児島から声がかかりそうな気配で楽しみである。来週には、地元名古屋で市民向けの福沢の靖国神社論の講演予約がある。各地からの出前のさらなる注文を期待したい。とりわけ若者向けに、高等学校・大学の教員からの、一コマでもいいから、講義・授業の無償代行の申し出を期待したい（依頼の第一報は、電話でなくFAX＝052‒783‒2291で願いたい）。

『福沢諭吉のアジア認識』の中国語訳の出版もあって、〇三年以来、毎年中国の大学の集中講義に出かけている。交通費は自弁のため、こちらは出血サービスである。しかしお蔭で、たとえば昨年四月、「反日デモ」の最中、それも前日一万人のデモ報道の杭州市の浙江大学では「日本の近代化と福沢諭吉」「日本の学生の歴史意識」の講義という得がたい体験ができた。それにしても、中国と日本の学生の歴史認識の格差は深刻そのものである。侵略された側の浙江大の学生の8割がアジア太平洋戦争＝十五年戦争の開戦日を答えられるのは当然としても、名古屋大、岩手大、新潟大など六大学の日本の学生が、この六年間、（敗戦の日は過半数が正解できるのに）侵略の開戦日の正解が一貫してゼロという事実は、異常とか衝撃の域をこえてしまっている。

福沢諭吉神話の存続がこの日本の学生の歴史認識の歪みと確実につながっていると確信している私にとっては、出前講義もいいが、次著『福沢諭吉の女性論と教育論』執筆と並んで、福沢諭吉の全面的な見直しのための簡便なブックレットの作成も急ぐべきだという思いも切実である。

二〇〇六年六月一日

安川　寿之輔

安川　寿之輔（やすかわ・じゅのすけ）
1935年、兵庫県に生まれる。1964年、名古屋大学大学院教育学研究科博士課程修了。近代日本社会（教育）思想史専攻。宮城教育大学、埼玉大学教育学部、名古屋大学教養部・情報文化学部に勤務。98年、定年退職し、わだつみ会、不戦兵士・市民の会などの市民運動に参加。
現在、名古屋大学名誉教授、教育学博士、不戦兵士・市民の会理事。
著書：『福沢諭吉のアジア認識』『福沢諭吉と丸山眞男』（ともに高文研）『増補・日本近代教育の思想構造』（新評論）『十五年戦争と教育』（新日本出版社）『女性差別はなぜ存続するのか』『日本の近代化と戦争責任』『日本近代教育と差別（編著）』（明石書店）『大学教育の革新と実践』（新評論）他。

福沢諭吉の戦争論と天皇制論

●二〇〇六年　七 月一〇日――――第一刷発行

著　者／安川　寿之輔

発行所／株式会社 高文研
東京都千代田区猿楽町二―一―八
三恵ビル（〒一〇一＝〇〇六四）
電話　03＝3295＝3415
振替　00160＝6＝18956
http://www.koubunken.co.jp

組版／WebD（ウェブ・ディー）

印刷・製本／株式会社シナノ

★万一、乱丁・落丁があったときは、送料当方負担でお取りかえいたします。

ISBN4-87498-366-9　C0010